（上）平昌 2018 年冬季奥运会开幕式　（下）冰球

上 冰壶　下 速度滑冰

上 短道速滑　　下 花样滑冰

上 高山滑雪　　下 自由式滑雪

上 单板滑雪　　下 越野滑雪

上 北欧两项　　下 跳台滑雪

上 冬季两项　　下 无舵雪橇

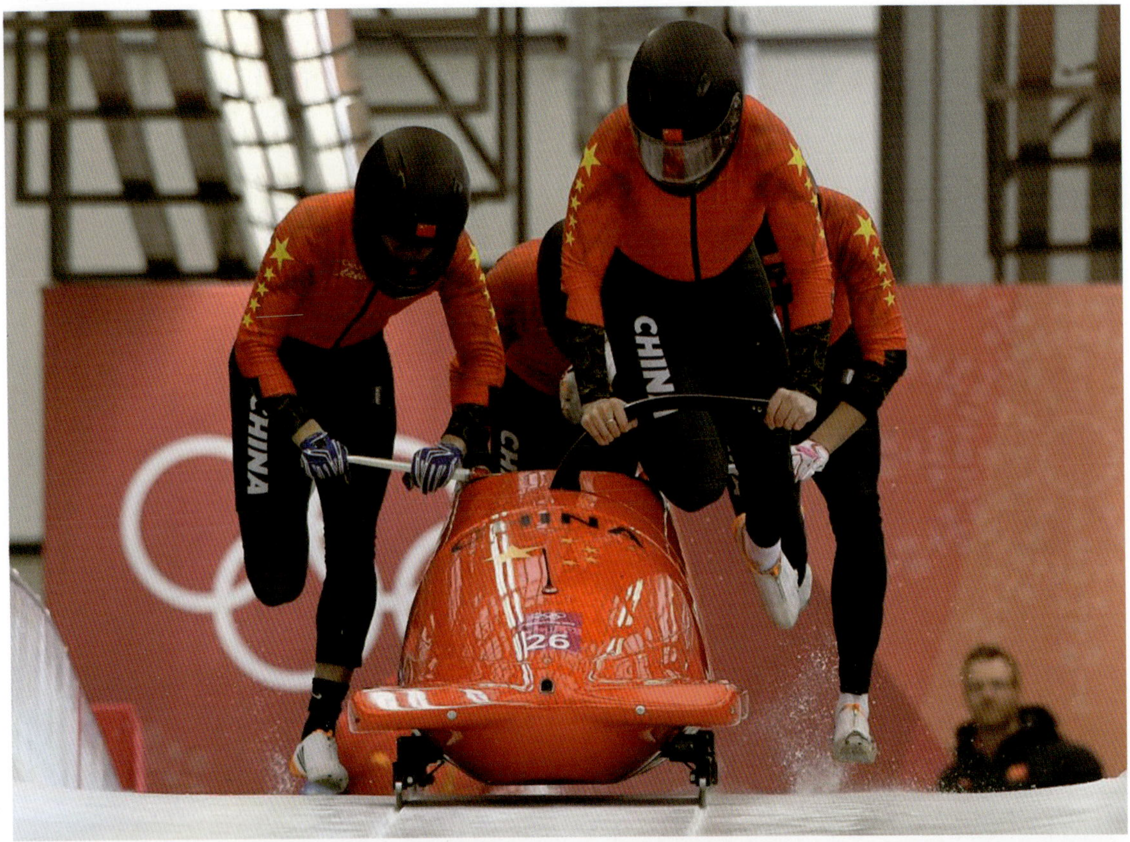

上 有舵雪橇　　下 俯式冰橇

照片来源：http://2018.cctv.com/events/alpine_skiing/index.shtml

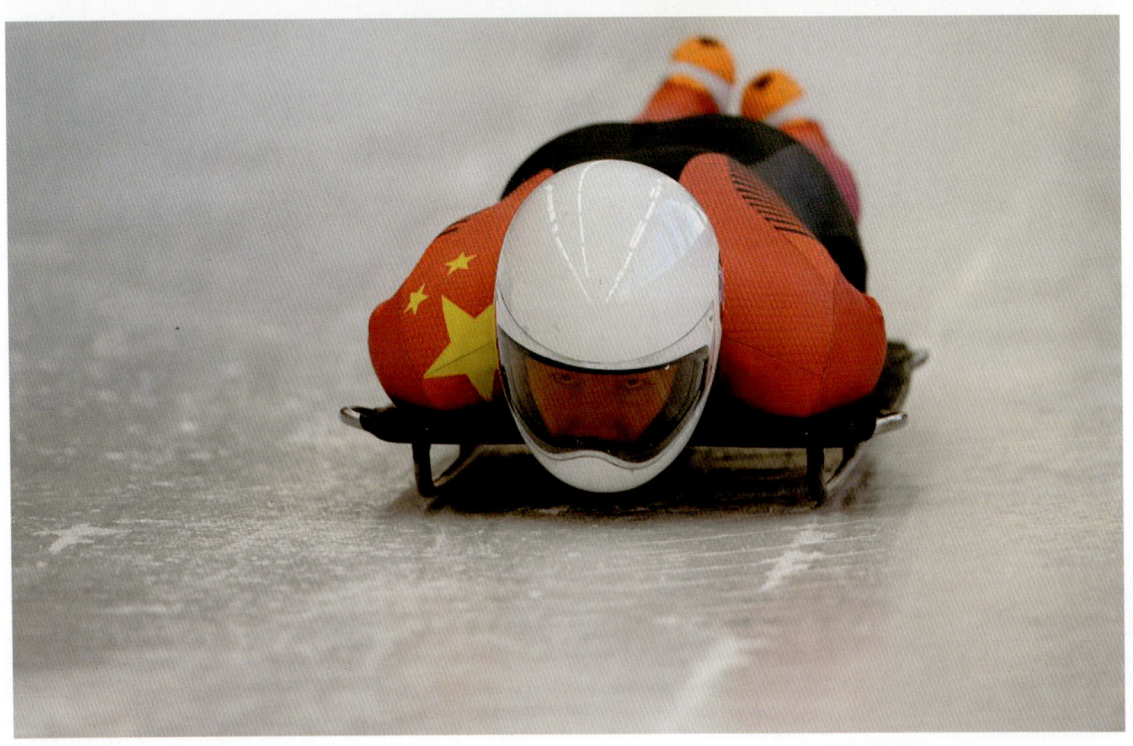

冬季奥运会体育欣赏

叶鸣／主编

立信会计出版社
LIXIN ACCOUNTING PUBLISHING HOUSE

图书在版编目(CIP)数据

冬季奥运会体育欣赏/叶鸣主编. —上海:立信会计
出版社,2018.7
　ISBN 978 - 7 - 5429 - 5824 - 2

　Ⅰ.①冬…　Ⅱ.①叶…　Ⅲ.①冬季奥运会—体育
项目—基本知识　Ⅳ.①G811.212

　中国版本图书馆 CIP 数据核字(2018)第 129071 号

策划编辑　　方士华
责任编辑　　方士华
封面设计　　南房间

冬季奥运会体育欣赏

出版发行　　**立信会计出版社**
地　　址　　上海市中山西路 2230 号　　　邮政编码　200235
电　　话　　(021)64411389　　　　　　　传　真　(021)64411325
网　　址　　www. lixinaph. com　　　　　电子邮箱　lxaph@sh163. net
网上书店　　www. shlx. net　　　　　　　电　话　(021)64411071
经　　销　　各地新华书店

印　　刷　　常熟市梅李印刷有限公司
开　　本　　787 毫米×1092 毫米　　　1/16
印　　张　　14　　　　　　　　　　　　插　页　4
字　　数　　300 千字
版　　次　　2018 年 7 月第 1 版
印　　次　　2018 年 7 月第 1 次
印　　数　　1—2100
书　　号　　ISBN 978 - 7 - 5429 - 5824 - 2/G
定　　价　　42.00 元

如有印订差错,请与本社联系调换

编 委 会

前　言

2022 年第二十四届冬季奥林匹克运动会（以下简称"冬奥会"）将在北京举行，这将成为我国人民体育生活的又一盛事。中共十八大以来，党和国家更加重视人民群众幸福生活的获得感，将全民健身上升为国家战略，提出 2022 年实现 3 亿人参与冰雪运动的目标。然而，由于我国南北地区的地理、自然环境差异，过去冰雪运动的开展主要集中在东北和西北地区，大部分群众对冰雪运动的了解还比较浅薄。因此，提高我国大学生和广大群众对以冬奥会为核心的冰雪运动的认知，具有十分重要的意义。

《冬季奥运会体育欣赏》以北京 2022 年冬奥会及其比赛项目为框架，对冬季奥林匹克运动知识的普及和各比赛项目相关的知识点进行介绍。本书涵盖了冬奥会的发展简史，以往 23 届冬奥会主要元素的介绍，北京 2022 年冬奥会专题，北京冬奥会各比赛项目的发展历程、场地设施、规则要点、比赛术语、观赛礼仪、主要赛事和著名运动员等方面内容。本书具有以下特点：

（1）实用性强。本书坚持"知识普及与传播"的初衷，由浅入深、循序渐进，读者可以将书中知识点应用于平时生活中接触的体育项目中，为北京 2022 年冬奥会观赛提供知识基础。

（2）覆盖面广。本书涉及北京 2022 年冬奥会比赛的 15 个大项，基本包含了比较常见的冬季体育项目，有助于扩大读者的知识覆盖面，发掘观赛兴趣点。

（3）系统性强。本书第一次将冬奥会体育项目以系统的讲授方式，将知识传授给广大受众，并对重要知识点辅以视频讲解，图文结合，给读者一个轻松活跃的学习氛围。

由于时间仓促，水平有限，本书难免有疏漏，恳请广大读者指正，以便再版时修改。

编　者
2018.6

目 录

第一章　冬季奥林匹克运动会 ……………………………………………… 1

第一节　奥林匹克运动会的由来 ………………………………………… 1

第二节　冬季奥林匹克运动会的产生与发展 …………………………… 2

第三节　历届冬季奥林匹克运动会回顾 ………………………………… 4

　　•夏蒙尼 1924 年第一届冬季奥林匹克运动会• ……………………… 4

　　•圣莫里茨 1928 年第二届冬季奥林匹克运动会• …………………… 6

　　•普莱西德湖 1932 年第三届冬季奥林匹克运动会• ………………… 8

　　•加米施-帕滕基兴 1936 年第四届冬季奥林匹克运动会• ………… 10

　　•圣莫里茨 1948 年第五届冬季奥林匹克运动会• …………………… 12

　　•奥斯陆 1952 年第六届冬季奥林匹克运动会• ……………………… 14

　　•科蒂纳·丹佩佐 1956 年第七届冬季奥林匹克运动会• …………… 16

　　•斯阔谷 1960 年第八届冬季奥林匹克运动会• ……………………… 18

　　•因斯布鲁克 1964 年第九届冬季奥林匹克运动会• ………………… 20

　　•格勒诺布尔 1968 年第十届冬季奥林匹克运动会• ………………… 22

　　•札幌 1972 年第十一届冬季奥林匹克运动会• ……………………… 24

　　•因斯布鲁克 1976 年第十二届冬季奥林匹克运动会• ……………… 26

　　•普莱西德湖 1980 年第十三届冬季奥林匹克运动会• ……………… 29

　　•萨拉热窝 1984 年第十四届冬季奥林匹克运动会• ………………… 31

　　•卡尔加里 1988 年第十五届冬季奥林匹克运动会• ………………… 34

　　•阿尔贝维尔 1992 年第十六届冬季奥林匹克运动会• ……………… 37

　　•利勒哈默尔 1994 年第十七届冬季奥林匹克运动会• ……………… 39

　　•长野 1998 年第十八届冬季奥林匹克运动会• ……………………… 42

　　•盐湖城 2002 年第十九届冬季奥林匹克运动会• …………………… 44

　　•都灵 2006 年第二十届冬季奥林匹克运动会• ……………………… 47

　　•温哥华 2010 年第二十一届冬季奥林匹克运动会• ………………… 50

　　•索契 2014 年第二十二届冬季奥林匹克运动会• …………………… 53

　　•平昌 2018 年第二十三届冬季奥林匹克运动会• …………………… 56

第二章　北京 2022 年第二十四届冬季奥林匹克运动会 ···················· 59
　　第一节　申奥过程 ······································· 60
　　第二节　举办地简介 ····································· 61
　　第三节　北京冬奥会项目及比赛地点 ······················· 63
　　第四节　北京冬奥会场馆 ································· 69

第三章　速度滑冰 ·· 72
　　第一节　速度滑冰的发展历程 ····························· 72
　　第二节　速度滑冰的场地及设施 ··························· 75
　　第三节　速度滑冰的规则要点 ····························· 76
　　第四节　速度滑冰的比赛术语 ····························· 80
　　第五节　速度滑冰的主要技术 ····························· 80
　　第六节　速度滑冰的观赛礼仪 ····························· 82
　　第七节　速度滑冰国际主要赛事 ··························· 82
　　第八节　速度滑冰国内著名运动员 ························· 83

第四章　短跑道速度滑冰 ··································· 85
　　第一节　短道速滑的发展历程 ····························· 85
　　第二节　短道速滑的场地及设施 ··························· 88
　　第三节　短道速滑的规则要点 ····························· 89
　　第四节　短道速滑的比赛术语 ····························· 89
　　第五节　短道速滑的观赛礼仪 ····························· 89
　　第六节　短道速滑国际主要赛事介绍 ······················· 90
　　第七节　短道速滑与速度滑冰的要点对照 ····················· 90
　　第八节　短道速滑国内著名运动员 ························· 91

第五章　花样滑冰 ·· 94
　　第一节　花样滑冰的发展历程 ····························· 94
　　第二节　花样滑冰的场地及设施 ··························· 98
　　第三节　花样滑冰的规则要点 ····························· 99
　　第四节　花样滑冰的比赛术语 ····························· 102
　　第五节　花样滑冰的观赛要点及欣赏礼仪 ··················· 105
　　第六节　花样滑冰国际主要赛事介绍 ······················· 106
　　第七节　花样滑冰国内外著名运动员 ······················· 107

第六章　冰球 ·· 110

　　第一节　冰球的发展历程 ·· 110

　　第二节　冰球的场地及设施基本知识 ························ 112

　　第三节　冰球的规则要点 ·· 117

　　第四节　冰球的比赛术语 ·· 120

　　第五节　冰球比赛礼仪 ·· 122

　　第六节　冰球的国际主要赛事 ··································· 124

　　第七节　冰球国内外著名运动员 ······························ 124

第七章　冰壶 ·· 128

　　第一节　冰壶的发展历程 ·· 128

　　第二节　冰壶的场地及设施基本知识 ························ 130

　　第三节　冰壶的规则要点 ·· 131

　　第四节　冰壶的比赛术语 ·· 134

　　第五节　冰壶的比赛技巧 ·· 136

　　第六节　冰壶的观赛礼仪 ·· 137

　　第七节　冰壶国际组织和主要赛事 ··························· 137

　　第八节　冰壶国内著名运动员 ··································· 138

第八章　冬季两项 ·· 139

　　第一节　冬季两项的发展历程 ··································· 139

　　第二节　冬季两项的场地及设施基本知识 ················ 141

　　第三节　冬季两项的规则要点 ··································· 142

　　第四节　冬季两项国内外著名运动员 ······················ 147

第九章　北欧两项 ·· 149

　　第一节　北欧两项的起源及发展 ······························ 149

　　第二节　北欧两项的场地及设施基本知识 ················ 149

　　第三节　北欧两项的规则要点 ··································· 150

　　第四节　北欧两项国外著名运动员 ··························· 151

第十章　越野滑雪 ·· 153

　　第一节　越野滑雪的发展历程 ··································· 153

　　第二节　越野滑雪的场地及设施基本知识 ················ 155

　　第三节　越野滑雪的项目分类 ··································· 159

　　第四节　越野滑雪的规则要点 ······················· 160
　　第五节　越野滑雪的训练及技术要点 ··················· 163
　　第六节　越野滑雪的主要赛事介绍 ···················· 165
　　第七节　越野滑雪国内外著名运动员 ·················· 165

第十一章　跳台滑雪 ······························· 167
　　第一节　跳台滑雪的起源及发展 ···················· 167
　　第二节　跳台滑雪的场地及设施基本知识 ··············· 169
　　第三节　跳台滑雪的项目及规则要点 ·················· 169
　　第四节　跳台滑雪的基本技术 ······················ 171
　　第五节　跳台滑雪国际主要赛事 ···················· 172
　　第六节　跳台滑雪国外著名运动员 ···················· 173

第十二章　高山滑雪 ······························· 174
　　第一节　高山滑雪的起源及发展 ···················· 174
　　第二节　高山滑雪的器材装备基本知识 ················ 176
　　第三节　高山滑雪的规则要点 ······················ 182
　　第四节　高山滑雪国际主要赛事 ···················· 184
　　第五节　高山滑雪国外著名运动员 ···················· 184

第十三章　自由式滑雪 ····························· 186
　　第一节　自由式滑雪的发展历程 ···················· 186
　　第二节　自由式滑雪的场地及设施基本知识 ············· 189
　　第三节　自由式滑雪的规则要点 ···················· 190
　　第四节　自由式滑雪国内外著名运动员 ················ 192

第十四章　单板滑雪 ······························· 194
　　第一节　单板滑雪的发展历程 ······················ 194
　　第二节　单板滑雪的场地及设施基本知识 ··············· 196
　　第三节　单板滑雪的规则要点 ······················ 198
　　第四节　单板滑雪的运动技术要点 ··················· 199
　　第五节　单板滑雪国内外著名运动员 ·················· 200

第十五章　雪车 ································· 201
　　第一节　雪车的起源及发展 ························· 201

第二节　雪车的场地及设施基本知识 ⋯⋯⋯⋯⋯⋯⋯⋯⋯⋯⋯ 203

第三节　雪车的规则要点 ⋯⋯⋯⋯⋯⋯⋯⋯⋯ 203

第四节　雪车国外著名运动员 ⋯⋯⋯⋯⋯⋯⋯⋯⋯⋯⋯⋯⋯ 204

第十六章　雪橇 ⋯⋯⋯⋯⋯⋯⋯⋯⋯⋯⋯⋯⋯⋯⋯⋯⋯⋯⋯⋯⋯⋯⋯ 206

第一节　雪橇的起源及发展 ⋯⋯⋯⋯⋯⋯⋯⋯⋯⋯⋯ 206

第二节　雪橇的场地及设施基本知识 ⋯⋯⋯⋯⋯⋯⋯⋯⋯⋯⋯ 207

第三节　雪橇的规则要点 ⋯⋯⋯⋯⋯⋯⋯⋯⋯⋯⋯ 207

第十七章　钢架雪车 ⋯⋯⋯⋯⋯⋯⋯⋯⋯⋯⋯⋯⋯⋯⋯⋯⋯⋯⋯ 209

第一节　钢架雪车的发展历程 ⋯⋯⋯⋯⋯⋯⋯⋯⋯⋯⋯ 209

第二节　钢架雪车的场地及设施基本知识 ⋯⋯⋯⋯⋯⋯⋯⋯⋯⋯⋯ 210

第三节　钢架雪车的规则要点 ⋯⋯⋯⋯⋯⋯⋯⋯⋯⋯⋯⋯⋯ 211

参考文献 ⋯⋯⋯⋯⋯⋯⋯⋯⋯⋯⋯⋯⋯⋯⋯⋯⋯⋯⋯⋯⋯⋯⋯⋯⋯⋯ 212

第一章
冬季奥林匹克运动会

第一节　奥林匹克运动会的由来

奥林匹克运动会古称竞技会,起源于古希腊,因举办地点在奥林匹亚而得名。古代希腊人有爱好竞技运动的传统。古希腊分成许多城邦,为了祭神,各城邦经常举行竞技会,这些竞技会带有浓厚的宗教色彩。竞技会期间实行神圣休战,以便于公民自由往来,为城邦间绵延不绝的战争带来短暂的和平,因而受到普遍欢迎。诸多竞技会中,规模最大、持续时间最长的是在奥林匹亚举行的祭祀万神之父——宙斯的竞技会,即现今所称的古代奥林匹克运动会。

关于古代奥林匹克运动会的起源,流传最广的是佩洛普斯娶亲的故事。古希腊伊利斯国王为了给自己的女儿挑选一个文武双全的驸马,提出应选者必须和自己比赛战车。比赛中,先后有 13 个青年丧生于国王的长矛之下,而第 14 个青年正是公主的心上人宙斯的孙子佩洛普斯。在爱情的鼓舞下,他勇敢地接受了国王的挑战,终于以智取胜。为了庆贺这一胜利,佩洛普斯与公主在奥林匹亚的宙斯庙前举行盛大的婚礼,婚礼仪式上安排了战车、角斗等项比赛,这就是最初的古代奥林匹克运动会,佩洛普斯成了古代奥林匹克运动会传说中的创始人。

希腊人于公元前776年规定每4年在奥林匹亚举办一次运动会。运动会举行期间,全希腊选手及附近黎民百姓相聚于奥林匹亚这个希腊南部的风景秀丽的小镇。公元前776年在这里举行第一届奥运会时,多利亚人克洛斯在 192.27 米短跑比赛中取得冠军。他成为奥林匹克运动会荣获第一个项目的第一个桂冠的人。

后来,古希腊运动会的规模逐渐扩大,并成为显示民族精神的盛会,比赛的优胜者可获得月桂、野橄榄和棕榈编织的花环等。从公元前776年开始,到公元394年止,历经1 170年,共举行了293届古代奥林匹克运动会。公元394年,古代奥林匹克运动会被罗马皇帝禁止。

19世纪后期,资本主义完成了向垄断资本主义的过渡,各种国际垄断组织相继建立,经济上所开始的跨越国界的渴望,也反映到文化领域,其中也包括体育。1875—1881 年,

德国库蒂乌斯人在奥林匹克遗址发掘了出土文物,引起了全世界的兴趣。从19世纪80年代开始,一些国际单项联合会纷纷建立。人们在建立单项联合会的同时,发现还需要有一个居于国际单项联合会之上的统一的国际组织,以协调和解决各国家之间以及各运动项目之间发生的问题,于是,建立国际奥林匹克委员会、恢复奥林匹克运动会的时机、条件已趋成熟。

1892年在法国田径协会联盟庆祝大会上,法国教育家P·D·顾拜旦男爵(Pierre de Coubrtin)发表了著名的《复兴奥林匹克》演说,他认为恢复古希腊奥运会的传统,对促进国际体育运动的发展有着十分重大的意义。在他的倡导与积极奔走下,1894年6月16日在法国巴黎召开了国际体育会议,会议上通过了第一部由顾拜旦倡议和制定的奥林匹克章程——《复兴奥林匹克运动会的决议》,它涉及奥林匹克运动的基本宗旨、原则及其他有关事宜,而且还于6月23日正式成立了奥林匹克领导机构——国际奥林匹克委员会(以下简称"国际奥委会"),此后6月23日就被称为奥林匹克日。希腊王储D·维凯拉斯(Demetrius Vikelas)当选为第一任主席,顾拜旦为秘书长,会议还决定1896年4月6~15日在希腊雅典举行第一届现代奥林匹克运动会(简称"奥运会"),以后每4年举行一次,在世界五大洲各会员国大城市轮流举办。运动会如因故不能举行,奥运会的届数仍照算。到2016年已经举行了31届奥运会,北京在2008年举办了第29届奥运会。

1921年,洛桑奥林匹克会议制定了《奥林匹克法》,包括奥林匹克运动会宪章、国际奥林匹克委员会章程、奥林匹克运动会竞赛规则及议定书、奥林匹克运动会举行通则、奥林匹克议会规则5部分内容。此后,《奥林匹克法》曾多次修改、补充,但由顾拜旦制定的基本原则和精神未变。

1924年第22次会议,正式通过允许女子参加奥运会的决议。此后,女子项目成为奥运会不可缺少的组成部分,参赛的女运动员也越来越多。

1913年,根据顾拜旦的构思,国际奥委会设计了奥林匹克运动会会旗,白底无边,中央有5个相互套连的圆环,环的颜色为天蓝、黄、黑、绿、红,五环象征五大洲的团结和全世界运动员以公正、坦率的比赛和友好精神在奥运会上相见。由顾拜旦提议,1913年经国际奥委会批准,将"更快、更高、更强"作为奥林匹克运动会格言。1908年伦敦奥运会举行时,在圣保罗大教堂举行奥运会的宗教仪式上,美国宾夕法尼亚州大主教在其布道词中说,奥运会"重要的是参与,不是胜利",顾拜旦对这句话极为赞赏,以后多次引用,因此不少人认为,这句话应该成为奥林匹克理想。1920年,第七届奥运会开始实施运动员宣誓。1968年,第十九届奥运会又增加裁判员宣誓。1936年第十一届奥运会时,国际奥委会正式规定,在主体会场点燃象征光明、友谊、团结的奥林匹克火焰,此后这一活动成为每届奥运会开幕式不可缺少的仪式之一。

第二节　冬季奥林匹克运动会的产生与发展

19世纪,随着国际体育的兴起,冬季运动也获得了较大的发展,冰雪运动在欧洲和北美一些国家迅速开展起来,各种滑冰、滑雪和雪橇组织在荷兰、挪威、俄罗斯、法国、奥地利、捷克、匈牙利、丹麦、芬兰、德国、瑞士、美国、瑞典和加拿大等国家纷纷建立。与此同时,一些跨国性的冬季运动单项赛会也相继举行,如1880年在美国纽约布鲁克林区(Brooklyn)举行的国际速度滑冰对抗赛、1883年在挪威举行的霍尔门科伦(Holmenkollen)国际传统滑雪赛和在瑞士达沃斯(Davos)举行的国际无舵雪橇赛,以及1885年在德国汉堡(Hamburg)和荷兰吕伐登(Keuwarden)举行的国际速度滑冰冠军赛等。这些冬季运动组织的建立和比赛的举行,进一步推动了世界冰雪运动的发展。然而,由于冬季运动自身的特点,在最初举办的几届奥运会的规程里没有列入冬季项目。这对冬季运动的爱好者来说,显然是不公平的。

19世纪末,国际奥委会为贯彻奥林匹克运动的宗旨,曾决定在适当的时候把冬季项目加入奥运会。1908年,在伦敦举行的第四届奥运会,终于将花样滑冰纳入了竞赛规程。4月27日,来自瑞典、德国、俄国、奥地利和英国的21名花样滑冰运动员,在伦敦的普林西斯人工冷冻滑冰馆(Princis Skating)进行了男子规定滑、男子自由滑、女子单人以及双人4个项目的比赛。这次比赛吸引了2 000余名观众,特别是花样滑冰运动所特有的高雅艺术魅力,给各国运动员和观众留下了深刻的印象。从此,一些热衷于冬季运动的爱好者,为争取单独举办冬季奥林匹克运动会,开始了积极的努力。

1911年,当时任国际奥委会委员的意大利人康特·布伦内塔·迪瑟乌希(Count Brunetta D. Usseaux)首次在布达佩斯第十一次国际奥委会会议上提出了单独举办冬季奥运会(简称"冬奥会")的建议。然而,他的建议遭到了当时以开展冬季运动而闻名的挪威委员波尔科夫尼克·斯韦雷(Polkovnik Sverre)和瑞典委员格拉夫·德罗曾(Graf de Rozen)的反对。他们认为,冬季项目已经有了各自的国际性赛会,没有必要再另行举办冬季奥运会。当时,挪威人和瑞典人反对迪瑟乌希的建议,实际是担心举办冬奥会将影响其传统的霍尔门科伦滑雪大赛以及北欧运动会(Nordic Snelen)(1901年由瑞典举办的国际动机运动综合性赛会)的国际地位。到下一次会议(1912年),瑞典人虽然放弃了他们的观点,但第五届奥运会的组织者瑞典既不支持花样滑冰,也不建造人工冷冻滑冰馆,拒绝将花样滑冰列入奥运会项目。尽管如此,冰雪运动爱好者并没有放弃努力,1920年第七届奥运会终于再次将花样滑冰列入了比赛项目,同时还增加了冰球项目。

1920年4月20~30日,来自加拿大、捷克斯洛伐克、芬兰、法国、德国、英国、挪威、瑞典、瑞士、美国和比利时11个国家的90余名运动员在安特卫普体育宫进行了花样滑冰男、女单人、双人和冰球的比赛。比赛吸引了比利时以及欧、美各国7 000余名观众。这次比赛不仅进一步展示了世界冰上运动的发展,同时也扩大了冬季项目的影响。就在这次奥运会上,法国代表提出了关于单独举行冬季奥林匹克运动会的设想。他们提出,1924年第八届奥运会在巴黎举行,法国决定在举办奥运会的同时,在夏蒙尼单独举行一次冬季运动会。法国的提议立即得到了国际滑冰联盟、国际冰球联合会、国际滑雪委员会以及一些国家和奥委会委员的支持。1921年7月2日,第七届奥林匹克代表大会在洛桑举行。就在这次代表大会上,讨论并通过了法国的提案,并向国际奥委会建议单独举行冬季奥运会。

国际奥委会采纳了大会的决议,但由于对比赛的结果及其可能产生的影响还不清楚,所以决定将这次比赛定名为"奥林匹克周冬季运动会"。冬奥会也由此翻开了历史的篇章。

1924年1月24日～2月4日,来自16个国家的258名运动员(其中女子13名)在勃朗峰(Blanc,Mt.)山脚下的夏蒙尼(Chamonix)进行了越野滑雪、跳台滑雪、北欧两项、有舵雪橇、速度滑冰、花样滑冰和冰球7个项目的比赛。比赛进行得既激烈而又呈现出一派友好的气氛。在夏蒙尼举行的这次"奥林匹克周冬季运动会",引起了体育世界的强烈兴趣。比赛的成功,使1925年在布拉格举行的国际奥委会第二十二次会议一致决定冬奥会从1928年起在奥林匹克年定期举行,并追认1924年夏蒙尼"奥林匹克周冬季运动会"为第一届冬奥会。这一决定于1928年在布拉格举行的第八届国际奥委会代表大会上获得了批准。实践证明,建立在奥林匹克思想基础上的,以弘扬奥林匹克精神,推进人类文明,倡导和平、友谊与关爱,关心下一代,尊重大自然为宗旨的冬季奥林匹克运动会,对人类文化、教育及社会生活产生的影响,是任何规模、层次和形式的冬季运动会无法比拟的。

第三节　历届冬季奥林匹克运动会回顾

·夏蒙尼1924年第一届冬季奥林匹克运动会·

时　　间:1924年1月25日至2月5日

地　　点:法国夏蒙尼(Chamonix)

运 动 员:258名运动员(女选手13人,男选手245人)

项目数量:6个单项

奖牌:　　　　　　　　　　　　海报:

一、简介

1921年,国际奥林匹克委员会决定于1924年在法国的夏蒙尼举行"1924国际冬季体育运动周"活动,在这项活动结束两年后,国际奥委会正式确认这届比赛为第一届冬季奥运会。在法国夏蒙尼冬季奥运会上决出的第一个项目是男子 500 米速度滑冰,来自美国的运动员查尔斯·朱特劳获得了这个项目的金牌,这也是冬季奥运会历史上的第一枚金牌。在这届奥运会中,来自芬兰的速滑运动员克拉斯桑伯格夺取了 3 金 1 银 1 铜,成为获得奖牌最多的运动员。来自挪威的运动员托豪格在 18 千米越野滑雪比赛中获得首届冬奥会第一个滑雪冠军,同时还获得 50 千米滑雪和北欧两项冠军,成为冬奥会历史上第一位获得 3 枚金牌的运动员。加拿大冰球队以 5 战全胜,总比分 110:3 的绝对优势夺取了这届奥运会的冰球比赛金牌。

二、申办和筹备

国际奥委会在 1922 年巴黎会议上,决定在 1924 年夏季奥运会举行"第八届奥林匹亚德体育周",冰雪项目作为奥运会前夕的表演。第八届奥运会东道主是法国,因此,国际奥委会也将这个体育周委托法国承办,会址定在夏蒙尼。

三、基本情况

体育周于 1924 年 1 月 25 日～2 月 4 日举行。有 16 个国家参赛,参赛运动员共 258 人,其中女选手 13 人,男选手 245 人。这实际上还是一次欧美国家的冰雪赛。比赛项目有滑雪、滑冰、冰球和有舵雪橇。

1 月 25 日,夏蒙尼天空清朗,大会正式开幕。各队入场先后与夏季奥运会略有不同,以法文字母为序,奥地利率先入场,东道主殿后。运动员宣誓由东道主派一名代表(滑雪运动员卡米耶·曼德里翁)宣读,其他各队派一名代表复诵。

四、竞赛情况

同 1896 年夏季奥运会一样,得第一个冬季奥运会冠军的也是美国人,是男子速度滑冰运动员查尔斯·朱特劳。他在有 27 人参加的 500 米速度滑冰中取胜,成绩 44 秒。本届速度滑冰除 500 米外,还有 1 500、5 000、10 000 米和全能。芬兰人包下了其余 4 项的全部金牌,其中克拉斯·顿贝格一人夺得了 3 枚金牌(1 500 米、5 000 米和全能)和 1 枚银牌(10 000 米),是本届成绩最出色的运动员。

五、其他

当时谁也没有想到,这届原称作"第八届奥林匹亚德体育周"的冬季运动项目比赛会成为历史上的第一届冬季奥运会。据说由于这次比赛的成功,1925 年国际奥委会布拉格年会正式承认这次比赛的成绩和纪录,并作为第八届奥运会的一部分。但由于秘书人员的疏忽,在会议记录中竟然误写为"第一届冬季奥林匹克运动会"。各代表团金牌榜如表 1-1 所示。

表 1-1 　　　　　第一届冬季奥林匹克运动会各代表团金牌榜

代表团	金牌	银牌	铜牌	总数
挪威	4	7	6	17
芬兰	4	3	3	10
奥地利	2	1		3
美国	1	2	1	4
瑞士	1		1	2
瑞典	1			1
加拿大	1			1
英国		1	2	3
法国			1	1
比利时			1	1

注：奖牌数不含冰壶和军事巡逻两个表演项目。

· 圣莫里茨 1928 年第二届冬季奥林匹克运动会 ·

开幕时间：1928 年 2 月 11 日

闭幕时间：1928 年 2 月 19 日

举 办 地：瑞士圣莫里茨（Sankt Moritz）

运 动 员：464 名运动员（女子 26 人，男子 438 人）

项目数量：4 大项 14 小项

海报：

一、简介

1928 年在瑞士圣莫里茨举行的第二届冬奥会是第一次在与当年的夏季奥运会不同的

城市举行的。在这届比赛中,俯式冰橇第一次成为冬奥会的比赛项目。继在第一届冬奥会上夺得 3 枚金牌后,来自挪威的越野滑雪运动员托·豪格在这届奥运会上再次夺得 2 枚金牌。同样来自挪威的 15 岁的女子花样滑冰运动员索尼娅·赫妮夺得这届冬奥会的花样滑冰女子单人滑金牌,成为最年轻的冬季奥运会个人项目金牌获得者,并将这一纪录保持了 74 年。在男子花样滑冰项目中,来自瑞典的运动员格拉夫斯特伦成功夺冠,并实现在这个项目的奥运金牌三连冠。加拿大队再次横扫冰球赛场,他们以 11:0,14:0 和 13:0 的成绩击败三个对手,蝉联冰球金牌。

二、申办和筹备

申请主办第二届冬奥会的有瑞士的 3 个城市:达沃斯、恩格尔堡和圣莫里茨,最后选定了圣莫里茨。该市位于瑞士东南部,当时人口不足 5 000 人,四周是壮丽的阿尔卑斯山山峰。那里交通方便,是疗养、旅游胜地和著名冬季运动中心。

三、基本情况

第二届冬奥会于 1928 年 2 月 11～19 日举行。参加比赛的有 25 个国家,共 464 名运动员,其中女子 26 人,男子 438 人。运动员数比上届几乎增加了一倍。首次参赛的有德国、荷兰、罗马尼亚、立陶宛、卢森堡、墨西哥、日本、阿根廷和爱沙尼亚。项目稍有变化,上届有舵雪橇 4 人座改为 5 人座,另外增加了一项单人操作的冰橇赛,表演项目只有军事滑雪射击一项。项目总数为 4 大项 14 小项。

在 2 月 11 日的开幕式上,瑞士联邦总统埃德蒙德·舒尔希斯宣布本届冬奥会开幕,代表运动员宣誓的是东道主的滑雪运动员汉斯·埃登本茨。

四、竞赛情况

本届冬奥会共 13 个单项,赛出了 14 枚金牌(500 米速滑有两人并列冠军)。挪威成绩再次领先,获金牌 6 枚、银牌 4 枚、铜牌 5 枚,美国、瑞典金牌都是 2 枚,但美国获银牌、铜牌各 2 枚,比瑞典各多 1 枚。美国、瑞典分居第二、第三名。获奖情况如表 1-2 所示。

表 1-2　　　　　第二届冬季奥林匹克运动会各代表团金牌榜

代表团	金牌	银牌	铜牌	总数
挪威	6	4	5	15
美国	2	2	2	6
瑞典	2	1	1	4
芬兰	1			1
加拿大	1			1
法国		3	1	4

（续表）

代表团	金牌	银牌	铜牌	总数
奥地利			1	1
英国			1	1
比利时			1	1
捷克斯洛伐克			1	1
瑞士			1	1
德国			1	1

·普莱西德湖1932年第三届冬季奥林匹克运动会·

开幕时间： 1932 年 2 月 4 日

闭幕时间： 1932 年 2 月 15 日

举 办 地： 美国普莱西德湖(Lake Placid)

运 动 员： 252 名运动员(女子 21 人,男子 231 人)

项目数量： 4 大项 14 小项

会徽：

奖牌：

一、简介

　　第三届冬奥会于 1932 年在美国纽约州的一个不到 4 000 人的小镇普莱西德湖举行,这是冬奥会自从 1924 年举办以来,首次来到美洲大陆。由于刚刚经历了一场全球范围的经济大萧条,这届冬奥会的筹办工作受到了极大的经济上的困扰。组委会主席杜威(Dewey)捐出自己家族的一块地,作为兴建雪橇比赛车道之用。在女子花样滑冰比赛中,挪威选手索尼娅赫妮成功卫冕;此外,在花样滑冰双人项目中,法国组合安布吕内和皮布吕内也成功卫冕。在男子花样滑冰项目中,来自瑞典的运动员格拉夫斯特伦在冲击个人奥运金牌四连冠的过程中失利,名列第二。美国雪橇队的埃迪·伊甘(Eddie Eagan)与队友合作夺得金牌,由于他也曾经在 1920 年安特卫普夏季奥运会中,代表美国参加拳击轻量级比赛,并且夺得金牌,这也使他成为奥运会史上第一位在夏季和冬季奥运会中,都获得金牌的选手。

二、申办和筹备

第一、第二届冬奥会胜利举行后,人们对冰雪比赛产生了浓厚兴趣,要求主办冬奥会的城市也逐渐增多。申请承办第三届冬奥会的有 8 个城市。国际奥委会最后将会址选在普莱西德湖。普莱西德湖是美国东北部一个的山间小镇,地势偏僻,人烟稀少。但境内山峦起伏,景色秀丽,严冬季节(每年 12 月至来年 3 月)气候寒冷、干燥,是从事冬季运动十分理想的地点。

三、基本情况

本届冬奥会正值经济危机席卷世界各国,应邀参加的只有 17 个国家,252 名运动员。比赛项目没有多大变化,只将有舵雪橇 5 人座改成了 4 人座,另增了一项双人座雪橇赛,取消了上一届的冰橇赛。比赛项目总数仍为 4 大项 14 小项。表演项目是冰壶(冰上溜石)和女子速度滑冰。

运动会于 1932 年 2 月 4～15 日举行。纽约州州长弗兰克林·罗斯福(即后来的美国总统)偕同夫人出席和主持了开幕式。他通过无线电发表了热情洋溢的讲话,他指出:"体育对促进各国人民之间的友谊、增强相互了解,具有极其重要的意义。"美国著名速度滑冰运动员约翰·希亚(John Shea)代表运动员宣读了誓词。

四、竞赛情况

本届大会于 2 月 13 日正式闭幕,因受气候影响,比赛至 15 日才最后结束。本届大会共进行了 14 项比赛。东道主获金牌 6 枚、银牌 4 枚、铜牌 2 枚。挪威退居第二,获得金牌 3 枚、银牌 4 枚、铜牌 3 枚;瑞典列第三位,获金牌 1 枚、银牌 2 枚。获奖情况如表 1-3 所示。

表 1-3　　　　　　　第三届冬季奥林匹克运动会各代表团金牌榜

代表团	金牌	银牌	铜牌	总数
美国	6	4	2	12
挪威	3	4	3	10
瑞典	1	2		3
加拿大	1	1	5	7
芬兰	1	1	1	3
奥地利	1		1	2
法国	1			1

（续表）

代表团	金牌	银牌	铜牌	总数
瑞士		1		1
德国			2	2
匈牙利			1	1

· 加米施-帕滕基兴 1936 年第四届冬季奥林匹克运动会 ·

开幕时间：1936 年 2 月 6 日

闭幕时间：1936 年 2 月 16 日

举 办 地：德国加米施-帕滕基兴（Garmisch-Partenkirchen）

运 动 员：668 名运动员

项目数量：4 大项 17 小项

会徽：

奖牌：

一、简介

第四届冬奥会于 1936 年在德国的两个城市加米施和帕滕基兴举行。加米施和帕滕基兴在德国拜恩州（Bayern）南端靠近伊萨赫河（Loisach）发源地岸边。加米施和帕滕基兴冬奥会在冬季奥运会史上占有重要的地位。首先，瑞士、法国、奥地利同北欧国家经过激烈的讨论，终于彼此达成妥协，将高山滑雪全能和越野滑雪 4×10 千米列为奥运会正式比赛项目，但也引起争议：国际奥委会否定了其下属的国际滑雪联合会的比赛规则，不允许滑雪教练员参加奥运会。因为国际奥委会认为他们都是职业运动员，与国际奥委会只允许业余运动员参加比赛的精神相违背。这引起了瑞士和奥地利两国滑雪运动员的不满，他们抵制了这届奥运会的高山滑雪比赛。这个争议一直持续到冬奥会的结束，国际奥委会仍然不做让步，并且决定，在 1940 年的冬奥会将不再举行滑雪比赛。其次，新增设的高山滑雪女子项目使滑雪女运动第一次有机会加入冬奥会的行列。同时，在这届冬奥会上，挪威女子花样滑冰运动员索尼娅·赫妮（Sonja Henie）成功实现自己在女子单人花样滑冰项目中的三连冠。在这届奥运会结束之后，她前往美国，并转为职业花样滑冰运动员。来自挪威的速滑运动员选手伊万·巴兰格鲁德(Ivan Ballangrud)夺得本届奥运会 4 枚速度滑冰金牌中的 3 枚,包括 500 米、5 000 和 10 000 米速滑。他一共在 3 届奥运会中,得到 7 枚奖牌。英国冰球队不可思议地战胜被认为是超级强队的加拿大队,不过英国队员 12 人中,有 10 人生活在加拿大。

二、申办和筹备

本届申请主办的只有德国巴伐利亚州的姊妹城市——加米施和帕滕基兴,两个城市在无竞争对手的情况下获得了承办权。同年的 1936 年夏季奥运会亦在柏林召开,这是奥运会史上第三次也是最后一次冬、夏季奥运会在同一国家举行。

三、基本情况

本届大会于 1936 年 2 月 6～16 日举行。参赛的有 28 个国家,668 名运动员。本届大会共设 4 大项 17 小项比赛,项目比上届增加了男子 4×10 千米越野滑雪接力赛和男女高山滑雪两项(回转障碍滑雪和快速降下)。

在本届大会开幕仪式上,代表运动员宣誓的是东道主的滑雪运动员维尔赫姆·博格纳。

四、竞赛情况

在本届共 17 个单项的比赛中,挪威队表演出色,夺回了在普莱西德湖失去的优势,获金牌 7 枚、银牌 5 枚、铜牌 3 枚;东道主德国获得金、银牌各 3 枚;瑞典居第三位,获金牌 2 枚、银牌 2 枚、铜牌 3 枚。获奖情况如表 1-4 所示。

表 1-4 　　　　　　　　第四届冬季奥林匹克运动会各代表团金牌榜

代表团	金牌	银牌	铜牌	总数
挪威	7	5	3	15
德国	3	3		6
瑞典	2	2	3	7
芬兰	1	2	3	6
瑞士	1	2		3
奥地利	1	1	2	4
英国	1			1
美国	1			1
加拿大		1		1
匈牙利			1	1
法国			1	1

五、其他

总的来看，本届大会组织得比较成功，加上新增加的项目很符合德国人的口味，因此比赛期间的观众人数很多。据统计约有 50 万名观众现场观看比赛，即使最后一项的跳跃滑雪也吸引了 15 000 名观众。

·圣莫里茨 1948 年第五届冬季奥林匹克运动会·

开幕时间：1948 年 1 月 30 日
闭幕时间：1948 年 2 月 8 日
举 办 地：瑞士圣莫里茨（Sankt Moritz）
运 动 员：669 名运动员（女子 77 人，男子 592 人）
项目数量：9 大项 22 小项
会徽：　　　　　　　　　　　　　　　　　　　　**奖牌**：

一、简介

第五届冬奥会原准备于 1940 年在日本北海道的札幌举办。但由于侵华战争的原因，1938 年日本政府宣布无法举办札幌冬奥会，瑞士的圣莫里茨成为候选城市。但 1936 年冬季奥运会上，因为滑雪教练员的参赛问题，瑞士奥委会与国际奥委会发生争议。瑞士也宣布放弃承办这届冬季奥运会。德国在 1939 年 7 月向国际奥委会表示，他们愿意在上届奥运会的举办城市加米施和帕滕基兴承办第五届冬奥会。4 个月后，第二次世界大战爆发，接下来的两届奥运会都被迫取消。1948 年第二次世界大战结束之后的第一届冬季奥运会在瑞士的圣莫里茨重新举办。发动第二次世界大战的日本和德国，遭到国际奥委会禁赛处罚。过去花样滑冰是欧洲运动员的天下，本届比赛来自北美的运动员第一次包揽了男、女单人花样滑冰比赛的金牌，加拿大的斯柯特（Scott）夺得女子金牌；美国运动员巴顿

(Button)夺得男子金牌。总体来说,这届冬奥会没有出现夺取多枚金牌的超级明星,只有法国高山滑雪运动员亨利(Henri)和瑞典的北欧两项运动员马丁(Martin)夺取了 2 枚金牌。

二、申办和筹备

第二次世界大战结束后,奥运会恢复举行。瑞士建议由圣莫里茨承办 1948 年冬季奥运会。这样,圣莫里茨 20 年后,又一次承办冬奥会,成为第一个主办两届冬季奥运会的城市。另一申办本届冬奥会的城市是美国的普莱西德湖。

三、基本情况

本届大会于 1948 年 1 月 30 日~2 月 8 日举行。应邀参赛的有 28 个国家和地区,669 名运动员,其中女子 77 人,男子 592 人。德国、日本仍被拒之于奥运会门外。本届竞赛项目大项仍为 4 个,但单项比以前有所增加,项目数量首次突破 20 个大关,达到 22 个。另外,本次冬奥会恢复了 4 轮雪车赛。

在本届大会开幕式上,瑞士联邦总统恩里科·塞里奥(Enrico Celio)宣布本届冬奥会开幕。代表运动员宣誓的是东道主的冰球运动员里卡多·托里亚尼(Riccardo Torriani)。

四、竞赛情况

本届冬奥会有越野滑雪、跳台滑雪、北欧两项、高山滑雪、有舵雪橇、卧式雪橇、速度滑冰、花样滑冰以及冰球共计 4 类、9 大项、共 22 个单项的比赛。瑞典、挪威两队奖牌数相等,均得金牌 4 枚,银、铜牌各 3 枚;瑞士位列第三,金牌 3 枚、银牌 4 枚、铜牌 3 枚。获奖情况如表 1-5 所示。

表 1-5　　　　　　　　　第五届冬季奥林匹克运动会各代表团金牌榜

代表团	金牌	银牌	铜牌	总数
瑞典	4	3	3	10
挪威	4	3	3	10
瑞士	3	4	3	10
美国	3	4	2	9
法国	2	1	2	5
加拿大	2		1	3
奥地利	1	3	4	8
芬兰	1	3	2	6

（续表）

代表团	金牌	银牌	铜牌	总数
比利时	1	1		2
意大利	1			1
捷克斯洛伐克		1		1
匈牙利		1		1
英国			2	2

·奥斯陆 1952 年第六届冬季奥林匹克运动会·

开幕时间：1952 年 2 月 14 日

闭幕时间：1952 年 2 月 25 日

举 办 地：挪威奥斯陆（Oslo）

运 动 员：694 名运动员（女子 109 人，男子 585 人）

项目数量：8 大项 22 小项

会徽：

奖牌：

一、简介

　　1952 年冬奥会来到了现代滑雪的诞生地挪威。奥运圣火从挪威一位著名的滑雪运动员努尔海姆（Nordheim）家里的炉火中点燃，并经过 94 名滑雪运动员的接力传递后来到冬奥会主体育场。在主运动场中点燃的大会圣火火炬，成为冬奥会第一次正式的圣火。东道主挪威 28 岁速度滑冰运动员安德森（Andersen）在家乡父老面前，夺得 3 枚速度滑冰金牌，成为第一位在一届冬奥会中夺得 3 枚金牌的运动员。在高山滑雪项目中，高山混合项目被大回转项目取代，只有 19 岁的劳伦斯（Lawrence）获得了大回转和回转比赛的两枚金牌。加拿大冰球队也在这次奥运会上第五次夺得冬奥会金牌，并将他们的奥运战绩累积到 37 胜、1 败、3 平，总共 41 场比赛中，他们进 403 球，丢 34 球。来自芬兰的运动员维德曼（Wideman）获得女子越野滑雪比赛的金牌，这也是这个项目第一次被列为冬奥会的正式比赛项目。

二、申办和筹备

国际奥委会从挪威的奥斯陆、美国的普莱西德湖和意大利的科蒂纳丹佩佐 3 个申办城市中,选择了奥斯陆举办 1952 年第六届冬奥会。冬奥会终于回到了现代滑雪运动的诞生地挪威,而这也是冬奥会首次由在当时冬季项目最强的斯堪的纳维亚地区国家举办。

三、基本情况

应邀参加本届比赛的有 30 个国家和地区的 694 名运动员。比赛项目为越野滑雪、跳台滑雪、北欧两项、高山滑雪、有舵雪橇、速度滑冰、花样滑冰以及冰球共 4 类、8 大项、22 小项。女子 10 千米越野滑雪被首次列入正式比赛项目。高山滑雪中的两项全能被取消,改为传统的 3 项:大回转障碍滑、回转障碍滑雪和快速降下。

本届大会于 1952 年 2 月 14 日～25 日举行,本届冬运会首次在主会场燃烧了奥林匹克火焰,但与夏季奥运会不同的是,火种不是来自奥林匹亚,而是取自挪威冰雪运动奠基人松德雷·诺德海姆(1825—1897 年)生前居住过的莫尔盖达尔村的一所石房中。

四、竞赛情况

本届大会的头号新闻人物是挪威 28 岁的速度滑冰老将亚马尔·安德森。他一人包揽了 1 500、5 000、10 000 米 3 个项目的金牌,成为本届最显赫的运动员。本届 22 个单项比赛全部结束后,挪威再次居领先地位,共获金牌 7 枚,银牌 3 枚,铜牌 6 枚;美国也夺得了仅次于 1932 年的最好成绩,获金牌 4 枚,银牌 6 枚,铜牌 1 枚;芬兰队的金、银、铜牌分别为3、4、2 枚。获奖情况如表 1-6 所示。

表 1-6　　　　　　　第六届冬季奥林匹克运动会各代表团金牌榜

代表团	金牌	银牌	铜牌	总数
瑞典	7	3	6	16
美国	4	6	1	11
芬兰	3	4	2	9
德国	3	2	2	7
奥地利	2	4	2	8
意大利	1		1	2
加拿大	1		1	2
英国	1			1
荷兰		3		3
瑞典			4	4

（续表）

代表团	金牌	银牌	铜牌	总数
瑞士			2	2
法国			1	1
匈牙利			1	1

·科蒂纳·丹佩佐 1956 年第七届冬季奥林匹克运动会·

开幕时间：1956 年 1 月 26 日

闭幕时间：1956 年 2 月 5 日

举办地：意大利科蒂纳·丹佩佐(Cortina d'ampezzo)

运动员：820 名运动员（女子 132 人，男子 688 人）

项目数量：8 大项 24 小项

会徽： 　　　　　　　　**奖牌**：

一、简介

　　1956 年意大利科蒂纳丹佩佐冬奥会因为苏联的加入而具有特殊的意义。在其第一次参加的冬奥会中，苏联队超越所有对手，在奖牌榜上名列第一。在四项速度滑冰项目中，苏联夺取三金。科尔钦(Kolchin)成为第一位夺得越野滑雪金牌的非斯堪的纳维亚国家运动员，赛勒(Sailer)夺得全部三枚高山滑雪比赛的金牌，这也是奥运会历史上第一位横扫高山滑雪三个项目的运动员，贝尔托(Berthod)以 4.7 秒的巨大优势夺取了高山速降比赛的金牌作为自己的生日礼物。美国队也在这届奥运会的花样滑冰项目中崭露头角，奥尔布莱特(Albright)赢得女子项目金牌，在詹金斯(Alan Jenkins)的带领下，美国运动员也包揽了男子花样滑冰的全部奖牌。科蒂纳丹佩佐冬奥会也是第一次有电视转播的奥运会，这也是花样滑冰比赛最后一次在室外举行。

二、申办和筹备

　　申请主办第七届冬奥会的有挪威的奥斯陆、美国的科罗拉多斯普林斯和意大利的科蒂纳·丹佩佐 3 个城市。1949 年国际奥委会罗马会议终于将曾于 1944 年和 1952 年两次申办未果的科蒂纳·丹佩佐选为了本届冬奥会的会址。科蒂纳·丹佩佐市是意大利的一个山间小镇，当时仅有 6 000 人左右，但是它早就是驰名遐迩的冬季运动中心。

三、基本情况

本届应邀参赛的有 33 个国家和地区（代表队 32 个），竞赛项目有越野滑雪、跳台滑雪、北欧两项、高山滑雪、有舵雪橇、速度滑冰、花样滑冰以及冰球共 4 类、8 大项、24 小项。其中男子 18 千米滑雪被取消，改为 15 千米、30 千米滑雪；女子项目列入了 3×5 千米滑雪接力赛。

本届大会于 1956 年 1 月 26 日～2 月 5 日举行。1 月 26 日上午 11 时许，本届大会正式开幕。意大利总统乔瓦尼·格隆基（Giovanni Gronchi）出席了开幕典礼，并宣布大会开幕。本届点燃奥林匹克火焰的是意大利著名男子花样滑冰运动员吉多·卡罗利（Guido Caroli）。代表运动员宣誓的为意大利上届奥运会女子高山滑雪速降比赛铜牌获得者朱里亚娜·切纳尔-米努佐（Giuliana Chenal-Minuzzo），这是冬季奥运会史上第一次由女子运动员代表宣誓。

四、竞赛情况

科蒂纳·丹佩佐冬奥会的速滑比赛，是 1924 年以来最为成功的一次，冬奥会速度滑冰比赛所有项目的纪录全部被刷新，产生了 2 项新世界纪录和 41 项国家纪录。冰坛新贵苏联独占鳌头，获金牌 7 枚，银牌 3 枚，铜牌 6 枚；奥地利列第二，金牌为 4 枚，银牌 3 枚，铜牌 4 枚；芬兰居苏、奥之后，金、银牌各 3 枚，铜牌 1 枚；多次在冬季奥运会上成绩领先的挪威队，这次仅列第七位，获金牌 2 枚，银、铜牌各 1 枚。获奖情况如表 1-7 所示。

表 1-7　　　　　　　　　第七届冬季奥林匹克运动会各代表团金牌榜

代表团	金牌	银牌	铜牌	总数
苏联	7	3	6	16
奥地利	4	3	4	11
芬兰	3	3	1	7
瑞士	3	2	1	6
瑞典	2	4	4	10
美国	2	3	2	7
挪威	2	1	1	4
意大利	1	2		3
德国联队	1		1	2
加拿大		1	2	3
日本		1		1
波兰			1	1
匈牙利			1	1

·斯阔谷 1960 年第八届冬季奥林匹克运动会·

开幕时间：1960 年 2 月 18 日

闭幕时间：1960 年 2 月 28 日

举办地：美国斯阔谷(Sqyaw Valley)

运动员：665 名(女选手 114 名,男选手 521 名)

项目数量：8 个大项 27 个小项

会徽：

奖牌：

一、简介

　　斯阔谷坐落在内华达山脉惠尼特山(Whiteny,Mt)西面,毗邻赛阔亚(Sequoia)国家公园,是美国西部的著名疗养胜地和冬季运动中心。1960 年第八届斯阔谷冬奥会的筹办过程进展得不很顺利,这个距离加州旧金山 300 千米、海拔 1 900 米的山城,在向国际奥委会提出申办时,完全没有比赛的运动设施和场馆。因为只有 9 个国家报名,组委会认为不值得花大笔钱兴建雪橇的比赛场地,这是雪橇比赛第一次也是唯一一次在冬奥会中缺席。在这届比赛中,冬季两项(包括越野滑雪和射击两项)第一次成为冬奥会的正式比赛项目,来自瑞典的运动员莱斯坦德(Lestander)获得这个项目的第一枚奥运金牌。在这届奥运会上,女子速滑也第一次成为奥运会的正式比赛项目。在上届奥运会上夺得 500 米和 1 500 米两枚速度滑冰金牌的苏联选手格里申(Grishin)在这届奥运会上成功卫冕,再次夺得 2 枚金牌。美国冰球队爆冷击败两大热门加拿大队和苏联队,第一次夺得这个项目的奥运会金牌。

二、申办和筹备

　　第八届冬奥会再次从欧洲大陆转至大洋彼岸举行。申请主办的有德意志联邦共和国的加米施-帕滕基兴,奥地利的因斯布鲁克、瑞士的圣莫里茨和美国的斯阔谷。国际奥委会在 1955 年第 51 次巴黎全会上最后选定了斯阔谷。

三、基本情况

　　本届大会于 1960 年 2 月 18～28 日举行,参赛的有 31 个国家和地区(30 个队),共 665 名运动员,其中女子 143 人,男子 522 人。联邦德国与民主德国组成联合代表团,南非首次派出了代表团。因为旅费等问题,欧洲削减了参加人数。本届首次列入了男子冬季两项(滑雪和射击)和女子速度滑冰项目。因为设备问题,大会取消了雪橇项目。本届大会共设有 5 类、8 个大项 27 个单项比赛。

2 月 18 日举行了隆重的开幕式,15 000 名观众出席了盛会。宣布本届冬奥会开幕的是时任美国副总统的理查德·尼克松(Richard Nixon)。在圣火点燃仪式中,两次冬奥会冠军安·劳伦斯·米德高举来自远方挪威的火种,从白雪皑皑的陡峭山坡上飞驰而下,奥运会速滑冠军肯尼特·查尔斯·亨利(Kenneth charles Henry)接过火种绕场一周,随后点燃起熊熊的奥林匹克火焰,将大会气氛推向了高潮。

四、竞赛情况

本届共举行了 27 个单项比赛,在男子速滑中有两人并列冠军,共决出了 28 枚金牌。苏联再次居领先地位,获金牌 7 枚,银牌 5 枚,铜牌 9 枚;德国联队这次成绩出色,上升到第二位,获得金牌 4 枚,银牌 3 枚,铜牌 1 枚;美国作为东道主,成绩不很理想,金、银、铜牌分别为 3、4、3 枚,居第三。获奖情况如表 1-8 所示。

表 1-8　　　　　　　　第八届冬季奥林匹克运动会各代表团金牌榜

代表团	金牌	银牌	铜牌	总数
苏联	7	5	9	18
德国联队	4	3	1	8
美国	3	4	3	10
挪威	3	3		6
瑞典	3	2	2	7
芬兰	2	3	3	8
加拿大	2	1	1	4
瑞士	2			2
奥地利	1	2	3	6
法国	1		2	3
波兰		1	1	2
荷兰		1	1	2
捷克斯洛伐克		1		1
意大利			1	1

五、中国情况

中国台湾地区派代表考察、观摩了本届冬奥会的各项活动,这是中国与冬奥会的首次接触。

·因斯布鲁克1964年第九届冬季奥林匹克运动会·

开幕时间： 1964 年 1 月 29 日

闭幕时间： 1964 年 2 月 9 日

举 办 地： 奥地利因斯布鲁克(Innsbruck)

运 动 员： 1 091 名(女子 200 人，男子 891 人)

项目数量： 10 个大项 34 个小项

会徽：

奖牌：

一、简介

　　第九届冬奥会于 1964 年在奥地利的因斯布鲁克举行，这里是奥地利著名的滑雪圣地，但在 1964 年却遇到了严重的缺雪问题。奥地利政府派出军队，从阿尔卑斯山上采雪下山，利用卡车将 20 000 块冰砖运送到雪橇比赛赛场上，同时将 40 000 立方米的雪铺到高山滑雪的赛场，另外还准备了 20 000 立方米的雪，作为预备不时之需。组委会还特地从美国运来 6 部造雪机，在比赛场地边待命，一旦雪融化，立刻造雪备用。但是比赛开幕前的 10 天，一场大雨使这一切泡汤，军人再次将比赛场地清理，就这样因斯布鲁克的人造奥运雪场终于准备就绪。苏联女子选手斯科布利科娃(Skoblikova)在速度滑冰比赛中所向无敌，包揽全部 4 枚金牌，成为冬季奥运会历史上第一位在一届比赛赢得 4 枚金牌的运动员，并且在这 4 项比赛中，她创造了 3 项奥运会纪录，分别是 500 米、1 000 米和 1 500 米。博亚尔斯基赫(Boyarskikh)获得 3 枚越野滑雪金牌。在男子方面，门蒂兰塔(Mntyranta)夺取 2 枚金牌，法国一对孪生姊妹花玛戈·瓦切尔(Marielle Goitschel)和克戈·瓦切尔(Christine Goitschel)，在高山滑雪比赛中，互相鼓励，分别在回转和大回转两项比赛中名列前两位，各获得 1 枚金牌和 1 枚银牌。

二、申办和筹备

　　奥地利是一个爱好冰雪运动的国家，在以往几届冬季奥运会上都曾取得过好成绩，特别是高山滑雪和花样滑冰，还多次夺得金牌。但是直到上一届冬奥会(即第八届)申办时，奥地利才由因斯布鲁克提出主办冬奥会申请。在上一届会址竞选中，因斯布鲁克败于美国斯阔谷。1964 年第九届冬奥会，因斯布鲁克终于战胜对手加拿大的卡尔加里和芬兰的拉蒂，而赢得了主办权。

三、基本情况

本届冬奥会于 1964 年 1 月 29 日至 2 月 9 日举行。应邀参赛的有 37 个国家和地区（36 个队），共 1 091 名运动员，其中女运动员 199 名，冬奥会运动员人数首次突破 1 000 人。第一次参赛的有朝鲜民主主义人民共和国、印度和蒙古国。本届冬奥会还第一次发行了纪念币，纪念币为银制，直径 34 毫米，重量 209 克，售价 50 先令（5 英镑），原计划发行 2 900 枚，由于参观者踊跃购买，最后发行了 72 431 枚。

开幕式上按惯例点燃了奥林匹克火焰，承担这个光荣使命的是奥地利高山滑雪男运动员约瑟夫·里德尔（Joseph Rieder）。与前几届不同的是，这次火种不是取自挪威，而是与夏季奥运会一样，从奥运会发源地雅典奥林匹亚点燃。宣布本届盛会开幕的是奥地利总统阿道夫·沙尔弗（Adolf Scharf），而代表运动员宣誓的是东道主奥地利的雪车选手保罗·阿斯特（Paul Astor）。

四、竞赛情况

本届冬奥会比赛项目除了上届的 27 小项和有舵雪橇外，又新增了无舵雪橇、越野滑雪女子 5 千米和跳台滑雪 K90，从而使比赛由上届的 5 类、8 大项、27 小项增加到 6 类、10 大项、34 小项。本届速度滑冰开创了冬季奥运会史上的奇迹。上届 2 枚金牌获得者、苏联 24 岁的女选手利迪娅·斯科布利科娃，囊括了全部 4 个项目的金牌。本届共举行了 34 个单项比赛。苏联继续居领先地位，获金牌 11 枚，银牌 8 枚，铜牌 6 枚；奥地利位列第二，金牌 4 枚，银牌 5 枚、铜牌 3 枚；挪威第三，金牌 3 枚，银牌和铜牌都是 6 枚。获奖情况如表 1-9 所示。

表 1-9　　　　　　　第九届冬季奥林匹克运动会各代表团金牌榜

代表团	金牌	银牌	铜牌	总数
苏联	11	8	6	25
奥地利	4	5	3	12
挪威	3	6	6	15
芬兰	3	4	3	10
法国	3	4		7
德国联队	3	3	3	9
瑞典	3	3		7
美国	1	2	3	6
荷兰	1	1		2

（续表）

代表团	金牌	银牌	铜牌	总数
加拿大	1		2	3
英国	1			1
意大利		1	3	4
朝鲜		1		1
捷克斯洛伐克			1	1

·格勒诺布尔1968年第十届冬季奥林匹克运动会·

开幕时间：1968年2月6日

闭幕时间：1968年2月18日

举 办 地：法国格勒诺布尔(Grenoble)

运 动 员：1 158 名(女子 211 人,男子 947 人)

项目数量：10 个大项 35 个小项

会徽：   奖牌：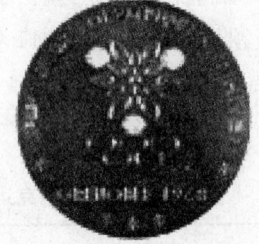

一、简介

格勒诺布尔位于法国东南伊泽尔省中部,坐落在法兰西高地南端、阿尔卑斯山脉最高山脊格赖山(Graies Alpes)西侧,伊泽尔河谷(Lsere Valley)和德拉克河(Drac River)的汇合处,海拔 214 米,雪量十分丰足,是举办冬奥会理想的地方。

1968 年法国格勒诺布尔冬季奥运会上第一次对女子运动员进行性别检测。法国运动员基利(Killy)成为本届奥运会的英雄,他在高山滑雪比赛中囊括全部 3 枚金牌,追平托尼·塞勒(Toni Sailer)的纪录。他很顺利地夺得高山速降和大回转的金牌,不过在回转比赛时曾经发生争议:回转比赛时,基利在第一轮排名第一,但是他的对手奥地利的施兰茨(Schranz)在赛后表示,比赛途中突然有一位穿着黑色衣服的人闯进跑道,使他不得不紧急刹车停下来,以致影响成绩,大会决定再让他重新比赛一次,这次他滑出最快的成绩。不过申诉委员会却判定取消他的成绩,金牌仍判给基利。基利夺得个人的第 3 枚金牌。民主德国女子雪橇运动员因为给自己的雪橇加温,被取消了比赛资格和成绩。古斯塔夫松(Gustafsson)成为女子越野滑雪赛场的英雄,包揽了两个个人项目的金牌,并获得团体接力滑雪比赛的第二。在双人花样滑冰比赛中,来自苏联的夫妻运动员别洛乌索娃(Belousova)和普罗托波波夫(Protopopov)以绝佳的默契、高超的技巧及优美的体态,成功卫冕金牌。蒙蒂(Monti)也在双人雪橇和四人雪橇比赛中夺金。

二、申办和筹备

1968年第十届冬奥会前,有加拿大的卡尔加里、芬兰的拉蒂、美国的普莱西德湖、日本的札幌、挪威的奥斯陆和法国的格勒诺布尔6个城市竞选主办地。在投票表决中,格勒诺布尔赢得了胜利。

三、基本情况

应邀参赛本届冬奥会的有37个国家和地区,1 158名运动员,其中女子211人,男子947人。参赛人数是法国1924年第一次主办时的两倍多。首次参加的国家有摩洛哥。两个"德国"自1956年组成德国联队参加了1956—1964年三届冬季奥运会,从本届始独立组队参赛。本届比赛项目只增加了1个单项,即冬季两项的4×7.5千米接力。项目总数增加为6类、10大项、35个单项。

大会于1968年2月6~18日举行。开幕式非常隆重热烈,约有7万名来自世界各地的观众出席。主办方别出心裁,将3万朵色泽艳丽的鲜红玫瑰从直升机上撒落在笼罩着节日气氛的运动场。天空满是徐徐飘落的鲜花,四周散发着沁人心脾的阵阵清香。鲜花的花瓣散落在洁白的雪地上,显得鲜艳夺目。观众既像置身于繁华喧闹的城市,又似在幽静的田园休憩,别有一番情趣。法国总统查尔斯·戴高乐(Charles De Gaulle)宣布开幕,著名花样滑冰运动员阿赖恩·卡尔马特(Alain Calmat)点燃主火炬。这是冬奥会自1952年在开幕式点燃圣火仪式以来,第一次由花样滑冰运动员来点燃火炬。法国高山滑雪运动员莱奥·拉克鲁瓦(Leo Lacroix)代表运动员宣誓。

四、竞赛情况

本届共举行了35个单项比赛。挪威卷土重来,获金牌6枚,银牌6枚,铜牌2枚,居领先地位;自1956年参赛以来成绩一直居首位的苏联本届因在滑雪、滑冰赛中成绩不理想,退居第二名,得金、银牌各5枚,铜牌3枚;法国名列挪威、苏联之后,金、银、铜牌分别为4、3、2枚。第四名的意大利也取得了它在冬奥会上最好成绩,获金牌4枚。

五、其他

奥运会中吉祥物的设计始于本届冬奥会,这个称为"雪士"(Schuss)的半人半物的卡通型滑雪小人形象以起夸张的硕大脑袋和细巧而坚硬的身体,象征一个有着坚强意志的小精灵。英文Schuss的意思是"高速滑雪"。获奖情况如表1-10所示。

表 1-10　　　　　　　　第十届冬季奥林匹克运动会各代表团金牌榜

代表团	金牌	银牌	铜牌	总数
挪威	6	6	2	14
苏联	5	5	3	13
法国	4	3	2	9
意大利	4			4
奥地利	3	4	4	11
荷兰	3	3	3	9
瑞典	3	2	3	8
联邦德国	2	2	3	8
美国	1	5	1	7
芬兰	1	2	2	5
民主德国	1	2	2	5
捷克斯洛伐克	1	2	1	4
加拿大	1	1	1	3
瑞士		2	4	6
罗马尼亚			1	1

·札幌 1972 年第十一届冬季奥林匹克运动会·

开幕时间: 1972 年 2 月 3 日

闭幕时间: 1972 年 2 月 13 日

举 办 地: 日本札幌(Sapporo)

运 动 员: 1 006 名(女选手 205 名,男选手 801 名)

项目数量: 6 个大项 35 个小项

会徽:

奖牌:

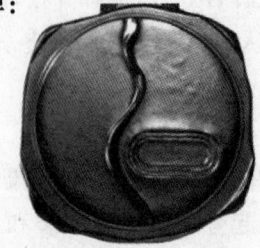

一、简介

札幌是日本的十大城市之一,位于北海道南部,周围山地较多,丘陵起伏,南有藻岩山(Moiwa)和大仓山(Okura),西有手稻山(Teine)。其冬季多雪但又不是十分寒冷,是日本著名的冬季运动中心。

1972年日本札幌第十一届冬奥会是冬奥会第一次在欧洲和美国以外的地区举办,也是亚洲举办的第一届奥运会。在这届奥运会上,职业运动员的参赛问题再次成为焦点,国际奥委会严禁参加奥运会的运动员接受任何金钱酬劳,否则会被视为职业运动员取消资格。在这届奥运会上,奥地利的滑雪运动员卡尔(Karl)因为收受滑雪产品制造商的酬劳,被认定为职业运动员而被取消参赛资格;在这届比赛中,来自社会主义国家的冰球运动员被允许参赛引起加拿大代表团的抗议,因为苏联及东欧社会主义国家的运动员是全天训练,与职业球队无异,国际奥委会允许他们参加,因此以纯业余球员参赛的加拿大队从1969年开始,就不再派冰球队参加国际比赛,也抵制了这次冬奥会。在这届奥运会上。来自苏联的越野滑雪运动员库拉科娃(Kulakova)包揽了女子越野滑雪项目的全部3枚金牌。荷兰的阿德申克(Ard Schenk)也在速度滑冰项目上获得3枚金牌,他也因此成为荷兰英雄,荷兰也以他的名字来命名一种花。赛前默默无闻的瑞士运动员纳迪格(Nadig)赢得高山滑雪的高山速降赛和大回转两个项目的金牌。挪威运动员麦格拿·索伯格(Magnar Solberg)赢得冬季两项金牌,成为第一位在这项比赛中成功卫冕的运动员。东道主日本运动员之前从未在冬奥会中夺得过金牌,本届比赛中,日本跳台滑雪运动员风光十足,在雪雄笠屋带领下包揽了这个项目的前三名。

二、申办和筹备

日本与欧美国家相比,并非冰雪运动强国,在以往的几届冬季奥运会上,也仅于1956年在科蒂纳丹佩佐获得过1枚银牌。但是,日本札幌在竞选1972年冬奥会主办权时,却击败了加拿大的班夫、芬兰的拉蒂和美国的盐湖城等对手。奥运会在不同国度召开,使它更具有了国际性。

三、基本情况

本届大会于1972年2月3~13日举行。应邀参赛的有35个国家和地区,共1 006名运动员,其中女子205人,男子801人。首次参加的有菲律宾。中国台湾也参加了这次比赛。本届比赛项目与上届完全相同,项目总数仍为6类、10大项、35个单项。札幌冬奥会也引起了新闻界极大的兴趣,采访大会的各类记者达3 895人。

同1964年东京第十八届夏季奥运会一样,日本组织了声势浩大的火炬接力。火炬从奥林匹亚传到日本本土后,本届大会组织了15 000名年龄在11~20岁的青少年进行了火炬接力跑。在2月3日的开幕式上,日本天皇裕仁(Hiro-Hito)宣布开幕。由一位名叫高田英纪(Hideki Takada)的学生点燃了大会圣火,这是冬奥会第一次将点燃主火炬的荣誉

授予学生,表达出对未来的期望。速度滑冰运动员铃木敬一(Keiichi Suzuki)和浅木文雄(Fumio Asaki)分别代表运动员和裁判员宣誓。

四、竞赛情况

札幌冬奥会上,苏联虽然在男女速滑中再次失利,但在滑雪赛中取得了惊人的成就。总成绩从上届的第二位再次跃居各国之首,获金牌8枚,银牌5枚,铜牌3枚。以往成绩一般的民主德国,这次脱颖而出,令人刮目相看,它共得金牌4枚、银牌3枚、铜牌7枚。瑞士列第三,获金牌4枚,银、铜牌各3枚。获奖情况如表1-11所示。

表1-11　　　　　　　第十一届冬季奥林匹克运动会各代表团金牌榜

代表团	金牌	银牌	铜牌	总数
苏联	8	5	3	16
民主德国	4	3	7	14
瑞士	4	3	3	10
荷兰	4	3	2	9
美国	3	2	3	8
联邦德国	3	1	1	5
挪威	2	5	5	12
意大利	2	2	1	5
奥地利	1	2	2	5
瑞典	1	1	2	4
日本	1	1	1	3
捷克斯洛伐克	1		2	3
波兰	1			1
西班牙	1			1
芬兰		4	1	5
法国		1	2	3
加拿大		1		1

·因斯布鲁克1976年第十二届冬季奥林匹克运动会·

开幕时间: 1976年2月4日

闭幕时间: 1976年2月15日

举　办　地: 奥地利因斯布鲁克(Innsbruck)

运动员：1 123 名（女选手 231 名，男选手 892 名）

项目数量：10 个大项 37 个小项

会徽：    **奖牌**：

一、简介

1976 年冬奥会的举办权本来被国际奥委会授予了美国丹佛，但丹佛所在的科罗拉多州以及丹佛的民众都反对政府发行公债来筹集冬奥会举办资金。丹佛于是在 1972 年 11 月 15 日向国际奥委会表示放弃本届冬奥会的承办权。奥地利因斯布鲁克随即向国际奥委会递出申请，愿意接手。1973 年 2 月 4 日国际奥委会决定，把这届冬奥会交给奥地利的因斯布鲁克举办。时隔 12 年，因斯布鲁克再次举办冬奥会。本届比赛中，德国女子运动员米特迈尔（Mittermaier）在高山滑雪的三个项目中夺得 2 枚金牌，她先赢得高山速降的金牌和回转比赛的金牌，她本来有可能成为奥运历史上第一位包揽高山滑雪 3 枚金牌的女子运动员，但是在最后一项的大回转比赛时，以 0.12 秒的劣势屈居第二，错失创造历史的良机。苏联冰球队在本届奥运会上再度夺取金牌，实现了在冬奥会冰球项目的四连霸。在这届奥运会上，冰上舞蹈成为花样滑冰比赛的新项目，苏联运动员再次称雄本届奥运的花样滑冰。本届比赛中最精彩的一幕发生在高山滑雪比赛中，奥地利运动员弗朗茨·克拉莫（Franz Klammer）粉碎了瑞士运动员鲁西（Russi）的卫冕之梦。

二、申办和筹备

美国丹佛市放弃第十三届冬奥会的承办权后，1972 年 11 月 15 日奥威主席基拉宁直接向各国奥委会发函，征求意见。奥地利的因斯布鲁克、法国的夏蒙尼、芬兰的坦佩雷、瑞典的奥勒、美国的普莱西湖、加拿大的温哥华和瑞士的锡永纷纷向国际奥委会提出申请，希望承办这届奥运会。

1973 年 2 月 4 日，国际奥委会基拉宁主席同 8 名执行委员在瑞士洛桑召开理事会，经审议并通过投票，决定由因斯布鲁克代替丹佛举办本届冬奥会，理由是：因斯布鲁克具有举办冬季奥运会的经验，两次赛会间隔时间不长，许多设施稍经修缮即可使用，不仅经费需要不多，而且时间也来得及。

三、基本情况

应邀参加本次盛会的共有 37 个国家和地区，运动员 1 123 名，其中女子 231 人，男

子 892 人。首次参加的有安道尔、圣马力诺。中国台湾地区派出 18 名男运动员参加了本届比赛。竞赛项目略有变化，新增了冰上舞蹈和男子 1 000 米速滑，另外，女子 3×5 000 米接力由 3 人改为 4 人参加，即 4×5 000 米接力。项目总数为 6 类、10 大项、37 个单项。

大会于 1976 年 2 月 4～15 日进行。2 月 4 日举行了隆重的开幕式。按惯例在主体场燃起了奥林匹克火焰。但与其他会址不同的是，主会场设有两个火焰塔：一个是 12 年前的；另一个是新建的。开幕式上，奥地利总统道夫·基希施莱格(Rudulf Kirschschlager)宣布开幕，奥地利著名高山滑雪运动员 C·哈斯(Christl Haas)的雪橇运动员约瑟夫·费斯特曼特尔(Josef Feistmantl)点燃了新建塔上的火焰，然后再由他的同胞、高山滑雪运动员克里斯特尔·哈斯点燃了旧火炬塔。奥地利有舵雪橇运动员沃纳·代莱-卡特(Wwener Delle-Karth)和北欧两项裁判员科斯廷格·威利(Kostinger Willy)分别代表运动员和裁判员宣誓。

四、竞赛情况

本届运动会共举行了 37 个单项比赛。苏联取得了空前的胜利，获金牌 13 枚，银牌 6 枚，铜牌 8 枚；民主德国再次成绩卓著，较稳固地取代了往昔在冬季奥运会上占优势的挪威、美国的地位，对苏联也逐渐形成了威胁。它这次共得金牌 7 枚、银牌 5 枚、铜牌 7 枚；居第三位的美国队金、银牌各 3 枚，铜牌 4 枚。挪威队与美国金、银牌数相等，但铜牌只有 1 枚。获奖情况如表 1-12 所示。

表 1-12　　　　第十二届冬季奥林匹克运动会各代表团金牌榜

代表团	金牌	银牌	铜牌	总数
苏联	13	6	8	27
民主德国	7	5	7	19
美国	3	3	4	10
挪威	3	3	1	7
联邦德国	2	5	3	10
芬兰	2	4	1	7
奥地利	2	2	2	6
瑞士	1	3	1	5
荷兰	1	2	3	6
意大利	1	2	1	4
加拿大	1	1	1	3

代表团	金牌	银牌	铜牌	总数
英国	1			1
捷克斯洛伐克		1		1
瑞典			2	2
列支敦士登			2	2
法国			1	1

·普莱西德湖 1980 年第十三届冬季奥林匹克运动会·

开幕时间：1980 年 2 月 13 日

闭幕时间：1980 年 2 月 24 日

举 办 地：美国普莱西德湖(Lake Placid)

运 动 员：1 072 名(女选手 232 名,男选手 840 名)

项目数量：10 个大项 38 个小项

会徽：　　　　　　　　　　　　　　　　　　**奖牌：**

一、简介

　　1980 年在美国纽约州普莱西德湖举行的第十三届冬奥会是一届非常精彩的奥运会,创造了一大批冬季奥运历史上的传奇:来自瑞典的滑雪运动员斯滕马克(Stenmark)在大回转和回转两个项目中均胜利夺冠;来自欧洲小国、人口只有 25 000 人的列支敦士登的女子高山滑雪运动员文策尔(Wenzel)在这届奥运会上获得 2 金、1 银共 3 枚奖牌,使列支敦士登成为奥运会史上夺取金牌最小的国家;来自德国的北欧两项运动员乌尔里希(Ulrich)在本届比赛上实现自己奥运金牌的三连冠;来自苏联的花样滑冰运动员罗德尼娜(Rodnina)也在本届冬奥会上实现花样滑冰双人项目赛金牌三连冠;在冬季两项接力比赛中,苏联运动员吉洪诺夫(Tikhonov)连续四届奥运会都为苏联队拿下冠军;齐米亚托夫(Zimyatov)也在越野滑雪比赛中,夺得三枚金牌;赛前默默无闻的美国速滑运动员埃里克·海登(Eric Heiden)成为本届奥运会最耀眼的明星,他参加了速度滑冰的全部 5 项比

赛,并且在这 5 个项目上全部赢得金牌,成为冬奥会历史上第一个大满贯获得者。在他参加的 5 个项目比赛,从 500 米到 10 000 米,他全部打破奥运会纪录,还将 10 000 米的世界纪录缩短了 6.20 秒。在家乡父老的助威声中,美国冰球队击败强大的苏联冰球队,夺得奥运会冰球金牌。

二、申办和筹备

美国普莱西德湖在与加拿大温哥华竞选 1980 年冬季奥运会主办权时,由于温哥华在投票前临阵退出而最终成为唯一申办者,成为继圣莫里茨、因斯布鲁克之后第三个两次承办冬季奥运会的城市。

三、基本情况

本届大会竞赛项目除增加 1 项现代冬季两项 10 千米个人赛外,其余均与上届相同。本届大会共设 6 类、10 个大项、38 个小项的比赛。比赛战幕于开幕前一天就已拉开,共有 37 个国家和地区参加了本届冬奥会比赛,运动员总人数为 1 072 人。其中,中国、哥斯达黎加和塞浦路斯是第一次参加。

开幕式于 1980 年 2 月 13 日在普莱西德湖奥林匹克体育场举行,美国副总统瓦特·蒙代尔(Walter Mondale)宣布开幕,美国著名速度滑冰运动员埃里克·海登(Eric Hayden)代表运动员宣誓。速度滑冰裁判员特里·麦克德莫特(Terry McDermott)代表裁判员宣誓。普莱西德湖奥林匹克圣火是当年 1 月 30 日在奥林匹亚林中点燃的,于开幕前一天传到主办地。这次点燃运动场火炬与以往不同,点火人不是本国知名运动员或社会名流,而是一位年已 45 岁并有 5 个孩子的普莱西德湖的普通市民查尔斯·摩根·克尔(Charles Morgan Kerr)博士。

四、竞赛情况

普莱西德湖冬奥会的头号新闻人物是美国男子速滑运动员海登,他囊括了全部 5 个速滑项目的金牌,这在奥运会史上是独一无二的。他因此被授予"第十三届冬季奥运会杰出运动员"的称号。本届冬奥会苏联成绩仍继续领先,获金牌 10 枚,银、铜牌各 6 枚;居第二位的民主德国,其金牌比苏联少 1 枚,而银、铜牌却比后者各多 1 枚;东道主美国列第三,金、银、铜牌分别为 6、4、2 枚。获奖情况如表 1-13 所示。

表 1-13　　　　　第十三届冬季奥林匹克运动会各代表团金牌榜

代表团	金牌	银牌	铜牌	总数
苏联	10	6	6	22
民主德国	9	7	7	23
美国	6	4	2	12

代表团	金牌	银牌	铜牌	总数
奥地利	3	2	2	7
瑞典	3		1	4
列支敦士登	2	2		4
芬兰	1	5	3	9
挪威	1	3	6	10
荷兰	1	2	1	4
瑞士	1	1	3	5
英国	1			1
联邦德国		2	3	5
意大利		2		
加拿大		1	1	2
日本*		1		1
匈牙利		1		1
捷克斯洛伐克			1	1
法国			1	1
保加利亚			1	1

＊本届冬奥会跳台滑雪 K90 比赛，日本运动员八木宏和与民主德国运动员曼弗雷德·德克尔特并列第 2 名，故日本获 1 枚银牌。

五、中国代表团情况

中国奥委会是 1979 年在国际奥委会合法席位得到恢复后首次出席冬季奥运会，共派出 28 名男女运动员，参加了速度滑冰、花样滑冰、越野滑雪、高山滑雪、冬季两项 5 个大项的 18 个单项比赛。首次参赛的我国男女选手与世界先进水平有较大差距，没有运动员进入前 6 名。

·萨拉热窝 1984 年第十四届冬季奥林匹克运动会·

开幕时间： 1984 年 2 月 8 日
闭幕时间： 1984 年 2 月 19 日
举 办 地： 南斯拉夫萨拉热窝（Salajevo）
运 动 员： 1 272 名（女选手 274 名，男选手 998 名）
项目数量： 10 个大项 39 个小项

冬季奥运会体育欣赏

会徽：

奖牌：

一、简介

南斯拉夫萨拉热窝位于南斯拉夫中部，是波斯尼亚和塞黑哥维那共和国的首府，地处迪纳拉山脉（Dinara Planina）谷地，海拔 630 米，周围山峦起伏，群峰环绕。东南有亚霍里纳山（Jahorina），西面和南面有别拉什尼察山（Bjelasnica）、伊格曼山（Igman）以及特雷卡维察山（Treskavica），这些山峰与其他丘陵组成了一条波斯尼亚山区气候和黑塞哥维那次地中海山区气候的自然分界线。积雪期长达 6 个月之久，非常适宜冬季运动。

1984 年，冬奥会第一次在社会主义国家举行。南斯拉夫的萨拉热窝击败日本的札幌和瑞典法伦-哥特堡获得第十四届冬奥会的举办权。南斯拉夫国民对这次冬奥会来到萨拉热窝非常重视，以极大的热诚欢迎各国运动员。东道主运动员弗兰柯（Franko）在大回转比赛赢得一枚银牌，成为南斯拉夫历史第一位获得冬奥会奖牌的运动员。芬兰女子运动员玛丽亚·莉萨·海曼莱宁（Marja Liisa Hamalainen）在越野滑雪比赛中，夺得全部 3 个项目的金牌，她拿下了女子 5 千米、10 千米、20 千米越野滑雪 3 项冠军，成为这届冬奥会获冠军最多的运动员。加拿大选手盖坦·鲍彻（Gatan Boucher）同时夺得 2 枚金牌。冬季两项运动员埃里克·科瓦尔福斯（Eirik Kvalfoss）包揽了这个项目的全部金牌。在花样滑冰比赛中，来自英国的运动员杰恩·托尔维尔（Jayne Torvill）和克里斯托弗·迪安（Christopher Dean）在冰上舞蹈比赛中共得到 9 个裁判的 19 个满分，其中艺术印象分全是满分，创造了历届奥运会得分最高纪录。

二、申办和筹备

南斯拉夫历史名城萨拉热窝在与瑞典法伦-哥德堡、日本札幌竞选主办权时，获得了国际奥委会大多数赞成票，而成为这次盛会的会址。南斯拉夫开展了各方面的准备工作，新建了奥林匹克村，整修和扩建了科舍沃体育场及其相邻的泽特拉体育馆，以及其他比赛场地。筹委会工作出色，受到各国好评。

三、基本情况

应邀参加本届运动会的有 49 个国家和地区，共 1 272 名运动员，其中女运动员 274

名。第一次参加冬奥会的国家和地区有摩纳哥、埃及、塞内加尔、波多黎各和英属维尔京群岛。以往各届冬奥会，参赛代表团从未超过40个，本届猛增到49个，表明近年来冰雪运动已在更多国家和地区得到广泛开展。英属维尔京群岛派出的唯一选手是一名黑人，这也是冬季奥运会自创办以来首次有黑人运动员出席。本届比赛项目增加了1项女子20千米越野滑雪，使原先的38个单项增至39个。

本届大会于1984年2月8日下午当地时间14时30分正式开幕。虽然大雪纷飞，但能容55 000名观众的科舍沃（Keseco）体育场仍座无虚席。国际奥委会主席萨马兰奇（Samaranch）和南斯拉夫联邦主席团主席米卡·什皮利亚克（Mika Spilijak）出席了开幕式。本届奥林匹克火炬于1月29日从希腊运到南斯拉夫滨海城市杜布罗伏尼克后，采取了与以往不同的传递方式，分南北两路进行火炬接力，最后于波斯尼亚-黑塞哥维那会合。点燃主体育场圣火火焰的是南斯拉夫著名花样滑冰运动员桑德拉·杜布拉夫契奇（Sanda Dubravcic）。南斯拉夫著名的高山滑雪运动员博扬·克里扎伊（Bojan Krizaj）和高山滑雪裁判员德拉甘·佩洛维奇（Dragan Perovic）分别代表运动员和裁判员宣誓。

四、竞赛情况

民主德国18岁的卡塔丽娜·维特获得了女子单人滑冠军，她是一颗上升的新星。1984年，她除获奥运会金牌外，还夺得世界、欧洲冠军。1985年，她在欧洲、世界锦标赛上继续独占鳌头，一时成为冰坛上的佼佼者。本届大赛的特点是新手不断涌现，除冰球外，获得到金牌的全部选手平均年龄仅23岁。

高山滑雪比赛是本届冬奥会参赛国家和地区人数最多的项目（42个国家和地区274名运动员）。其中既有开展高山滑雪运动历史悠久的瑞士、奥地利、法国、美国和意大利，也有刚刚加入冬奥会高山滑雪行列的墨西哥、摩纳哥、塞内加尔和埃及，充分体现了"重在参与"的奥林匹克精神。在男、女6个项目的比赛中，美国运动员夺得3项冠军，特别是男子第一次打破了欧洲运动员独霸金牌的局面。获奖情况如表1-14所示。

表1-14　　　　第十四届冬季奥林匹克运动会各代表团金牌榜

代表团	金牌	银牌	铜牌	总数
民主德国	9	9	6	24
苏联	6	10	9	25
美国	4	4		8
芬兰	4	3	6	13
瑞典	4	2	2	8
挪威	3	2	4	9
瑞士	2	2	1	5

（续表）

代表团	金牌	银牌	铜牌	总数
联邦德国	2	1	1	4
加拿大	2	1	1	4
意大利	2			2
英国	1			1
捷克斯洛伐克		2	4	6
法国		1	2	3
南斯拉夫		1		1
日本		1		1
列支敦士登			2	2
奥地利			1	1

五、中国代表团情况

继 1980 年冬季奥运会之后，中国奥委会第二次派队出席了这次盛会。共派出运动员 37 人，参加了滑冰、滑雪和现代冬季两项的 26 个单项比赛。中国台北奥委会也派了 14 名运动员，参加了有舵雪橇、运动雪橇、现代冬季两项等比赛。这是海峡两岸中国选手第一次同时参加冬奥会。

六、其他

2 月 19 日晚上 8 时，本届盛会落下帷幕。在隆重的闭幕式上，东道主安排了一个别开生面的节目：4 个扮成"韦茨科"（狼，本届吉祥物）和两个扮成"小熊"（下届吉祥物）的运动员紧紧地搂抱在一起。他们象征着友谊和团结，标志着萨拉热窝大会已经胜利结束，1988 年将在加拿大卡尔加里再次燃起奥林匹克熊熊的火焰。

·卡尔加里 1988 年第十五届冬季奥林匹克运动会·

开幕时间：1988 年 2 月 13 日
闭幕时间：1988 年 2 月 28 日
举 办 地：加拿大的卡尔加里（Calgary）
运 动 员：1 423 名（女选手 301 名，男选手 1 122 名）
项目数量：10 个大项 46 个小项

会徽:

奖牌:

一、简介

卡尔加里位于加拿大艾伯塔省南部,坐落在路基山脉东部,海拔1050米,是艾伯塔省冬季运动的中心,曾举办过世界花样滑冰锦标赛、世界跳台滑雪锦标赛和"加拿大杯"国际冰球赛。

1988年加拿大卡尔加里第十五届冬奥会首次将比赛时间延长到16天,横跨3个周末。高山滑雪的超级大回转和高山结合项目首次成为奥运会的比赛项目。北欧两项和跳台滑雪的团体项目也成为奥运会的正式比赛项目。芬兰滑雪运动员马蒂·尼凯宁(Matti Nykanen)在跳台滑雪比赛夺得3枚金牌,包括一枚新增加的团体项目金牌。速度滑冰比赛首次从室外场地移到室内体育场地以绕圈的方式进行。荷兰的女子速度滑冰运动员亨尼普(Gennip)在本届奥运会上个人独得3枚金牌。罗滕布格尔(Rothenburger)在这届奥运会中夺得1000米速滑金牌,7个月之前,她还在夏季奥运会的自行车比赛中获得过一枚银牌,她也成为奥运历史上唯一一位在同年举办的夏季和冬季奥运会中均获得奖牌的运动员。来自德国的女子花样滑冰运动员卡塔莉娜·维特(Katarina Witt)以自己出色的发挥征服了全场裁判,在女子个人花样子滑冰项目中成功卫冕。艾伯托·汤巴(Alberto Tomba)第一次出现在冬奥会的赛场上,就夺得了大回转和回转比赛的2枚金牌。

二、申办和筹备

申请主办本届冬奥会的除卡尔加里外,还有瑞典的法伦、意大利的科蒂纳丹佩佐。卡尔加里曾于1964和1968年两次申办,这次才如愿以偿。卡尔加里在为期6年的筹备工作中,兴建了许多运动场馆与设施,最令人称道的是为本届冬奥会特地建成的奥林匹克椭圆馆,它是世界上第一个有400米速滑跑道的全封闭场馆。

三、基本情况

参加本届冬奥会的有57个国家和地区的1423名运动员。本届冬奥会有高山滑雪、越野滑雪、现代冬季两项、跳台滑雪、冰球、花样滑冰、速滑、雪车和雪橇等10个大项、46个小项。表演项目有冰壶、自由式滑雪和短道速滑。

1988年2月13日下午,本届冬奥会在卡尔加里大学的麦克马洪体育场开幕。国际奥委会主席萨马兰奇在欢呼声中致词,加拿大总督扬娜·索维(Jeanne Sauve)宣布冬奥会开

幕。奥运圣火由卡尔加里 12 岁的业余滑冰运动员罗宾·佩里(Robyn Perry)点燃。加拿大越野滑雪运动员皮尔·哈威(Pierre Harvey)和花样滑冰裁判苏珊·莫罗夫-弗朗西斯(Suzanna Morrow-Francis)分别代表运动员和裁判员宣誓。

四、竞赛情况

本届冬奥会苏联奖牌位居首位,其冰球队还蝉联了冠军,苏联共获得金牌 11 枚、银牌 9 枚、铜牌 9 枚;民主德国在它的强项速滑中,由于主力临场受伤,加之不适应室内赛场而大失水准,但仍夺得 9 枚金牌(比位居首位的苏联仅少 2 枚),银牌 10 枚,铜牌 6 枚;获奖牌第三位的是瑞士,金、银铜、牌各 5 枚。获奖情况如表 1-15 所示。

表 1-15　　　　　　　第十五届冬季奥林匹克运动会各代表团金牌榜

代表团	金牌	银牌	铜牌	总数
苏联	11	9	9	29
民主德国	9	10	6	25
瑞士	5	5	5	15
芬兰	4	1	2	7
瑞典	4		2	6
奥地利	3	5	2	10
荷兰	3	2	2	7
联邦德国	2	4	2	8
美国	2	1	3	6
意大利	2	1	2	5
法国	1		1	2
挪威		3	2	5
加拿大		2	3	5
南斯拉夫		2	1	3
捷克斯洛伐克		1	2	3
日本			1	1
列支敦士登			1	1

五、中国代表团情况

由于中国未取得冰球参赛资格,高山滑雪、跳台滑雪和现代冬季两项的水平较低,而雪车、雪橇两项又未开展,因此,中国仅派出一行 20 人的代表团,参加速滑、花样滑冰、越野滑雪 3 项的竞争。中国运动员李琰在本届冬奥会女子短跑速滑表演赛中获 1 000 米金牌和 500 米、1 500 米铜牌。中国台北选手 13 人参加了滑雪、花样滑冰、雪车和雪橇等项目的比赛。

六、其他

本届冬奥会的标志(纪念徽)是一片枫叶上镶嵌着一朵雪花。吉祥物是一对名叫豪迪(Howdy)和海迪(Hidy)的小北极熊。海迪身着镶有黄色荷叶边的短裙,象征着参加冬奥会的女运动员。在一届奥运会上同时出现两个吉祥物在奥运会历史上是首创,而且使用一对雌性吉祥物也是奥运会历史上的第一次。

·阿尔贝维尔 1992 年第十六届冬季奥林匹克运动会·

开幕时间: 1992 年 2 月 8 日
闭幕时间: 1992 年 2 月 23 日
举 办 地: 法国阿尔贝维尔(Albertville)
运 动 员: 1 801 名(女选手 488 名,男选手 1 313 名)
项目数量: 12 个大项 57 个小项
会徽:

奖牌:

一、简介

阿尔贝维尔是法国萨瓦省北部的一个山区小镇,位于勃朗峰的西南,夏蒙尼和格勒诺布尔之间,坐落在阿尔卑斯山脉中部格赖山(Graie Alpes)的北面。其地势连绵起伏,山地坡度适中,冬季雪量十分丰富,是理想的滑雪运动胜地。

1992 年阿尔贝维尔第十六届冬奥会是最后一次与夏季奥运会在同一年举行的冬季奥运会。在全部 57 个比赛项目中只有 18 个在阿尔贝维尔本地举行,其余的比赛都在分布于阿尔贝维尔及其东南 1 000 平方千米的奥林匹克公园内的 13 个比赛场馆进行,这届冬奥会也成为有史以来场地最分散的一届。在本届奥运会中,自由式滑雪和短道速滑成为冬季奥运会的正式比赛项目,同时新被列为冬奥会正式比赛项目的还有女子冬季两项。挪威滑雪运动员包揽了全部越野滑雪比赛金牌,其中戴里(Daehlie)和于尔旺(Ulvang)各获

得 3 枚金牌。速度滑冰运动员布莱尔(Blair)赢得了 500 米和 1 000 米项目的金牌。16 岁的芬兰跳台滑雪运动员涅米宁(Nieminen)共赢得 2 枚金牌 1 枚铜牌共 3 枚奖牌,成为冬奥会史上最年轻的男子金牌运动员。奥地利高山滑雪运动员克龙贝格尔(Kronberger)在高山结合项目和回转比赛中均获得金牌。韩国速滑运动员金琪勋也在他参加的两项短道速滑比赛中获得金牌。

二、申办和筹备

申办本届冬季奥运会的城市有保加利亚的索菲亚、瑞典的法伦、挪威的利勒哈默尔、美国的安克雷奇、意大利的科蒂纳丹佩佐、德国的贝希特斯加登和阿尔贝维尔。1986 年 10 月 17 日国际奥委会于洛桑举行第 91 届全会,经过投票表决,阿尔贝维尔赢得了主办权。

三、基本情况

本届冬奥会比赛项目由上届的 6 类、10 大项、46 小项,增加到 12 大项、57 小项。此外,还增加了 8 项表演赛,如高空芭蕾、花样滑雪、速度滑雪等。共有 64 个国家和地区的 1 801 名运动员参加比赛,其中女子运动员 488 人。苏联解体后,首次以独联体的名义参赛,并且派出由 294 人组成的庞大的队伍,其中运动员 141 人,主要来自俄罗斯、白俄罗斯、乌克兰、哈萨克斯坦和乌兹别克斯坦。

本届冬奥会由法国总统弗朗索瓦·密特朗(Francois Mitterrand)宣布开幕。圣火仍按惯例从奥林匹亚点燃,然后空运至巴黎。从巴黎开始,由 5 000 名 15～20 岁的青少年继续传递,经过法国 22 个地区的 60 个城市,全程 5 000 千米。最后点燃圣火坛的是足球明星米歇尔·普拉蒂尼(Michel Platini)及当地一个男孩弗朗西斯-基里尔·格朗热(Frangob-Syrille Grange)。法国著名花样滑冰运动员舒丽雅·鲍丽娜(Surya Bonaly)和高山滑雪裁判员皮尔·伯纳特(Pierre Bornat)在开幕式上代表运动员和裁判员宣誓。

四、竞赛情况

本届比赛共有 20 个国家和地区获得奖牌,中国、韩国、卢森堡、新西兰均是首次获奖。在整整 16 天的比赛中,统一后的德国表现出强大的实力,夺取了 26 枚奖牌,为金牌 10 枚、银牌 10 枚、铜牌 6 枚;独联体队夺得 23 枚奖牌,金、银、铜牌分别为 9、6、8 枚;挪威名列第三,所得金、银、铜牌分别为 9、6、5 枚。获奖情况如表 1-16 所示。

表 1-16　　　　　　　第十六届冬季奥林匹克运动会各代表团金牌榜

代表团	金牌	银牌	铜牌	总数
德国	10	10	6	26
独联体	9	6	8	23
挪威	9	6	5	20

代表团	金牌	银牌	铜牌	总数
奥地利	6	7	8	21
美国	5	4	2	11
意大利	4	6	4	14
法国	3	5	1	9
芬兰	3	1	3	7
加拿大	2	3	2	7
韩国	2	1	1	4
日本	1	2	4	7
荷兰	1	1	2	4
瑞典	1		3	4
瑞士	1		2	2
中国		3		3
卢森堡		2		2
新西兰		1		1
捷克和斯洛伐克			3	3
西班牙			1	1
朝鲜			1	1

五、中国代表团情况

中国自 1980 年首次参加冬奥会以来，经过 12 年的努力，终于在本届实现了奖牌"零的突破"。本届参加比赛的队员有 34 人，参加了滑雪、滑冰、冬季两项等 34 个小项比赛，共获银牌 3 枚，第四名 2 项，是一个可喜的进步。其中女选手叶乔波，带伤上阵，顽强拼搏，夺得500 米和 1 000 米两项速滑的银牌，虽与金牌擦肩而过，但表现出了不屈不挠的精神。

·利勒哈默尔 1994 年第十七届冬季奥林匹克运动会·

开幕时间：1994 年 2 月 12 日

闭幕时间：1994 年 2 月 27 日

举办地：挪威利勒哈默尔（Lillehammer）

运动员：1 737 名（女选手 522 名，男选手 1 215 名）

项目数量：12 个大项 61 个小项

会徽：

奖牌：

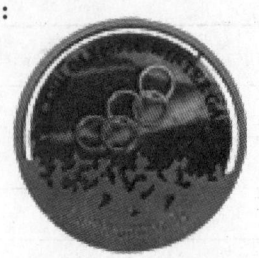

一、简介

利勒哈默尔位于斯堪的纳维亚山脉南部洛根河的东岸，这是冬季奥运史上维度最高、气温最低的一次比赛。

1986 年，国际奥委会投票决定，将夏季和冬季奥运会的比赛时间错开，间隔两年举行，为了迎合这一改变，1994 年的挪威利勒哈默尔冬季奥运会在与 1992 年法国阿尔贝维尔冬季奥运会间隔 2 年后再次举行，这也是唯一一次间隔时间只有 2 年的奥运会。尽管如此，本届奥运会的组织工作仍然取得了极大的成功。东道主运动员约翰·柯斯(Johann Koss)在速度滑冰比赛中获得 3 枚金牌，并且全部都打破世界纪录。施奈德(Schneider)获得高山滑雪全部项目的金牌，迪琴塔(Di Centa)包揽了全部五项越野滑雪的金牌。贝黛(Myriam Bedard)获得女子冬季两项的两枚金牌。维德尔(Gustav Weder)和阿克林(Donat Acklin)成为第一对成功卫冕双人雪橇金牌的组合。

二、申办和筹备

申办本届冬奥会的城市除利勒哈默尔外，还有瑞典的厄斯特松德、美国的安克雷奇、保加利亚的索菲亚。挪威在冬奥会的历史上有过辉煌的成绩，利勒哈默尔继 1952 年奥斯陆之后再次承办冬奥会，深得各国的信任。利勒哈默尔是挪威的一个小城镇，当时居民仅 20 000 多人，但有市政府的支持和直接管理，各项筹备工作进展非常顺利。

三、基本情况

本届冬奥会的参加者有 67 个国家和地区的 1 737 名运动员，其中女子运动员 522 名。首次出席冬奥会的国家和地区有亚美尼亚、白俄罗斯、波斯尼亚和黑塞哥维那、格鲁吉亚、以色列、哈萨克斯坦、吉尔吉斯斯坦、特立尼达和多巴哥、乌克兰、乌兹别克斯坦、斯洛伐克、摩尔瓦多和俄罗斯，是冬奥会有史以来比赛项目和参赛人数最多的一次。大会的竞赛项目为 6 类、12 大项、61 小项。新增加的小项是自由式滑雪中的空中技巧(原来只有雪上技巧项目)，短道速滑中增加了男子 500 米和 1 000 米两项。

本届冬奥会火炬从希腊运至挪威以后，有 6 000 人参加接力传递活动，途经 19 个县 70 个城镇，历时 75 天。2 月 12 日，哈拉尔德五世国王在雄伟的高山滑雪场地的山脚下宣布大会开始。在跳台跳雪运动员斯登·哥鲁本手持奥运圣火飞跃了 100 多米降落在主体育场内后,由滑雪运动员凯瑟林·诺丁尼斯交给哈肯·马格努斯王子点燃火炬。挪威著名越野滑雪运动员韦加德·于尔旺(Vegard Ulvang)和卡里·卡林(Kari Karing)代表运动员与裁判员宣誓。

四、竞赛情况

大会比赛的明星人物是挪威速度滑冰名将约翰·奥拉夫·科斯,他独得了1 500米、5 000米、10 000米3枚金牌,并在这三项比赛中均创造了世界纪录。本届冬奥会获得金牌前三名的是:俄罗斯第一,获金牌11枚、银牌8枚、铜牌4枚;挪威第二,获得的金、银、铜牌分别为10、11、5枚;德国第三,金、银、铜牌分别为9、7、8枚。获奖情况如表1-17所示。

表1-17 第十七届冬季奥林匹克运动会各代表团金牌榜

代表团	金牌	银牌	铜牌	总数
俄罗斯	11	8	4	23
挪威	10	11	5	26
德国	9	7	8	24
意大利	7	5	8	20
美国	6	5	2	13
韩国	4	1	1	6
加拿大	3	6	4	13
瑞士	3	4	2	9
奥地利	2	3	4	9
瑞典	2	1		3
日本	1	2	2	5
哈萨克斯坦	1	2		3
乌克兰	1		1	2
乌兹别克斯坦	1			1
白俄罗斯		2		2
芬兰		1	5	6
法国		1	4	5
荷兰		1	3	4
中国		1		
斯洛文尼亚			3	3
英国			2	2
澳大利亚			1	1

五、中国代表团情况

中国这次选派 27 名运动员(女选手 19 名)参赛,共参加了速滑、短道速滑、花样滑冰、冬季两项和自由滑雪等竞赛。比赛中基本上发挥了应有水平,3 名女选手获得奖牌:张艳梅获 500 米短道速滑银牌,叶乔波获 1 000 米速滑铜牌,陈露获花样滑冰女子单人铜牌。中国台北地区仅派 3 名选手参加了双座雪车比赛。

·长野 1998 年第十八届冬季奥林匹克运动会·

开幕时间:1998 年 2 月 7 日
闭幕时间:1998 年 2 月 22 日
举 办 地:日本长野(Nagano)
运 动 员:2 176 名(女选手 788 名,男选手 1 388 名)
项目数量:14 个大项 68 个小项

会徽:　　　　　　　　　　　　　　　**奖牌:**

一、简介

长野位于东京西北,是日本列岛的中心。它西有飞驼山脉、北有越后山脉,南有木曾山脉。日本海拔 3 000 米左右的高山主要分布在这个地区,长野素有日本屋脊之称。

1998 年日本长野第十八届冬奥会是冬奥会在时隔 26 年后再一次来到日本。本届冬奥会上,单板滑雪第一次成为奥运会的比赛项目,冰壶也重新成为冬奥会正式比赛项目。同时,也是在本届冬奥会上,冰球比赛第一次向职业运动员开放,女子冰球也成为冬奥会的正式比赛项目,捷克队获得第一枚女子冰球金牌。挪威运动员戴里(Dahlie)在本届冬奥会上赢得了 3 枚滑雪金牌,成为第一位在冬奥会中赢得 8 枚金牌的运动员,而他的冬奥会奖牌累积到 12 枚。美国的 15 岁小将塔拉·利平斯基(Tara Lipinski)赢得女子个人花样滑冰金牌,成为最年轻的冬季奥运会个人项目金牌得主。在高山滑雪比赛中,奥地利运动员迈耶(Maier)在高山速降比赛中途,不慎滑倒,不过他没有放弃,3 天后,他在超大回转及大回转比赛,并分别赢得金牌。

二、申办和筹备

对长野市的人民来说,冬季奥运会是他们期待了几十年的梦想。长野原在 1940 年获得主办权,但因为第二次世界大战的关系,冬季奥运会停办,无缘举办这项盛会。此次,长野击败了西班牙的哈卡、美国的盐湖城、瑞典的俄斯特松德和意大利的瓦尔达奥斯塔后,终于重新获得了冬奥会的主办权。

三、基本情况

本届冬奥会有 72 个国家和地区的 2 176 名运动员参加比赛,其中女运动员 788 名,男运动员 1 388 名。无论是参赛代表团数目还是参加运动员人数,都是历来最多的一届。首次参赛的有乌拉圭、阿塞拜疆、马其顿以及委内瑞拉,是冬奥会历史上最大的一次盛会。

本届冬奥会的主题是"人类与自然共存",旨在关爱下一代、尊重大自然、实现和平与友好,再一次表达了人类对奥林匹克理想和美好未来的向往。

开幕式上,在日本世界级指挥大师小泽征尔的指挥下,全球 5 个城市的歌唱家们通过卫星演唱了《欢乐颂》,给 20 世纪最后一届冬奥会染上了一层迷人的色彩。宣布本届冬奥会开幕的是日本的明仁(Akihito)天皇,前冬奥会女子花样滑冰冠军日裔美籍选手伊藤绿(Midori Ito)点燃了大会圣火。日本著名北欧两项运动员荻原健司(Kenji Ogiwara)和花样滑冰裁判员平松纯子(Junko Hiramatsu)分别代表运动员和裁判员宣誓。

四、竞赛情况

本届冬奥会共有 7 类、14 大项、68 小项的比赛。在长野冬奥会上进步最快的是荷兰,一举夺得 5 金 4 银 2 铜的战绩,从以往金牌榜上的十几名一下子上升到本届第六名。本届冬奥会总共创造 7 项世界纪录,20 项奥运纪录。获金牌前三名的是:德国第一,获金牌 12 枚、银牌 9 枚、铜牌 8 枚;挪威第二,获金牌 10 枚 、银牌 10 枚、铜牌 5 枚;俄罗斯第三,获金牌 9 枚、银牌 6 枚、铜牌 3 枚。获奖情况如表 1-18 所示。

表 1-18　　　　　　第十八届冬季奥林匹克运动会各代表团金牌榜

代表团	金牌	银牌	铜牌	总数
德国	12	9	8	29
挪威	10	10	5	25
俄罗斯	9	6	3	18
加拿大	6	5	4	15
美国	6	3	4	13
荷兰	5	4	2	11
日本	5	1	4	10
奥地利	3	5	9	17
韩国	3	1	2	6

（续表）

代表团	金牌	银牌	铜牌	总数
意大利	2	6	2	10
芬兰	2	4	6	12
瑞士	2	2	3	7
法国	2	1	5	8
捷克	1	1	1	3
保加利亚	1			1
中国		6	2	8
瑞典		2	1	3
乌克兰		1		1
丹麦		1		1
哈萨克斯坦			2	2
白俄罗斯			2	2
英国			1	1
比利时			1	1
澳大利亚			1	1

五、中国代表团情况

中国代表团共派出 60 名运动员，其中女子运动员 44 名，参加了滑冰、冰球、滑雪、冬季两项共 4 大项，短道速滑、速度滑冰、女子冰球、花样滑冰、自由式滑雪、冬季两项、越野滑雪等共 40 个单项的比赛。中国冰雪健儿团结奋战，出现了许多感人的场面。尤其在短道速滑项目上，男女 6 个项目中，每一项都获得奖牌。中国代表团本届共获银牌 6 枚、铜牌 2 枚，是历来冬奥会中取得奖牌最多的一次。

六、其他

本届盛会的标志由富有动感的运动员形象与雪花图案混合组成，象征着冰雪项目的角逐。从整体上看它还像一朵雪莲，表示这一届冬奥会特别重视环保问题。长野冬奥会的吉祥物是由 4 只形态怪异的猫头鹰组成。

·盐湖城 2002 年第十九届冬季奥林匹克运动会·

开幕时间：2002 年 2 月 9 日

闭幕时间：2002 年 2 月 25 日

举办地：美国盐湖城(Salt Lake City)

运动员：2 399名(女选手886名，男选手1 513名)

项目数量：15个大项78个小项

会徽：

奖牌：

一、简介

盐湖城位于美国犹他州北部，2月气候比较稳定，雪量充足，属内陆高原，是历届冬奥会举办地中海拔最高的一个。

第十九届冬奥会于2002年2月8～24日在美国犹他州盐湖城举行，这届奥运会共设有78项比赛，俯式冰橇重新成为冬奥会的比赛项目，新加入的女子项目是有舵雪橇，比起上一届的长野冬奥会多出10项。这是冬季奥运会史上比赛项目最多的一次。加拿大队夺得男、女冰球的金牌。挪威的滑雪运动员奥勒·埃纳尔·比约恩达伦(Ole Einar Bjoerndalen)在冬季两项的全部四个项目的比赛中均获得金牌。芬兰的滑雪运动员桑帕·拉尤宁(Samppa Lajunen)在北欧两项的全部三个项目中夺魁。克罗地亚女子高山滑雪运动员加尼卡·科斯泰里奇(Janica Kostelic)也在本届奥运会上获得三金一银。来自瑞士的运动员西蒙·安曼(Simon Ammann)也包揽了跳台滑雪的两个项目的金牌。德国的女子速度滑冰运动员克劳迪娅·佩希施泰因(Claudia Pechstein)在5 000米速滑项目中实现奥运金牌三连冠，她同时还获得3 000米项目的金牌。来自德国的乔治·哈克尔(Georg Hackl)在男子单人座式无舵雪橇比赛中获得1枚银牌，从而成为奥运会历史上唯一一位在同一项目中连续五次夺取奖牌的运动员。来自中国的短道速滑运动员杨杨成为中国第一位夺得冬奥会金牌的运动员。在有舵雪橇比赛中，来自美国的女子运动员沃内塔·弗劳尔斯(Vonetta Flowers)成为第一位夺取冬奥会金牌的黑人运动员，而冰球运动员热罗姆(Jarome)则成为第一位夺得冬奥会金牌的男子黑人运动员。

二、申办和筹备

共有欧美的八个城市对举办本届冬奥会表示了兴趣，最后进入申办投票的是美国的盐湖城、瑞典的俄斯特松德、加拿大的魁北克和瑞士的锡永。结果盐湖城击败了另外三个对手，取得了主办权。但此后不久，便爆出了盐湖城奥申委贿赂国际奥委会官员的丑闻，一时引起轩然大波。这一事件导致多名国际奥委会官员宣布辞职或被解职，最后才平息。

三、基本情况

共有来自 77 个国家和地区的共 2 399 名运动员(其中女子运动员 886 名)参加了本届盛会,夺取金牌的选手来自多达 18 个代表团,创造了历史最高纪录。本届冬奥会的设项增加到 7 类、15 个大项、78 个小项,新增加的两个项目是骨架雪橇和女子雪车两个大项。

本次奥运会的火炬传递从 2001 年 12 月 4 日开始,历时两个多月。在 2 月 8 日的开幕式上,美国总统乔治·布什(George Bush)宣布了本届冬奥会开幕。随后,奥运圣火由曾于 1980 年夺得冬奥会冰球金牌的美国国家队全体成员点燃。卧式雪橇运动员吉姆·谢亚(Kim Shea)和高山滑雪裁判员阿兰·彻齐(Allen Church)分别代表运动员和裁判员进行了宣誓。

四、竞赛情况

本届冬季奥运会挪威和德国优势明显,挪威名列第一,获金牌 13 枚、银牌 5 枚、铜牌 7 枚;德国位居第二,获得 12 枚金牌、16 枚银牌、8 枚铜牌;东道主美国以金牌 10 枚、银牌 13 枚、铜牌 11 枚位列第三名。中国不仅获得了历史上第一枚金牌,而且共获得 2 枚金牌、2 枚银牌、4 枚铜牌,跃居奖牌榜第 13 位。获奖情况如表 1-19 所示。

表 1-19　　　　　第十九届冬季奥林匹克运动会各代表团金牌榜

代表团	金牌	银牌	铜牌	总数
挪威	13	5	7	25
德国	12	16	8	36
美国	10	13	11	34
加拿大	7	3	7	17
俄罗斯	5	4	4	13
法国	4	5	2	11
意大利	4	4	5	13
芬兰	4	2	1	7
荷兰	3	5		8
奥地利	3	4	10	17
瑞士	3	2	6	11
克罗地亚	3		1	4
中国	2	2	4	8
韩国	2	2		4

代表团	金牌	银牌	铜牌	总数
澳大利亚	2			2
捷克	1	2		3
爱沙尼亚	1	1	1	3
英国	1		1	2
瑞典		2	5	7
保加利亚		1	2	3
日本		1	1	2
波兰		1	1	2
白俄罗斯			1	1
斯洛文尼亚			1	1

五、中国代表团情况

中国此次共派出了 72 名运动员参赛。在短道速滑女子 500 米决赛中,中国队的杨扬击败了保加利亚的叶夫根尼亚·拉达诺娃和队友王春露,夺取了冠军,为中国获得了第一枚冬奥会金牌。此后,她又与队友一起获得了女子 3 000 米接力的银牌,并在女子 1 000 米比赛中再夺金牌。而申雪/赵宏博也在欧美选手传统垄断的领域花样滑冰双人滑项目中奋力拼下了一枚铜牌。

六、其他

本届冬奥会中首次在花样滑冰的裁判工作中引进了录像重放技术。本届比赛的场地之一犹他奥林匹克椭圆形滑冰场地处山区,海拔高度达 1 425 米,是世界上海拔高度最高的室内滑冰场。本届冬奥会的吉祥物是三种毛茸茸的小动物雪靴兔、北美草原小狼和美洲黑熊。

·都灵 2006 年第二十届冬季奥林匹克运动会·

开幕时间:2006 年 2 月 11 日

闭幕时间:2006 年 2 月 26 日

举 办 地:意大利都灵(Torino)

运 动 员:2 508 名(女选手 960 名,男选手 1 548 名)

项目数量:15 个大项 84 个小项

会徽：

奖牌：

一、简介

都灵位于波河谷上游地区,海拔243米,春季降雪较多,且多山谷风,是滑雪运动的优良胜地。

在本届奥运会中,奥地利选手称雄高山滑雪赛场,他们夺走了总共30枚奖牌中的14枚。韩国运动员显示出在短道速滑项目中的强劲实力,在总共24面短道速滑奖牌中,他们夺走了10枚,其中女子速滑运动员陈善有(Sun-Yu Jin)独得三金,男子运动员安贤洙(Hyun-Soo Ahn)也夺得三金一铜。本届奥运会上,来自德国的滑雪运动员米夏埃尔·格雷斯(Michael Greis)也在冬季两项的比赛中获得3枚金牌,来自加拿大的女子速滑运动员辛迪·克拉森(Cindy Klassen)在参加了6个比赛项目中夺得5枚奖牌。而来自德国的运动员克劳迪娅·佩希施泰因(Claudia Peschstein)的一金一银也使得她成为速度滑冰项目上第一位获得9枚奥运金牌的运动员。来自挪威的滑雪运动员克雷蒂尔·安德雷奥莫特(Kjetil-Andr Aamodt)成为在同一个项目中夺取4枚奥运奖牌的高山滑雪运动员,也成为第一位在同一个项目中获得四枚金牌的高山滑雪运动员。来自加拿大的达夫·吉布森(Duff Gibson)在自己39岁的时候夺得男子冰橇的金牌,成为冬奥会历史上,夺得个人项目金牌年龄最大的运动员。在越野滑雪女子1.1千米团体竞速赛比赛中,来自加拿大的运动员萨拉·伦纳(Sara Renner)不慎折断了她的滑雪杆,这时,观战的挪威主教练员将自己的滑雪杆借给萨拉使用,最终萨拉帮助加拿大队获得这个项目的银牌,而挪威队则遗憾地与奖牌无缘,但他们在赛场上体现了真正的运动精神。

值得一提的是,本届冬奥会上,朝鲜和韩国组成朝韩联合代表团,运动员们在"半岛旗"的引领下手牵手入场,全场观众起立对他们致以敬意。

二、申办和筹备

第二十届冬奥会于2006年2月10～26日在意大利都灵进行。受到盐湖城冬奥会贿赂丑闻的影响,国际奥委会对本届冬奥会的申办程序进行了改革,成立由15个人组成的选举委员会,同时禁止国际奥委会成员访问申办城市,禁止申办城市代表拜访国际奥委会成员,新的改革措施旨在防止国际奥委会成员在申办过程中出现"不适当的行为"。1999

年 6 月 19 日,在韩国首尔举行的国际奥林匹克委员会第 109 次会议上,都灵以 53:36 的票数击败瑞士锡永取得第二十届冬季奥运会的主办权。

三、基本情况

2006 年都灵第二十届冬季奥运会上,共有创纪录的来自 80 个国家和地区 2 508 名运动员(女运动员 960 名,男运动员 1 548 名),参与比赛的争夺,其中有 26 个国家在奖牌榜上有名。本届冬奥会的设项增加到 7 类、15 个大项、84 个小项,新增的 4 个项目是冬季两项集体出发、越野滑雪团体短距离、单板滑雪和速度滑冰男子团体追逐。而 2002 年盐湖城冬奥会中的男子 50 千米和女子 30 千米越野滑雪项目在都灵赛场则被等距离的自由式越野滑雪项目代替。

本届的奥运圣火传播于 2005 年 11 月 27 日在希腊奥林匹亚展开,12 月 6 日在第一届现代奥运会遗址举行圣火交接仪式,希腊奥委会主席在仪式上将火炬亲手交给了都灵奥组委主席。圣火途经意大利 140 多个城市,路程约 11 300 千米,直至 64 天后的 2 月 10 日到达意大利都灵举行开幕典礼的主场馆进行点燃主火炬仪式。开幕式于 2006 年 2 月 10 日在意大利北部城市都灵的奥林匹克体育场隆重举行,由意大利著名越野滑雪运动员贝尔蒙多点燃圣火。

四、竞赛情况

在本届奥运会中,奥地利选手称雄高山滑雪赛场,他们共夺走了总共 30 枚奖牌中的 14 枚。韩国运动员显示出在短道速滑项目中的强劲实力,在总共 24 面短道速滑奖牌中,他们夺走了 10 枚,其中女子速滑运动员陈善有独得三金,男子运动员安贤洙也夺得三金一铜。最终德国位列金牌榜第一名,金牌 11 枚,银牌 12 枚,铜牌 6 枚;美国位列第二名,金牌 9 枚,银牌 9 枚,铜牌 7 枚;奥地利位列第三名,金牌也是 9 枚,银牌 7 枚、铜牌 7 枚。获奖情况如表 1-20 所示。

表 1-20　　　　　　　第二十届冬季奥林匹克运动会各代表团金牌榜

代表团	金牌	银牌	铜牌	总数
德国	11	12	6	29
美国	9	9	7	25
奥地利	9	7	7	23
俄罗斯	8	6	8	22
加拿大	7	10	7	24
瑞典	7	2	5	14
韩国	6	3	2	11

（续表）

代表团	金牌	银牌	铜牌	总数
瑞士	5	4	5	14
意大利	5		6	11
法国	3	2	4	9
荷兰	3	2	4	9
爱沙尼亚	3			3
挪威	2	8	9	19
中国	2	4	5	11
捷克	1	2	1	4
克罗地亚	1	2		3
澳大利亚	1		1	2
日本	1			1
芬兰		6	3	9
波兰		1	1	2
英国		1		1
斯洛伐克		1		1
保加利亚		1		1
白俄罗斯		1		1
乌克兰			2	2
拉脱维亚			1	1

五、中国代表团情况

中国代表团在本届冬奥会上获得两金四银五铜的成绩。中国代表团在雪上项目参赛人数及项目上较盐湖城冬奥会有了显著的增加，而冰上项目中，不仅王濛一人独得一金一银一铜的佳绩，其他单项成绩也有了提高。

·温哥华2010年第二十一届冬季奥林匹克运动会·

开幕时间： 2010 年 2 月 12 日

闭幕时间： 2010 年 2 月 28 日

举办地：加拿大温哥华（Vancouver）

运动员：2 632 名

项目数量：15 大项 86 小项

会徽：

奖牌：

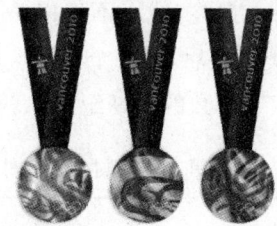

一、简介

温哥华是加拿大不列颠哥伦比亚省低陆平原地区一沿岸城市,温哥华市的城区坐落布勒内湾和福溪之间的半岛,成为历届冬季奥运会主办城市之中的首个沿岸城市,冬季平均气温最高,以及都会区人口最多的城市。比赛共在 3 个地方举行,分别是温哥华以及小城里士满、距温哥华 120 千米以外的惠斯勒雪山、距温哥华 30 多千米以外的塞普里斯雪山(又叫松柏山)。

二、申办和筹备

加拿大共有三个城市有意申办本届冬奥会,其中,卡尔加里曾主办过 1988 年冬奥会,而魁北克市则曾申办过 2002 年冬奥会。经过两轮国内的投票筛选,温哥华获得了代表加拿大申办本届赛会的资格。此外,共有包括中国的哈尔滨在内的 7 个其他国家的城市曾有意申办本届冬奥会。除哈尔滨外,还有安道尔的安道尔城,瑞士的伯尔尼,西班牙的哈卡,奥地利的萨尔茨堡,韩国的平昌和波黑的萨拉热窝。但最终只有温哥华、平昌和萨尔茨堡获准进行正式申办。

三、基本情况

本届冬奥会共有创纪录的 82 个国家(地区)的 2 632 名运动员参赛。其中,开曼群岛、哥伦比亚、加纳、黑山、巴基斯坦、秘鲁和塞尔维亚首次参加冬奥会,共有 26 个国家登上了奖牌榜。本届冬奥会共设立 7 类、15 个大项、86 个小项,比 4 年前的都灵冬奥会增加了两个单项。新增的项目是自由式滑雪的男、女越野项目。

本届冬奥会圣火于 2009 年 10 月 22 日在希腊奥林匹亚点燃,火炬随后跨越北极点,被送至加拿大,10 月 30 日开始在加拿大传递。火炬传递全程约 45 000 千米,共历时 106 天,使其成为奥运会历史上在一个国家内路线最长的一次传递。参加火炬传递的约有 12 000人,其中包括阿诺德·施瓦辛格、史蒂夫·纳什、马特·劳尔、沙妮娅·特维恩、冰球巨星西德尼·克罗斯比和韦恩·格雷茨基等社会名流。

四、竞赛情况

加拿大代表团在本届冬奥会上表现出色，首次在本土获得了奥运会金牌。在加拿大此前举办的两届奥运会(1976 年蒙特利尔奥运会和 1988 年卡尔加里冬奥会)上，加拿大选手都未能获得金牌。最终，他们不仅以 14 枚金牌的成绩高居金牌榜首位，成为继挪威在 1952 年奥斯陆冬奥会之后，第一个占据金牌榜首位的冬奥会东道主国家，还创造了单届冬奥会上一个国家获金牌数的最高纪录。获奖情况如表 1-21 所示。

表 1-21　　　　第二十一届冬季奥林匹克运动会各代表团金牌榜

代表团	金牌	银牌	铜牌	总数
加拿大	14	7	5	26
德国	10	13	7	30
美国	9	15	13	37
挪威	9	8	6	23
韩国	6	6	2	14
瑞士	6		3	9
中国	5	2	4	11
瑞典	5	2	4	11
奥地利	4	6	6	16
荷兰	4	1	3	8
俄罗斯	3	5	7	15
法国	2	3	6	11
澳大利亚	2	1		3
捷克	2		4	6
波兰	1	3	2	6
意大利	1	1	3	5
斯洛伐克	1	1	1	3
白俄罗斯	1	1	1	3
英国	1			1
日本		3	2	5
克罗地亚		2	1	3

代表团	金牌	银牌	铜牌	总数
斯洛文尼亚		2	1	3
拉脱维亚		2		2
芬兰		1	4	5
爱沙尼亚		1		1
哈萨克斯坦		1		1

五、中国代表团情况

中国代表团在本届冬奥会上获得 5 枚金牌、2 枚银牌和 4 枚铜牌，11 枚奖牌的成绩平了 2006 年都灵冬奥会时的最高纪录，而金牌数则创造了历史最高。中国所获得的 5 枚金牌都来自冰上项目，并都有女选手的功劳，5 枚金牌来自花样滑冰和短道速滑两个大项。

六、其他

本届冬奥会冰球项目首次使用了 NHL 规则的场地，即长 61 米、宽 26 米的场地，取代了国际冰球联合会标准的 61 米×30 米的场地。这一规则变化使以 NHL 球员为主组成的加拿大、美国、瑞典、芬兰、俄罗斯和捷克共和国等豪门球队受益较多。

2010 年，温哥华冬奥会组委会在当地时间 2005 年 4 月 23 日公布了名为伊拉纳克(Ilanaaq)的会徽。该会徽的设计者是爱琳娜·里维拉·麦克格雷格，主体为五块矩形组成的张开双臂的抽象人形，下方是"温哥华 2010"字样和奥运五环。主体形象的设计灵感来源于加拿大北部地区土著民族因纽特人的巨型石刻，这些被雕刻并叠放成人形的巨石常被用做路标和纪念物。人形的主体形象被命名为伊拉纳克，在因纽特语中意为"朋友"。伊拉纳克的头部为绿色，双臂为深蓝色，躯干为天蓝色，双腿分别为红色和金色。温哥华奥组委表示，绿色、深蓝与天蓝代表温哥华沿海地区的森林、山区与群岛，红色是加拿大国家标志枫叶的颜色，金色代表温哥华的夕阳胜景，这五种颜色也与奥运五环的颜色相同。温哥华奥组委首席执行官弗隆称，整个人形体现了"友谊，热情，力量，视野和团队精神"。

冬奥会的吉祥物有三个：米加(Miga)的形象来自逆戟鲸与白灵熊；魁特奇(Quatchi)是一只北美大脚野人，这是北美西北山区传说中的怪兽，它因为爱好冰球而与 Miga 结伴踏上了前往温哥华的旅程；苏米(Sumi)是一只精灵，它也是冬季残奥会的吉祥物。

·索契 2014 年第二十二届冬季奥林匹克运动会·

开幕时间：2014 年 2 月 7 日

闭幕时间：2010 年 2 月 23 日

举 办 地：俄罗斯索契（Sochi）

运 动 员：2 873 名

项目数量：15 大项 98 小项

会徽：

奖牌：

一、简介

俄罗斯索契位于俄罗斯联邦克拉斯诺达尔边疆区与格鲁吉亚接界处、黑海沿岸，宽 40～60 千米，东西长 145 千米，是俄罗斯最狭长的城市，也是俄罗斯最受欢迎的度假胜地。

2014 年索契第二十二届冬季奥林匹克运动会（简称"索契冬奥会"）于 2014 年 2 月 7～23 日在俄罗斯联邦索契市举行。索契奥运会口号为：激情冰火属于你。大会设 15 个大项，98 小项，这是俄罗斯历史上第一次举办冬季奥运会。

索契冬奥会开幕式在菲什特奥林匹克体育场举行，2014 年索契冬季奥运会正式拉开序幕。

二、申办和筹备

2007 年 7 月 4 日，在危地马拉首都危地马拉城举行的国际奥委会第 119 次全会确定 2014 年冬奥会举办地归属，俄罗斯的索契战胜对手韩国的平昌，获得举办权，两个城市的票差为 4 票。

本次冬奥会主办权的争夺异常激烈，参选各国都派出了众多重量级的人物。中国著名花样滑冰运动员陈露获邀担任索契的申奥大使，获得 4 枚奥运会金牌的俄罗斯游泳选手波波夫则到现场为索契助阵。

国际奥委会公布了两轮投票的票数情况，第一轮投票：索契 34 票、萨尔茨堡 25 票、平昌 36 票；第二轮投票：索契 51 票，平昌 47 票。索契以 4 票的优势获得举办权。

三、基本情况

2013 年 11 月 7 日，哈萨克斯坦，联盟号太空船成功升空，俄罗斯两名宇航员将奥运圣火首次带上国际空间站，"联盟"号飞船抵达国际空间站后，两名宇航员出舱展示火炬。2013 年 11 月 11 日，携带俄罗斯索契冬奥会火炬的国际宇航员乘坐飞船抵达哈萨克斯坦境内的拜科努尔发射场，奥运火炬顺利完成史上首次"太空之旅"。这也是奥运火炬首次离开地球。俄罗斯奥委会主席切尼申科表示："没有人这样做过，两名俄罗斯宇航员的太空行走将创造一个历史性的时刻,这将是史无前例的。当俄罗斯宇航员带着索契冬奥会火炬进入太空时,那一刻将载入奥运史册,也将向世人展示俄罗斯不断进取的精神。"

2013 年 10 月 20 日,俄罗斯索契冬奥会组委会主席德米特里-切尔内申科宣布,奥运圣火已搭乘核动力破冰船抵达北极,奥运圣火首次抵达北极。

2013 年 11 月 23 日,2014 年索契冬奥会火炬从布里亚特共和国首府乌兰乌德抵达伊尔库茨克州,并且在贝加尔湖湖底成功传递。当天,在贝加尔湖附近的古代民族建筑塔列茨博物馆,当地居民身着民族服装举行了隆重的仪式迎接奥运火炬。仪式结束后,载有火炬的"曼谷斯特"快艇由安加拉河驶入贝加尔湖。

2014 年,索契冬奥会的奥运圣火由前苏联三届冬奥会冰球冠军弗拉基斯拉夫·特列季亚克与三届冬奥会花滑冠军伊琳娜·罗德尼娜共同点燃。

四、竞赛情况

2014 年索契冬季奥运会包括 15 个大项,98 小项。15 个大项是冰球(2 金)、冰壶(2 金)、速度滑冰(12 金)、短道速滑(8 金)、花样滑冰(5 金)、有舵雪橇(3 金)、无舵雪橇(4 金)、俯式冰橇(2 金)、冬季两项(11 金)、北欧两项(3 金)、高山滑雪(10 金)、越野滑雪(12 金)、自由式滑雪(10 金)、跳台滑雪(4 金)和单板滑雪(12 金)。

本届冬奥会有 88 个国家或地区至少有一名运动员取得参赛资格。多米尼克、马耳他、巴拉圭、东帝汶、多哥共和国、东加和津巴布韦 7 个国家的运动员都首次在冬奥亮相。

经过 17 天的比赛,全球近 3 000 名冰雪健儿为世界呈现了一场精彩的体育盛宴后,随着圣火的缓缓熄灭,索契冬奥会在索契菲什特体育场圆满落幕。

东道主俄罗斯队以 13 枚金牌,11 枚银牌,9 枚铜牌列奖牌榜首位;挪威位列第二名,获得 11 枚金牌,5 枚银牌,10 枚铜牌;加拿大位居第三名,获得 10 枚金牌,10 枚银牌,5 枚铜牌。获奖情况如表 1-22 所示。

表 1-22　　　　第二十二届冬季奥林匹克运动会各代表团金牌榜

代表团	金牌	银牌	铜牌	总数
俄罗斯	13	11	9	33
挪威	11	5	10	26
加拿大	10	10	5	25
美国	9	7	12	28
荷兰	8	7	9	24
德国	8	6	5	19
瑞士	6	3	2	11
白俄罗斯	5		1	6

（续表）

代表团	金牌	银牌	铜牌	总数
奥地利	4	8	5	17
法国	4	4	7	15
波兰	4	1	1	6
中国	3	4	2	9
韩国	3	3	2	8
瑞典	2	7	6	15
捷克共和国	2	4	2	8
斯洛文尼亚	2	2	4	8
日本	1	4	3	8
芬兰	1	3		5
英国	1	1	2	4
乌克兰	1		1	2
斯洛伐克	1			1
意大利		2	6	8
拉脱维亚		2	2	4
澳大利亚		2	1	3
克罗地亚		1		1
哈萨克斯坦			1	1

五、中国代表团情况

中国代表团共参加了高山滑雪、冬季两项、越野滑雪、冰壶、花样滑冰、自由式滑雪、短道速滑、单板滑雪、速度滑冰9个大项的比赛,获得了3金、4银、2铜的成绩。这其中,张虹在女子速度滑冰1 000米的金牌实现了中国冬奥速滑项目零的突破。

·平昌2018年第二十三届冬季奥林匹克运动会·

开幕时间:2018年2月9日

闭幕时间:2018年2月25日

举 办 地:韩国平昌(Pyeongchang)

运 动 员:近3 000名

项目数量:7 大项 102 小项

会徽:

平昌郡位于韩国江原道 Taebaek Mountains 区,首尔以东 180 千米,是韩国第三大郡,韩国著名的度假山城。平昌海拔变化很大,平均海拔 700～800 米,有些地方超过 1 000 米,为湿温大陆性气候,夏季温暖湿润且长,冬季寒冷。2011 年 7 月 06 日在南非德班举行的国际奥委会第 123 次全会上,韩国平昌击败德国慕尼黑和法国安纳西获得 2018 年冬奥会的主办权。这是韩国第一次举办冬季奥林匹克运动会。

历届冬季奥林匹克运动会举办的国家、地点、时间如表 1-23 所示。

表 1-23　　　　　　　　　历届冬季奥林匹克运动会

届数	国家	地点	时　　间	项数
1	法国	夏蒙尼	1924 年 1 月 25 日～2 月 4 日	
2	瑞士	圣莫里茨	1928 年 2 月 11 日～3 月 28 日	
3	美国	普莱西德湖	1932 年 2 月 4～15 日	
4	德国	加米施-帕滕基兴	1936 年 2 月 6～16 日	
5	瑞士	圣莫里茨	1948 年 1 月 30 日～2 月 8 日	
6	挪威	奥斯陆	1952 年 2 月 14～25 日	
7	意大利	科蒂纳丹佩佐	1956 年 1 月 26 日～2 月 5 日	
8	美国	斯阔谷	1960 年 2 月 18～28 日	
9	奥地利	因斯布鲁克	1964 年 1 月 29 日～2 月 9 日	
10	法国	格勒诺布尔	1968 年 2 月 6～18 日	
11	日本	札幌	1972 年 2 月 3～13 日	
12	奥地利	因斯布鲁克	1976 年 2 月 4～15 日	
13	美国	普莱西德湖	1980 年 2 月 13～24 日	
14	南斯拉夫	萨拉热窝	1984 年 2 月 8～19 日	
15	加拿大	卡尔加里	1988 年 2 月 13～28 日	
16	法国	阿尔贝维尔	1992 年 2 月 8～23 日	

（续表）

届数	国家	地点	时 间	项数
17	挪威	利勒哈默尔	1994 年 2 月 12～27 日	
18	日本	长野	1998 年 2 月 7～22 日	
19	美国	盐湖城	2002 年 2 月 8～22 日	
20	意大利	都灵	2006 年 2 月 10～26 日	
21	加拿大	温哥华	2010 年 2 月 12～28 日	
22	俄罗斯	索契	2014 年 2 月 7～23 日	
23	韩国	昌平	2018 年 2 月 9～25 日	
24	中国	北京	2022 年 2 月 4～20 日	

第二章
北京 2022 年第二十四届冬季奥林匹克运动会

开幕时间：2022 年 2 月 4 日

闭幕时间：2022 年 2 月 20 日

申办口号：纯洁的冰雪，激情的约会

举 办 地：北京(Beijing)、河北张家口(Hebei Zhangjiakou)

会   徽：

1. 申办标识

含义解读：北京申办冬奥会的标识以中国书法"冬"字为主体，将抽象的滑道、冰雪运动形态与书法巧妙结合，人书一体，天人合一；"冬"字下方两点顺势融为2022，生动自然。标识的下方则是国际奥委会的五环标识。

北京申办冬奥会的标识既展现了冬季运动的活力与激情，更传递出中国文化的独特魅力。标识运用奥运五环色彩彰显动感、时尚和现代，将中国文化、体育和奥林匹克精神相融合。

2. 冬奥会会徽——冬梦

含义解读：会徽以汉字"冬"为灵感来源，运用中国书法的艺术形态，将厚重的东方文化底蕴与国际化的现代风格融为一体，呈现出新时代的中国新形象、新梦想，传递出新时代中国为办好北京冬奥会，圆冬奥之梦，实现"三亿人参与冰雪运动"目标，圆体育强国之梦，推动世界冰雪运动发展，为国际奥林匹克运动作出新贡献的不懈努力和美好追求。

会徽图形上半部分展现滑冰运动员的造型，下半部分表现滑雪运动员的英姿。中间舞动的线条流畅且充满韵律，代表举办地起伏的山峦、赛场、冰雪滑道

和节日飘舞的丝带,为会徽增添了节日喜庆的视觉感受,也象征着北京冬奥会将在中国春节期间举行。

会徽以蓝色为主色调,寓意梦想与未来,以及冰雪的明亮纯洁。红黄两色源自中国国旗,代表运动的激情、青春与活力。

在"BEIJING 2022"字体的形态上汲取了中国书法与剪纸的特点,增强了字体的文化内涵和表现力,也体现了与会徽图形的整体感和统一性。

3. 冬残奥会会徽——飞跃

含义解读:会徽设计秉承展现举办地文化、体现以运动员为中心的理念,将中国书法艺术与冬残奥会体育运动特征结合起来。设计展现了汉字"飞"的动感和力度,巧妙地幻化成一个向前滑行、冲向胜利的运动员,同时形象化地表达了轮椅等冬残奥会特殊运动器械形态。上半部分线条刚劲曲折,下半部分柔美圆润,寓意运动员经过顽强拼搏、历经坎坷最终达到目标获得圆满成功。会徽展现了运动员不断飞跃,超越自我,奋力拼搏,激励世界的冬残奥精神。

会徽图形整体充满了昂扬向上之激情,奋进飞跃之动感,色彩丰富,构图完美,象征并激发运动员以坚强的意志作为精神的翅膀,在冬残奥赛场上放飞青春梦想!

第一节　申奥过程

为了申办 2022 年冬奥会,我国政府将打造沿北京—张家口—延庆一线,分三个区域布局竞赛场馆和非竞赛场馆,建设三个相对集聚的场馆群。北京市区北部的奥林匹克中心区,将主要承办冬奥会五个冰上项目;北京市西北部的延庆区,将用作雪车、雪橇大项和滑雪大项中的高山滑雪比赛场地;河北省张家口市,将承办除雪车、雪橇大项和高山滑雪以外的所有雪上比赛。

2013 年 6 月 6 日,国际奥委会宣布启动 2022 年第二十四届冬季奥林匹克运动会的申办程序。整个申办程序包括两个阶段:第一个阶段为报名阶段。有意申办的城市所在的国家或地区奥委会可以在 2013 年 11 月 14 日之前向国际奥委会报名,并于 2014 年 3 月 14 日之前提交申办文件。国际奥委会执委会将在报名城市中筛选出数个候选城市。第二阶段,最终申办文件必须于 2015 年 1 月提交。国际奥委会专家组此后将对候选城市进行考察,并发布评估报告。此后,候选城市向国际奥委会做陈述。2015 年 7 月 31 日,在马来西亚吉隆坡举行的国际奥委会全会将选出 2022 年冬季奥林匹克运动会的举办城市。

2013 年 11 月 3 日，中国奥委会正式致函国际奥委会，提名北京市为 2022 年冬奥会的申办城市。

2014 年 1 月，经国务院批准，成立 2022 年冬奥会申办委员会。

2014 年 3 月 14 日，国际奥委会宣布：中国北京，波兰的克拉科夫，挪威的奥斯陆，乌克兰的利沃夫，哈萨克斯坦的阿拉木图，五个城市正式申办 2022 年冬奥会。

2014 年 6 月 30 日，因国内政局动荡，乌克兰利沃夫宣布退出申办。

2014 年 7 月 7 日，国际奥委会在瑞士洛桑宣布完成对 2022 年冬奥会申办城市的初选，并根据规则选出三个候选城市：中国北京、挪威奥斯陆和哈萨克斯坦的阿拉木图。

2014 年 10 月 2 日，由于挪威政府投票拒绝提供财政支持，奥斯陆市不得不宣布放弃申办 2022 年冬奥会。候选城市仅剩北京和阿拉木图。

2015 年 1 月，北京冬奥申委和阿拉木图冬奥申委先后向国际奥委会提交 2022 年冬奥会申办报告。

2015 年 6 月初，国际奥委会评估委员会，经实地考察后，公布了对候选城市的评估报告。

2015 年 6 月 9 日，北京和阿拉木图在奥林匹克博物馆向国际奥委会委员作技术陈述。

2015 年 7 月 30 日，国际奥委会第 128 次全会在吉隆坡会展中心开幕。北京申冬奥代表团团长、国务院副总理刘延东率团出席开幕式。国际奥委会委员在 31 日上午进行 2022 年冬奥会申办城市北京（中国）、阿拉木图（哈萨克斯坦）的陈述，下午进行不记名投票表决，经过 85 位国际奥委会委员的投票，北京以 44：40 击败对手阿拉木图，赢得 2022 年第二十四届冬季奥林匹克运动会的举办权。北京市市长王安顺，中国奥委会主席、国家体育总局局长刘鹏，张家口市市长侯亮与国际奥委会主席巴赫签订了"主办城市合同"。

2015 年 7 月 31 日晚，中国国家主席习近平致信申办冬奥会代表团，祝贺他们申奥成功，并勉励他们在全国各族人民大力支持下，把 2022 年冬奥会办成一届精彩、非凡、卓越的奥运盛会。

第二节 举办地简介

一、北京

北京是中华人民共和国的首都，是全国政治中心、文化中心、国际交往中心、科技创新中心。2008 年，北京成功举办了第二十九届夏季奥林匹克运动会。

全球只有极少数城市像北京一样长时间作为一个国家的政治和文化中心。《不列颠百科全书》将北京形容为全球最伟大的城市之一，而且断言："这座城市是中国历史最重要的组成部分。在中国过去的 8 个世纪里，不论历史是否悠久，几乎北京所有主要建筑都拥有着不可磨灭的民族和历史意义。"故宫、天坛、颐和园、圆明园、北海公园等数不胜数的古迹为这座城市添加了更绚烂的色彩。

古老而富有韵味之中又有现代都市繁华的庞大城区，向东南方铺展的广阔平原，加之透

迤逶蜒，镇守城区西北的太行山脉和燕山山脉，成就了北京独特的魅力。园林遗迹，古刹皇陵，给北京城注入了深厚的人文底蕴；峻崖曲壑，丽泉飞瀑，为城郊挂上了一层神秘的面纱；而人来人往的步行街和星罗棋布的商业区，则为这座古老的城市增添了时代的新生命力。

今日的北京，更已发展成为一座现代化的国际大都市：金融街早已是中国名副其实的金融管理中心；北京商务中心区更是北京对外开放和经济实力的象征。此外，中国国家大剧院、北京首都国际机场 3 号航站楼、中央电视台总部大楼、国家体育馆、国家游泳中心等建筑也成了新北京的现代符号。游走在北京的胡同小巷之间，全世界的各色人种你都可以看到。北京正以它古老又时尚的全新面貌，迎接每年超过 1 亿 4 700 万的旅客。

二、延庆

延庆区位于北京市西北部，距市区 74 千米，总面积 1 993.75 平方千米，常住人口 31.6 万人，是首都生态涵养发展区，气候冬冷夏凉，素有北京夏都之美誉，正在依托丰富的冰雪资源，全力打造"冰雪之城"。延庆区生态环境优良，林木绿化率高，空气质量连续多年全市领先，青山绿树、碧水蓝天成为绿色北京的闪亮名片。延庆属京郊旅游胜地，境内有八达岭长城、龙庆峡、玉渡山等 30 余个风光独特的景区景点，有冰灯冰雪节等精彩纷呈的休闲活动，2015 年接待游客达 2 108.97 万人次。延庆历史文化底蕴深厚，炎黄文化、妫川文化和长城文化等特色鲜明的地域文化熠熠生辉，为人文北京增光添彩。

近年来，延庆加快与世界接轨的步伐，2013 年成功创建世界地质公园，2014 年成功举办世界汽车房车露营大会和世界葡萄大会，2015 年成功举办世界马铃薯大会。作为 2019 年北京世界园艺博览会举办地和北京 2022 年冬奥会三大赛区之一，延庆迎来重大历史发展机遇，一个美丽的延庆正在向世界展示她独特的风采，一个世界的延庆正在蓄势待发，一个国际一流的生态文明示范区正在踏上新征程。

三、张家口

张家口市位于河北省西北部，京、冀、晋、蒙四省（市）区交界处，辖 6 区、10 县、2 个管理区、1 个经开区，总面积 3.7 万平方千米，总人口 468 万人。

张家口距北京仅 180 千米，是北京西出和西北地区东进的主要门户，也是首都经济圈的重要组成部分。交通四通八达，十分便捷，境内已建成 6 条铁路、6 条高速、9 条国道和 20 条省道，公路通车里程达 2.1 万千米，其中高速公路通车总里程达到 808 千米，居全国、全省前列。张家口宁远机场现已开通了至石家庄、上海、深圳、沈阳、海口、厦门、哈尔滨、成都的航线，立体交通运输体系初步成型。京张铁路已开工建设，通车后，从北京市区 50 分钟可到达张家口赛区。张家口将实现与北京的同城化发展。

张家口历史十分悠久，阳原泥河湾是东方人类起源地，涿鹿黄帝城是炎帝、黄帝、蚩尤"三祖"合符地，拥有"东方人类从这里走来""中华文明从这里走来"两大人文历史名片。明清时期，张家口是我国北方重要的陆路商埠，与广州并称"陆水双码头"，与丝绸之路相媲美的张库大道就从这里起始。

第三节　北京冬奥会项目及比赛地点

一、速度滑冰

速度滑冰简称速滑,滑冰运动中历史最为悠久,开展最为广泛的项目。1763 年 2 月 4 日在英国首次举行 15 千米速度滑冰赛。1889 年在荷兰的阿姆斯特丹首次举办世界冠军赛。男、女速滑分别于 1924 年、1960 年被列为冬奥会比赛项目。

男子项目:500 米、1 000 米、1 500 米、5 000 米、10 000 米、团体追逐、集体出发。

女子项目:500 米、1 000 米、1 500 米、3 000 米、5 000 米、团体追逐、集体出发。

比赛场地:国家速滑馆(申办时期效果图)(北京),如图 2-1 所示。

图 2-1　国家速滑馆(效果图)

二、短道速滑

短道速滑于 1905 年起源于加拿大和美国,1992 年被列为冬奥会比赛项目。

男子项目:500 米、1 000 米、1 500 米、接力 5 000 米。

女子项目:500 米、1 000 米、1 500 米、接力 3 000 米。

比赛场地:首都体育馆(北京),如图 2-2 所示。

图 2-2　首都体育馆

三、花样滑冰

花样滑冰起源于 18 世纪的英国，后相继在德国、美国、加拿大等欧美国家迅速开展。1872 年奥地利首次举办花样滑冰比赛，1924 年被列为首届冬奥会比赛项目。

男子项目：男子单人滑。

女子项目：女子单人滑。

混合项目：双人滑、冰上舞蹈、团体比赛。

比赛场地：首都体育馆（北京）。

四、冰球

冰球亦称冰上曲棍球，是多变的滑冰技艺和敏捷娴熟的曲棍球技艺相结合，对抗性较强的集体冰上运动项目之一。运动员穿着冰鞋，手拿冰杆滑行拼抢击球，运动员用冰杆将球击入对方球门，以进球多者为胜。

男子项目：男子冰球在 1920 年首次出现在夏季奥运赛场，后来将该届奥运会冰球赛追认为首届世界冰球锦标赛。到了 1924 年的夏蒙尼冬奥会，冰球正式被划入冬季奥运项目。冬奥会男子冰球每队的报名人数为 22 名球员，2 名守门员，及 1 名替补守门员，比赛时每队场上运动员等于或小于 6 人。

女子项目：女子冰球项目直到 1998 年长野冬奥会才划入冬奥项目。冬奥会女子冰球每队的报名人数为 18 名球员，2 名守门员，及 1 名替补守门员。

比赛场地：五棵松体育中心（见图 2-3）、国家体育中心（北京）。

图 2-3　五棵松体育中心

五、冰壶

冰壶，两队之间比赛，每队 4 人，两队轮流掷球，不仅需要使冰壶准确到达营垒的中心，同时让对方的冰壶远离圆心，最后以冰壶距离营垒圆心的远近决定胜负。冰壶 1998 年正式列入冬奥会比赛项目。

男子项目：男子冰壶、男女混合冰壶。

女子项目：女子冰壶、男女混合冰壶。

比赛场地：国家游泳中心（北京），如图 2-4 所示。

图 2-4　国家游泳中心

六、冬季两项

冬季两项起源于斯堪的纳维亚半岛，由远古时代的滑雪狩猎演变而来。1924 年被列为首届冬奥会表演项目，1960 年被列为冬奥会比赛项目，并定名为冬季两项。

男子项目：10 千米短距离，20 千米个人，15 千米集体出发，4×7.5 千米接力，12.5 千米追逐。

女子项目：7.5 千米短距离，15 千米个人，12.5 千米集体出发，4×6 千米接力，10 千米追逐。

混合项目：混合接力（女子 2×6 千米＋男子 2×7.5 千米）。

比赛场地：北欧两项和冬季两项中心（效果图）（张家口），如图 2-5 所示。

图 2-5　北欧两项和冬季两项中心（效果图）

七、北欧两项

北欧两项起源于北欧,由越野滑雪和跳台滑雪组成,在挪威、瑞典流传了很长时间,成为北欧传统项目。1883 年被列入霍尔门科伦滑雪大奖赛,20 世纪初开始向世界推广,1924 年被列为首届冬季奥运会比赛项目。

男子项目:个人标准台+10 千米越野滑雪,个人大跳台+10 千米越野滑雪,团体大跳台+4×5 千米接力越野滑雪。

比赛场地:北欧两项和冬季两项中心(张家口)。

八、越野滑雪

越野滑雪借助滑雪用具,运用登山 、滑降、转弯、滑行等基本技术,是滑行于山丘雪原的运动项目。它起源于北欧,又称北欧滑雪,是世界运动史上最古老的运动项目之一。1924 年被列入首届冬奥会比赛项目。

男子项目:双追逐(15 千米传统技术+15 千米自由技术),个人短距离(自由技术),15 千米(传统技术),4×10 千米接力(2 棒传统+2 棒自由),团体短距离(传统技术),50 千米集体出发(自由技术)。

女子项目:双追逐(7.5 千米传统技术+7.5 千米自由技术),个人短距离(自由技术),15 千米(传统技术),4×5 千米接力(2 棒传统+2 棒自由),团体短距离(传统技术),30 千米集体出发(自由技术)。

比赛场地:北欧两项和冬季两项中心(张家口)。

九、跳台滑雪

跳台滑雪起源于挪威,1860 年挪威德拉门地区的两位农民在奥斯陆举行的首届全国滑雪比赛上表演了飞跃动作,后逐渐成为独立项目并得到广泛开展。19 世纪末,跳台滑雪先后传入瑞典、瑞士、美国、法国、意大利和波兰等地。1924 年被列入首届冬季奥运会比赛项目。

男子项目:个人标准台、个人大跳台、团体大跳台。

女子项目:个人标准台。

比赛场地:北欧两项和冬季两项中心(张家口)。

十、高山滑雪

高山滑雪起源于欧洲的阿尔卑斯地区,故又称阿尔卑斯滑雪。高山滑雪是在越野滑雪基础上逐步形成的,1936 年起被列为冬奥会比赛项目。

男子项目:滑降,回转,大回转,超级大回转,全能,团体比赛。

女子项目:滑降,回转:大回转,超级大回转,全能,团体比赛。

比赛场地:国家高山滑雪中心(效果图)(延庆),如图 2-6 所示。

图 2-6 国家高山滑雪中心(效果图)

十一、自由式滑雪

自由式滑雪始于 20 世纪 60 年代,在高山滑雪基础上发展而成。1971 年在美国新罕布什尔州举行世界上第一次正式的自由式滑雪比赛。1992 年正式被列为冬奥会比赛项目。

男子项目:雪上技巧,空中技巧,U 形场地技巧,坡面障碍技巧,障碍追逐。

女子项目:雪上技巧,空中技巧,U 形场地技巧,坡面障碍技巧,障碍追逐。

比赛场地:云顶滑雪公园(效果园)(张家口),如图 2-7 所示。

图 2-7 云顶滑雪公园(效果图)

十二、单板滑雪

单板滑雪源于 20 世纪 60 年代中期的美国,其产生与滑板和冲浪运动有关。1983 年起举办世界锦标赛,1998 年长野冬奥会被列为正式比赛项目。

男子项目:坡面障碍技巧,U 形场地技巧,障碍追逐,大跳台,平行大回转。

女子项目:坡面障碍技巧,U 形场地技巧,障碍追逐,大跳台,平行大回转。

比赛场地:云顶滑雪公园(大跳台项目场地待定)(效果图)(张家口),如图 2-8 所示。

图 2-8　云顶滑雪公园(效果图)

十三、雪车

雪车起源于瑞士,由雪橇发展而来,也称有舵雪橇。1924 年,法国夏蒙尼第一届冬季奥运会中即被列为正式比赛项目。雪车用金属制成,形如小舟,车首覆有流线型罩,因此也得名"雪地之舟"。

男子项目: 男子双人、男子四人。

女子项目: 女子双人。

比赛场地: 国家雪车雪橇中心(效果图)(延庆),如图 2-9 所示。

图 2-9　国家雪车雪橇中心(效果图)

十四、雪橇

雪橇起源于北欧,也称无舵雪橇。据记载,早在 1480 年挪威就已出现雪橇。1883 年瑞士在达沃斯举行了世界上第一次雪橇比赛,1964 年雪橇在第九届冬季奥运会中被列为正式比赛项目。

男子项目: 单人、双人。

女子项目: 单人。

混合项目：团体接力。

比赛场地：国家雪车雪橇中心(延庆)。

十五、钢架雪车

钢架雪车也称俯式冰橇、卧式雪橇等。在 19 世纪发源于瑞士山区的小城圣莫里茨，第一次的钢架雪车俯式冰橇比赛在 1884 年举行。1887 年开始出现类似现在这种俯卧式的姿势。钢架雪车 2002 年盐湖城冬奥会被列为冬奥会正式比赛项目。

男子项目：单人。

女子项目：单人。

比赛场地：国家雪车雪橇中心(延庆)。

第四节　北京冬奥会场馆

北京 2022 年冬奥会计划使用 25 个场馆。场馆分布在 3 个赛区，分别是北京赛区、延庆赛区和张家口赛区。三个赛区的大体位置如图 2-10 所示。

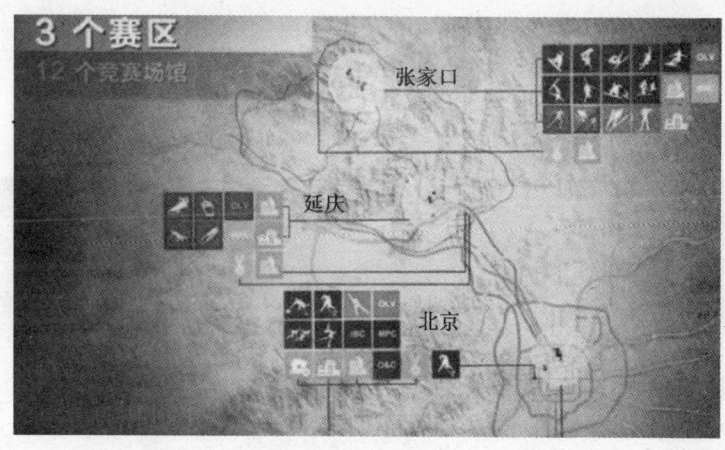

图 2-10　北京 2022 年冬季奥运会三个赛区位置图(图片引自新浪体育)

北京赛区共有 12 个竞赛、非竞赛场馆，其中现有场馆 8 个、新建场馆 3 个、临时场馆 1 个。北京赛区将进行 3 个大项(冰壶、冰球、滑冰)、5 个分项(冰壶、冰球、短道速滑、花样滑冰、速度滑冰)、32 个小项的比赛。

北京奥林匹克公园是 2008 年奥运会的重要遗产，2022 年将再次成为冬奥会的核心区域，冬奥会 25 个场馆中的 7 个位于北京奥林匹克公园范围内。国家体育场(鸟巢)将举办冬奥会及冬残奥会的开幕式、闭幕式，国家游泳中心(水立方)将进行冰壶及轮椅冰壶项目的比赛，国家体育馆将进行男子冰球及冰橇冰球项目的比赛，五棵松体育中心将进行女子冰球项目的比赛，首都体育馆将进行短道速滑及花样滑冰项目的比赛，新建的国家速滑馆

将进行速度滑冰的比赛。北京赛区的奥运村将可容纳运动员和随队官员 2 260 人。北京赛区场馆位置如图 2-11 所示。

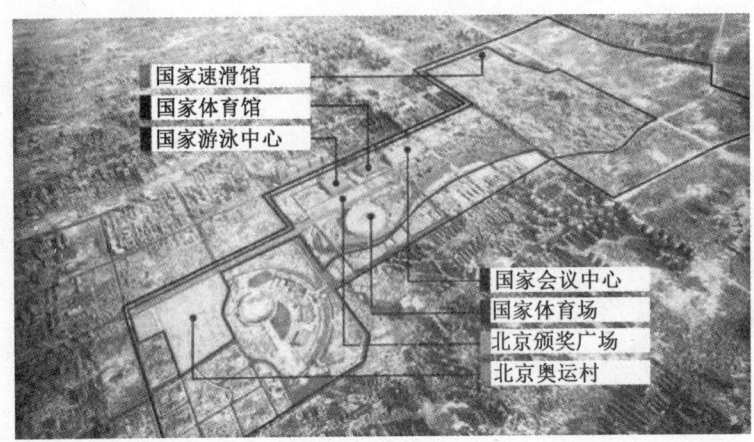

图 2-11　北京赛区场馆位置图(图片引自新浪体育)

延庆赛区共有 5 个竞赛、非竞赛场馆,将进行 3 个大项(高山滑雪、雪车、雪橇)、4 个分项(高山滑雪、雪车、钢架雪车、雪橇)、20 个小项的比赛。延庆赛区的建设将会带动周边地区交通及市政基础设施的建设,为该区域的发展创造条件,其场馆建设也会尽量与环境结合、减少工程量、节省投资。延庆赛区的奥运村将可容纳运动员和随队官员 1 430 人。延庆赛区场馆位置如图 2-12 所示。

图 2-12　延庆赛区场馆位置图(图片引自新浪体育)

张家口赛区位于张家口市崇礼区。崇礼区至今已有 20 年的滑雪产业发展的历史,目前正在运营的滑雪场有 5 个。该区域是中国滑雪产业发展的龙头区,是近中国周边国家、众多滑雪爱好者冬季滑雪休闲度假的目的地。张家口赛区共有 8 个竞赛、非竞赛场馆,将进行 2 个大项(滑雪、冬季两项)、6 个分项(单板滑雪、自由式滑雪、越野滑雪、跳台滑雪、北欧两项、冬季两项)、50 个小项的比赛。本次冬奥会将充分利用现有滑雪场的各项资源,结合现有云顶滑雪场的发展需求进行改造,建设云顶滑雪公园场地 A 和 B,可大大节省资金。张家口赛区的奥运村将可容纳运动员和随队官员 2 640 人。张家口赛区场馆位置如图 2-13 所示。

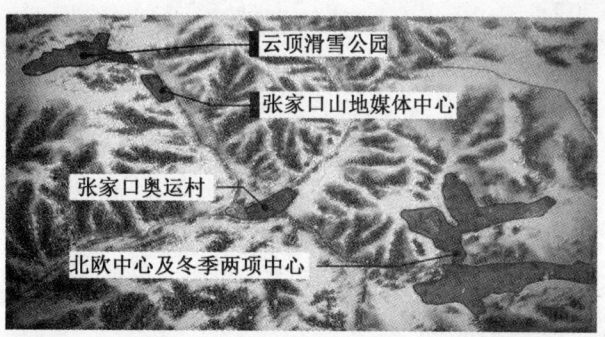

图 2-13　张家口赛区场馆位置图(图片引自新浪体育)

第三章
速 度 滑 冰

　　速度滑冰是冰上运动项目之一,它是指在规定距离内以竞速为目的的滑冰比赛,简称速滑,是冬季奥运会的正式比赛项目。运动员脚着冰鞋在冰面上滑行,借助冰刀的刀刃切入冰面形成稳固的支撑点,通过两腿轮流蹬冰、收腿、下刀、滑进动作以及全身协调配合向前快速滑行。

第一节　速度滑冰的发展历程

一、速度滑冰的起源及发展

　　速度滑冰(Speed Skating)是以冰刀为工具在冰上进行的一种竞速运动。由男子 500米、1 000 米、1 500 米、5 000 米、10 000 米、全能、短距离全能、团体以及女子 500 米、1 000米、1 500 米、3 000 米、5 000 米、全能、短距离全能、团体 16 个小项组成。在国际体育分类学上属滑冰运动。

　　速度滑冰是一项历史悠久的运动,早在十一二世纪,在荷兰、英国、瑞士以及斯堪的纳维亚一些国家的早期文献中就有关于将动物骨骼绑在脚上在冰上快速移动的记载,这是滑冰运动的早期雏形。

　　13 世纪中叶,一种安装在木板上的铁制冰刀在荷兰出现。1572 年一位苏格兰人制造了第一副全铁制冰刀。大约经过 1 个世纪,作为军事训练和宫廷娱乐的冰嬉在中国也开始兴起。17 世纪中期,一位荷兰人首次穿着冰刀沿冰面从一个城市滑到另一个城市。然而,这个时期的速度滑冰仍然没有摆脱游戏的性质。进入 18 世纪,滑冰在英格兰迅速普及,并很快地发展成为一种竞赛活动。1742 年,第一个滑冰组织爱丁堡滑冰俱乐部(Edinburgh Skating Club)在英格兰创立。1763 年 2 月 4 日,英国首次举行了距离为 15英里(1 英里＝1 609.344 米)的速度滑冰比赛。

　　19 世纪初,以竞速为内容的滑冰比赛在荷兰也开始出现。最早是 1805 年在荷兰北部弗里兰斯省的省会吕伐登(Leeuwarden),比赛的距离较短,是在一段直道上进行的,参赛的 130 多人均为女子。类似的比赛,1823 年和 1840 年在沃德森德(Woudsend)和多克姆

(Dokkum)都曾举行过,但比赛只限于男子。从 19 世纪 40 年代开始,速度滑冰从英格兰和荷兰迅速传入其他国家,滑冰俱乐部也由此纷纷建立,在此期间,美国的 E·W·布什内尔(Bushnell)于 1850 年制造了第一副钢质冰刀。

19 世纪 70 年代,随着国际体育的发展,速度滑冰运动开展愈加广泛。于是,在一些国家建立全国性滑冰组织的要求开始产生。1879 年,第一个全国性的滑冰领导机构——英国滑冰协会创立。

19 世纪后期,资本主义完成了向垄断资本主义的过渡,各种国际垄断组织相继出现。这种经济上的跨越国界,在速度滑冰领域也有所反映。这就有了加强国际交往和举办国际比赛的客观因素。最初是国家与国家之间的小型比赛,其中最著名的是 1880 年在纽约布鲁克林区(Brooklyn)举行的 25 英里的比赛和 1885 年在挪威克里斯蒂安尼亚(奥斯陆)举行的对抗赛。在此期间,有 3 位挪威人阿克塞尔·保尔森(Axel Paulsen)和卡尔·沃纳(Carl Werner)以及哈拉尔·黑格(Harald Hager)对世界速度滑冰作出了卓越的贡献。他们通过到各国比赛和表演,极大地推动了这项运动的发展和扩大了它的影响。特别是保尔森,他发明了我们今天所用的管状速度滑冰冰刀。

1885 年,在德国汉堡和荷兰吕伐登连续举行了两次大型的国际速度滑冰比赛。在此之后,类似的比赛在挪威奥斯陆和德国汉堡又多次举行。在这些国际比赛活动中,人们遇到最多的问题就是关于比赛的场地规格、比赛项目以及竞赛的距离。针对这些问题,荷兰人提出了双跑道 2 人一组同时出发以及设立短、中、长距离比赛项目的建议,1888 年荷兰的建议被采纳。根据这一建议,荷兰和英国共同起草制定了一个规则。于是,国际速度滑冰比赛的规则被确定下来。第一次按照新规则举行的国际比赛是 1889 年在荷兰阿姆斯特丹举行的世界冠军赛。

1889 年、1890 年和 1891 年在荷兰阿姆斯特丹冰上俱乐部的组织下,连续举办了 3 次世界冠军赛。比赛项目,1889 年设 0.5 英里、1 英里和 1.5 英里 3 项,1890 年和 1891 年又增加了一项 5 英里。当时规则规定,只有获得全部项目第一名的运动员,才能被授予冠军称号,遗憾的是,1889 年和 1890 年冠军赛没有一名运动员能赢得全部项目的第一名。世界冠军赛的冠军终于在 1891 年产生,他就是夺得所有 4 个项目冠军的美国运动员约瑟夫·多诺格(Joseph Donoghue)。

随着国际速度滑冰比赛频繁地举行和各国滑国滑冰协会的建立,人们觉得需要有一个居于各国滑冰协会之上的国际机构,以推动、领导世界速度滑冰运动的开展和协调、解决各国之间以及国际比赛中出现的问题。于是,建立国际滑冰联盟的时机和条件成熟了。

1892 年 7 月,在荷兰的倡议下,由荷兰滑冰协会主持,在荷兰鹿特丹北部的斯海弗宁恩(Scheveningen)召开了一次国际滑冰代表大会,这就是世界滑冰史上著名的第一届国际滑冰联盟代表大会。这次代表大会的成就,在于选举产生了国际滑冰联盟的领导机构和奠定了速度滑冰竞赛的坚实的基础。国际滑冰联盟是继国际体操协会之后创立的第二个

综合性国际单项体育组织。1893 年 1 月,在国际滑联的领导下,第一届世界男子速度滑冰锦标赛在阿姆斯特丹举行。世界锦标赛也由此走上了制度化的轨道。然而,在近半个世纪的时间里,一直没有举办女子的比赛,直到 1933 年,世界女子速度滑冰锦标赛才开始举行。

1924 年,速度滑冰被列为正式比赛项目纳入奥运会。最初设男子 500 米、1 500 米、5 000 米、10 000 米和全能 5 个项目。从第二届开始,取消了全能。1960 年女子速度滑冰列入冬奥会,从而进一步推动了速度滑冰运动的发展。

20 世纪 90 年代中期,继 16 世纪钢制冰刀的出现和 19 世纪管状结构冰刀发明之后,速度滑冰冰刀又经历了一次改革。一种被称为"时利波"(Slipper)的新式冰刀最大的特点就是在结构上更加符合运动学、动力学和人体形态学的要求。时利波冰刀的出现,使速度滑冰运动的成绩得到了迅速的提高。从 1998 年开始,冬奥会金牌的获得者和新的世界纪录创造者使用的几乎全部是新式冰刀。

自 1842 年爱丁堡滑冰俱乐部诞生至今,速度滑冰已发展到 70 多个国家和地区,其中已有 59 个国家和地区的滑冰组织加入了国际滑冰联盟。

二、我国速度滑冰的发展

中国的滑冰活动历史悠久,早在宋代就出现了由滑雪发展而来的"冰嬉"。元代以后,"冰嬉"更为盛行,而且规模更大,明代有了关于"冰床、冰擦"的记载,清代乾隆年间,更设"技勇冰鞋营",并有一套管理制度和训练方法,管理机构称为"冰处"。据《清文献通考》记载:"每年十月,各族选善走冰者二百名,内务府预备冰鞋、行头等项,每到冬至后,皇帝到瀛台等处看表演冰嬉!"

19 世纪末,欧洲的滑冰运动传入中国,速滑运动逐渐成为北方人民群众所爱好的冬季运动项目。1935 年,在北京举行过 1 次滑冰比赛。1943 年 2 月,在延安举行的冰上运动会比赛项目有男、女 100 米速滑以及各项表演。

中华人民共和国成立后,广大青少年参加速滑运动的人逐年增多,特别是哈尔滨、长春、齐齐哈尔、吉林等城市的群众性冰上运动开展得很活跃。1953 年 2 月,在哈尔滨市举行了第一届全国冰上运动会,有 6 个单位参加了速滑比赛,创造了中国第一批速滑纪录。1959 年,在哈尔滨举行了第一届全国冬季运动会。1962 年在长春举办了全国速度滑冰锦标赛,6 个单位的 126 名运动员参赛,共有 10 人 9 项 51 次打破全国纪录。

1959 年,中国速滑运动员王金玉在苏联阿拉木图参加 6 国国际邀请赛中,获得男子全能冠军,并在 5 000 米比赛中战胜世界纪录保持者苏联运动员希尔科夫。同年,在第 53 届世界男子速滑锦标赛中,杨菊成以 42″4 的成绩取得 500 米比赛的第 2 名(平第 1 名成绩)。1961 年,在世界女子速滑锦标赛上,刘凤荣获得全能第 4 名;在男子锦标赛中,王金玉获得全能第 8 名,并在同年 9 国国际邀请赛中获得全能冠军。1962 年,在莫斯科举行的世界锦标赛中,王金玉和罗致焕分别获得全能第 5 名和第 6 名;王金玉还在 1 500 米的比赛中获得第 3 名;刘凤荣再次获得全能第 4 名。在 1963 年世界男女锦标赛中,王金玉和罗致焕均打破世界男子全能纪录,罗致焕在 1 500 米比赛中以 2′09″2 的成绩获得金牌,并创造该项锦标赛纪录。1975 年,在挪威举行的世界锦标赛中,赵伟昌以 40″93 的成绩获得 500 米的第 2 名。1980 年,中国速滑队参加了在美国普莱西德湖举行的第十三届冬季奥运会。

第二节　速度滑冰的场地及设施

一、场地

1. 速度滑冰跑道

速度滑冰跑道分为标准跑道和其他规格跑道。标准跑道是由两条直线跑道连接两条弧度为 180° 的半圆式曲线组成两条封闭的跑道。其最大周长为 400 米,最小周长为 333.33米,两种跑道内弯道的半径不得小于 25 米、不得大于 26 米。如不能划出标准速滑跑道,可规定其他规格的跑道,划一全长不少于 300 米的双跑道,其内弯道半径不少于 18 米。换道区不小于 40 米,每条跑道宽不少于 2 米。

2. 速度滑冰跑道分界线

两条跑道要用整齐的等线划分出来,并一直延伸至换道区(直曲段分界线处)。雪线要保证不冻结在冰面上。如无雪,可将宽 5 厘米的橡皮、木块或其他合适的物质涂上协调颜色代替雪线。在此情况下,弯道的前和后 15 米物块之间的距离为 50 厘米,弯道中间的物块之间的距离为 1 米,直道上物块之间的距离为 10 米。其他界线是否符合规则规定由裁判长确定。

3. 速度滑冰防止意外事故的规则

为避免各处意外事故,赛前应对跑道进行测量验证,并要得到裁判长的批准。不准用固定木桩或类似东西标记跑道。标准跑道练习道至少 3 米宽,应在弯道和直道外设置防止意外事故的保护物,不能设雪墙时,应备有至少 15 厘米厚的保护垫子。

4. 速度滑冰跑道的丈量与标记

应在离跑道内侧缘(分道线)0.50 米处计算跑道。要用色线清晰标出起、终点线。所有的起、终点线均是与直道线或直道线的延长成直角,并要划出弯道的正确角度和弯道弧度;预备起跑线应距起跑线后 1 米;终点线前 5 米每隔 1 米标出一条清晰色线(线宽均为 5 厘米;终点线为红色,其余为蓝色,预备起跑线为虚线)。标准 400 米跑道,500 米的起点线应设在终点的直道之内并与直道线成直角。1 000 米的起点线应设在换道区中部,其终点线根据起跑线而定。1 500 米的内道起跑线应与直道延长线成直角。其他规格的跑道,应尽量避免把终点划在弯道上。

速度滑冰场地如图 3-1 所示。

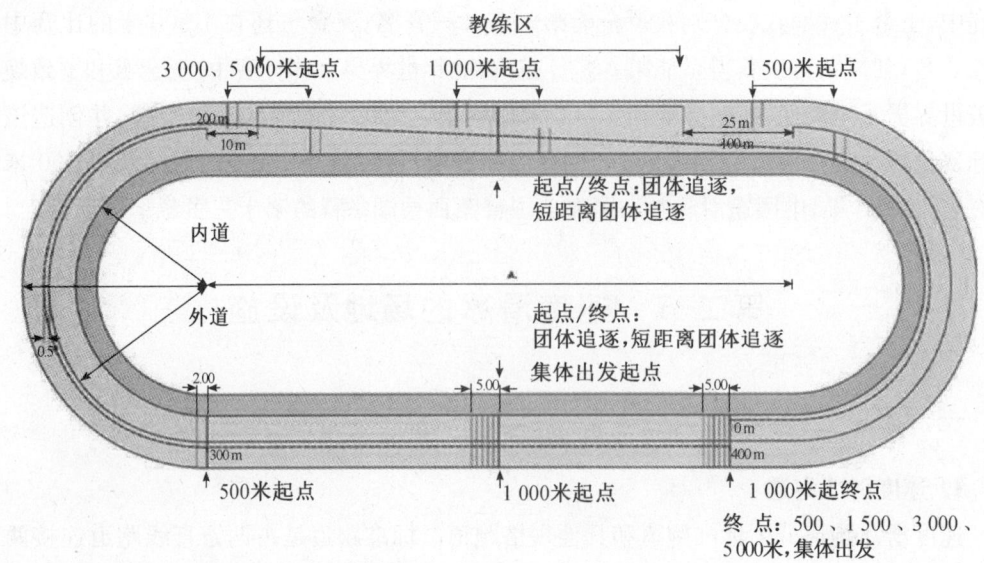

图 3-1 速度滑冰场地示意图

二、服装

速滑运动员穿尼龙紧身全连服（衣、裤、帽、袜、手套连在一起）。由于尼龙服保温不好，在温度较低的气候条件下，运动员需穿贴身的棉毛内衣。男运动员还要穿三角裤衩或护身。天气奇寒时则应在膝、胸等部位垫上防风纸或其他物品。做准备活动时，冰鞋要套上保温较好的鞋套，以防脚冻伤。练习时要穿保暖服，裤子两侧缝上拉锁，以利穿脱。

三、冰刀冰鞋

速滑冰鞋主要由优质厚牛皮制成，并用玻璃纤维和碳钢加固。速滑冰刀由刀刃、刀身管、前小刀托、前大刀托、前托盘、后刀托和后托盘等部分组成。速滑冰鞋为半高腰瘦长形，鞋跟部为坚硬式，以包围和固定脚跟。鞋底为硬皮、冰刀以螺钉或铆钉固定在鞋底上。

速滑冰刀刀长刃窄，用滑度好、耐磨、硬度适宜的轻合金材料制成，现代高级速滑刀刀刃多由优质高碳钢制成，其他部分由轻合金制作。冰刀刀刃厚薄要均匀，两刀刃高度要相同，刀刃要笔直，没有凹凸不平等毛病。冰刀与鞋号相同或比鞋大一号。鞋穿在脚上要感到舒适，贴脚，又不太紧。刀尖比鞋尖要长 8～9 厘米，刀跟比鞋跟长 5～6 厘米，左脚刀刃与鞋的纵向中线吻合，右脚刀尖稍偏左。

第三节　速度滑冰的规则要点

一、速度滑冰比赛道次的确定

以下列方式决定同组两名运动员的道次：若以抽签方式编组，则第一个抽得组次的运动员滑内道;若是按已进行过的项目的名次进行编组,则同组内名次在前的运动员滑内道;若是同组内的一名运动员在抽签后退出比赛,则剩下的运动员按原道次滑跑。根据"全能比赛第一次抽签"的有关规定,若出现同单位运动员相遇,应将外道运动员串至下组外道。在本段内最后一组出现同单位运动员相遇时,将不予考虑。男子、女子全能第2天比赛项目和短距离全能比赛项目,将不按"全能比赛第一次抽签"规定进行。若某运动员需重新滑跑编在一组时,应按本条款有关规定进。如果出现原道次相同时,应保持原道次而各自单独滑跑。内外道运动员分别佩戴白色、红色标志。

二、速度滑冰抽签后退赛的规定

抽签后弃权的运动员、不允许再参加比赛。抽签后因伤病(须由大会指定的医生确定)不能参加比赛,则同组的另一名运动员仍按原组次、道次滑跑。若分别有两组的各一名运动员在抽签后退出比赛,则可将该两名运动员按两组顺序较后一组编在一起,并保证他们在滑跑前15分钟得到通知。

三、速度滑冰裁判员的组成

全国速度滑冰竞赛,必须任命下列裁判人员和工作人员:裁判长(1人)、副裁判长(2人)、发令员(2人)、助理发令员(1人)、终点裁判员(1~2人)、计时长(1人)。如果同时用人工和电动计时,则需两名计时长和1名助理计时员分别负责人工计时和电动计时。此外,还需要计时员(8人、人工计时)、计圈员(2人)、换道区指示员(1人)、换道区监察员(2人)、弯道监察员(2人)、终点记录员(2人)、检录员(3人)、记录长(1人)、记录员(4人)、医生(1人)、气象员(2人)。

四、速度滑冰运动员参加比赛的规定

参加比赛的运动员必须佩戴大会发给的号码和标志,穿着适合速滑运动特点的运动服装,并须清洁、整齐、大方,否则不准参加比赛。在全能比赛中,不允许只报名参加一项或一部分项目的比赛。

五、速度滑冰比赛逆时针滑跑与交换跑道

速滑比赛是按逆时针方向滑跑,也就是运动员的左侧总是朝着运动场的里圈。所有比赛均应在两条密封的跑道上计时滑跑。内道起跑的运动员在滑到换道区的直道时,要转入外道滑跑;同样,外道起跑的运动员要转入内道滑跑,违者将被取消该项比赛成绩。只有在400米标准跑道上比赛,1 000米或1 500米在换道区起跑时不换道,在其他规格跑道举行的比赛项目按上述相应规定的处理。

六、速度滑冰比赛起跑

在"各就位"口令发出后,运动员应到起跑线与预备线之间直立静止站好。在听到"预

备"口令后,应立即做好起跑姿势并保持这种姿势至鸣枪。运动员从完成起跑姿势到鸣枪之间必须有明显的间隔,间隔时间约为 1～1.5 秒。如果运动员在"预备"口令下达前就做好起跑姿势或在鸣枪前改变起跑姿势,均被判为起跑犯规,将被叫起并给予警告。起跑前,刀尖不许越过起跑线(刀尖可触及起跑线)。若同组的一名或两名运动员有意拖延做起跑姿势,则该运动员或该两名运动员将被判为起跑犯规,并给予警告。用第 2 次鸣枪或吹哨召回起跑犯规的运动员,起跑一次犯规的运动员在受到发令员一次警告后,如再犯规,将被取消该项比赛资格。同组的两运动员同时犯规,将同时给予警告,若其中一运动员抢跑引起另一运动员跟跑,则只警告首先抢跑的运动员。

七、速度滑冰比赛切断雪线的规定

进出弯道线中禁止为了缩短滑跑距离而越过内侧雪线或雪线代替物下面的色线和代替物之间的跑道基本线。违者取消比赛资格。

八、速度滑冰比赛发生妨碍和碰撞的规定

运动员出弯道进入换道区时(弯道雪线或其代替物结束并接无雪线的换道区直道),出内弯道换外道的运动员不能妨碍其对手从外道换内道的正常滑行。如果不是对手表现出阻碍动作而发生了碰撞,由出内道换外道的运动员负责。运动员在同一跑道内前后滑跑时,后者在不妨碍前者的情况下,可以由内侧或外侧超越,如因此发生碰撞,超越者应负责。若裁判长确认运动员违反上述规则,则犯规运动员将被取消该项比赛资格。

九、速滑运动员的间距

在双跑道比赛中,两运动员如滑入同一跑道,当后者超越前者时,被超越者只能在距超越者 5 米外滑跑。如运动员首次违反此规定则予以警告,若再次违反此规定,则被取消该项比赛资格,并令其退出跑道。

十、速度滑冰比赛中的伴跑或带跑

在各种速滑比赛时行过程中,绝不允许为正在进行比赛的运动员伴跑或带跑,对于伴跑第 1 次予以警告,第 2 次取消比赛资格。对于被带跑的运动员一经发现即被取消该项目比赛资格,并视为舞弊行为而取消其全部比赛项目的资格。

十一、速度滑冰比赛到达终点

只有运动员的冰刀触及终点线才被认为完成该项比赛。如果运动员在终点线前摔倒,只要冰刀触及终点线的前沿或前沿的垂直面或终点线的延长线时,认为到达终点。在使用电动计时时,若是因运动员身体其他部分而不是因冰刀到达终点线停表,则该运动员的有效成绩应是电动计时或人工计时成绩再加上 0.20 秒。若使用电动计时时,运动员摔

倒后超出了两条跑道,则将人工计时成绩再加 0.20 秒为该运动员有效成绩。

十二、速度滑冰比赛重新滑跑

若运动员不是由于自己的过失影响了滑跑,经裁判长允许可以重滑该项,并以两次滑跑成绩优者为准。运动员因跑道上出现障碍或其他事故而不能滑完全程,将允许其重滑。这里说的障碍不是冰刀损坏或冰场不洁原因。若运动员已经受到了跑道边的意外或偶然事件的影响;但没有直接停止,则不允许重滑。如果因其他运动员摔倒或往换道区犯规,以及滑离规定跑道等原因影响了某运动员正常滑跑,则裁判长准许被影响的运动员重滑,并应及时通知该重滑运动员。运动员经裁判长同意重滑后,应距第 1 次滑跑有 30 分钟休息时间。

十三、速度滑冰比赛教练员指挥

比赛时,教练员必须在指导席(终点对面,外跑道的外侧)作临场指导。指导后应立即退出指导席。

十四、速度滑冰参加部分项目比赛的规定

比赛两项以上只授一奖的比赛,冠军应是滑跑完所有规定项目,并取得半数以上项目第 1 名的运动员。若有一个以上运动员并列某项第 1 名,则他们均为该项冠军。如果没有人获得多数项目的第 1 名,或所举行的项目第 1 名分别被几个运动员获得,则比赛项目积分最少者为冠军。

十五、速度滑冰比赛计算分数的方法

500 米成绩的秒数即为该项所得分数(如 38 秒 28 即 38.28);1 000 米按每两秒得一分计算,即滑跑的成绩除以 2;1 500 米按每 3 秒得一分计算,即滑跑成绩除以 3;3 000 米按 6秒得一分计算,即滑跑成绩除以 6;5 000 米按每 10 秒得一分计算,即滑跑成绩除以 10;10 000米按每 20 秒得一分计算,即滑跑成绩除以 20。

少年乙组小全能分数计算方法如下:300 米成绩的秒数即为该项所得分数(如 38 秒 26即 38.26 分);600 米按每 2 秒得一分计算,即滑跑成绩除以 2;900 米按每 3 秒得一分计算,即滑跑成绩除以 3;1 200 米按每 4 秒得一分计算,即滑跑成绩除以 4;得分只计算到小数点后三位,舍去小数的第四位,但当多名运动员总分数相同时,要考虑小数点后四位数字,冠军以后的名次也由总分决定。此项比赛中被取消比赛资格的运动员,不能进入全能名次。

十六、速度滑冰全能项目比赛的规定

获得全能冠军或取得 10 000 米滑跑资格(包括比赛四项授一奖的最后一项)的运动员,必须参加完规定的所有项目的比赛。获得短距离全能冠军的运动员,必须参加规定的

四个项目的比赛。特殊情况下,裁判长可以免去一些上述规定条件,但不包括取消运动员比赛资格的问题。某运动员对任何一项比赛弃权,将不允许滑跑余下的项目。

第四节　速度滑冰的比赛术语

一、切断雪线

切断雪线是指运动员进入弯道和在弯道途中有意为了缩短距离,冰刀切过雪线里沿线或其他代替雪线物的滑行。500米比赛时,运动员只要有一次触及或超越雪线即被取消比赛资格。如所有其他项目的比赛中,运动员有三次触及或超越雪线而两次受到警告时则被取消该项比赛资格。

二、让道

运动员在同一跑道内前后滑跑时,滑行在前者应让在后者从外侧或内侧超越,不能阻挡。但是前提是后者不能影响前者的正常滑跑,否则违者将被取消比赛资格。

三、交换跑道

速度滑冰赛场为双跑道场地,内道与外道长度不同。比赛时,运动员每滑完一圈后需在划定的换道区进行内外道交换。原先在内道滑跑运动员需在外道滑跑运动员面前穿过换到外道,而后者则换到内道。在此过程中若发生冲撞,内道运动员即被取消比赛资格。

四、换道区

换道区是指速度滑冰中运动员交换跑道时限定的区域范围,是在标准速度滑冰的场地中,于标记1 500米和100米起点的双跑道直道端划定的不少于40米长的区域。

五、滑跑犯规

滑跑犯规是指运动员在比赛滑跑过程中的犯规行为。运动员在比赛滑跑过程中出现缩短距离、推人、横切、降速、援助、碰撞、串通和危险冲刺等行为时被认为是滑跑犯规。滑跑犯规的运动员或接力队将被取消该项目的录取资格。运动员出现犯规动作,裁判长将向其出示黄牌给予警告,任何运动员被出示两次黄牌,立即被驱逐出场,并取消其全部比赛成绩。如果裁判长认为犯规动作十分严重,可立即将该运动员驱逐出比赛场,并取消其全部比赛。

第五节　速度滑冰的主要技术

速滑的合理技术是运动员以最快的速度滑完规定距离所采用的协调、省力的全身动作。滑行速度和保持速度的能力，是鉴别滑行技术合理程度的主要标志。它要求运动员滑行时上体前倾，两腿深屈，身体呈流线型，双足交替进行单足支撑惯性滑行、单足支撑蹬冰和双足支撑蹬冰三个阶段进行循环，各动作结构严谨，协调自如，节奏自然流畅。运动员要有较高的平衡能力和较强的腿部力量，才能作出合理的技术动作。

一、直道滑行

直道滑行姿势是速滑的基本技术。合理的滑行姿势应是：上体放松前倾，自然团身与冰面平行或略高于臀部，腿部深屈，膝关节成 90°～110°角，踝关节成 50°～70°角，两臂放松置于背后，头微抬起，滑行姿势根据个人形态素质特点、滑行距离、冰场条件、天气情况等而有所不同。直道滑行，关键在于要能掌握适宜的蹬冰时间。冰刀切入冰面，获得牢固支点，同时即应开始蹬冰，最大用力蹬冰，应在两腿交接体重的刹那间完成。为了利用体重蹬冰，倾倒时体重应牢牢压在支撑腿上，不要过早交接体重。收腿动作要利用蹬冰后的弹力立即放松后腿，积极靠拢支撑腿，不要有停顿和后引的动作。下刀动作应注意膝关节领先，与前进方向一致，向前提拉要快，着冰后动作要轻巧。

二、弯道滑行

基本姿势与直道滑行大致相同，但由于向心力作用，弯道与直道动作又有很大区别。弯道滑行时，身体始终向左倾倒，用左脚外刃、右脚内刃蹬冰。弯道滑行中的惯性滑行阶段很短，右脚尤为短暂，在短距离滑行中几乎不存在惯性滑行阶段。其主要动作要求是：进弯道时右脚最后一步要进入直道和弯道交接处，深入程度以天气、冰质、风向、项目等情况而定。左腿紧贴右脚下刀，指向切线方向，着冰时脚尖开始逐渐顺送，用外刃紧紧咬住冰面，左肩与新的切线方向一致，不要扭腰摆臀。收腿动作在蹬冰后即放松，积极向支撑腿方向提拉，膝关节领先，以利形成前弓角度。在浮腿收回过程中促进身体向左倾倒，两腿成边收边蹬形式。蹬冰方向，两脚要有"侧送蹬"感觉，上体纵轴与浮脚着冰方向一致。

三、起跑技术

起跑技术主要有两种：一是正面前脚点冰起跑法；二是侧面起跑法。优秀运动员多采用第一种方法。其主要动作是由静止状态，运用合理技术，迅速转入快速滑行的技术动作。起跑技术对提高短中距离项目成绩尤为重要。前脚点冰起跑技术要领是，前脚刀尖为支点，后脚全内刃着冰，两刀距离略比肩宽，面向前方。蹲屈姿势略高于其他起跑姿势，重心在两脚之间或稍前。起动时，大腿高抬，上体前倾，冰刀着冰时要紧紧切住冰面，头几步不要滑动。

四、摆臂动作

摆臂动作主要是用于短中距离滑行，可起到协调、加大蹬冰力量的作用。现在，在长

距离滑行中采用单臂摆动的人越来越多,摆臂用力程度较小,摆动方向要与滑行方向一致。短中距离无论采用双摆臂或单摆臂,都要用力,特别要注意向侧前摆动的速度和力量。

第六节　速度滑冰的观赛礼仪

为了获得现场观赛的更好体验,同时给运动员营造一个良好的竞赛氛围,在速度滑冰观赛过程中需要注意以下几点。

(1) 由于冰场气温相对较低,冰场室内温度通常在 15 摄氏度以下,冰面温度在－5 到 8 摄氏度之间,请适当携带御寒衣物。

(2) 在运动员起跑时,请保持场馆内安静,以利运动员能清楚地听到发令声。

(3) 运动员起跑后,尤其是在终点冲刺阶段,可呐喊、加油助威。

(4) 切忌对非喜爱的选手或"对手"进行喝倒彩行为,这样既不尊重对手,也有失风度。

(5) 对于任何一名运动员都应给予鼓励和赞赏。

(6) 不得向场地投掷任何物品。

(7) 请遵守场馆的有关规定,文明利用场馆设施。

第七节　速度滑冰国际主要赛事

一、世界女子速滑锦标赛

1936 年,国际滑冰联盟创立的世界女子速滑锦标赛。之后每年举办 1 届。1956 年之前设 500 米、1 500 米、3 000 米和 5 000 米 4 项,此后改为 500 米、1 000 米、1 500 米和 3 000 米 4 项。

二、世界男子速滑锦标赛

世界男子速滑锦标赛创办于 1893 年,以后每年举行 1 届,除两次世界大战期间有过中断外,一直延续至今,它是国际滑联最早主办的速滑比赛。世界锦标赛的比赛项目为 500 米、1 500 米、5 000 米和 10 000 米 4 项距离的全能比赛;比赛安排为第一天 500 米和 5 000 米项目,第二天 1 500 米和 10 000 米项目。

三、世界青少年速滑锦标赛

1974 年,国际滑冰联盟设立世界青少年速滑锦标赛。比赛初限 20 周岁以下运动员参加,1981 年年龄限制改为 18 岁。比赛项目为男子 500 米、1 500 米、3 000 米和 5 000 米,女子 500 米、1 000 米、1 500 米和 3 000 米。首届比赛于 1974 年在意大利科蒂纳举行,以后每年一届。

四、奥运会速滑比赛

1924 年,速度滑冰被列为正式比赛项目纳入奥运会。最初设男子 500 米、1 500 米、5 000 米、10 000 米以及全能 5 个项目。从第二届开始,取消了全能。1960 年女子速度滑冰列入冬奥会。

第八节　速度滑冰国内著名运动员

一、王金玉

中国男子速度滑冰运动员,生于黑龙江省鹤岗市,15 岁开始学滑冰,他的直道滑行技术是 20 世纪 60 年代世界第一流水平。1958 年被选为哈尔滨市速度滑冰选手,在当年的全国比赛获全能冠军。1959 年,代表中国参加在苏联阿拉木图举行的 6 国速度滑冰比赛,获全能冠军。1962 年在中苏速滑对抗赛中,以 185.620 分创造了 5 000 米世界平原冰场全能最佳成绩,国际滑冰联盟授予他亚洲最佳运动员称号。1960、1962、1963、1964、1965、1966 年均获全国比赛全能冠军,从 1959—1965 年,7 次参加世界男子速滑锦标赛,全能成绩均进入世界前 16 名。1965 年获国家体委颁发的体育运动荣誉奖章。1980 年被推选为中国滑冰协会委员。

二、罗致焕

中国男子速度滑冰运动员,朝鲜族,生于黑龙江省绥化县,13 岁开始学滑冰,1957 年进入齐齐哈尔市业余体校。在训练中他善动脑筋,勤于思考,结合自己特点,形成了别具一格的直道滑行技术和精湛的弯道技术。1963 年代表中国参加世界速度滑冰锦标赛,打破 4 项男子全国纪录,并以全能 183.468 分的成绩打破世界纪录,又在 1 500 米中获得金牌,成为中国在世界速度滑冰比赛中第一个在单项比赛中的金牌获得者。

三、叶乔波

中国女子速滑运动员,吉林长春人,10 岁进入长春市业余体校速滑班,12 岁入选八一速滑队。16 岁获全国冠军赛青年组亚军,17 岁获全国青年赛全能冠军。18 岁在全国速滑达标赛上为八一队首次夺得 2 枚金牌、2 枚银牌、1 枚铜牌,多次打破全国纪录。1985 年成为国家队的成员,1990 年在第 7 届全国冬季运动会上获 4 枚金牌,并达到运动健将标准。1991 年在世界大赛中分别获得过世界锦标赛 500 米冠军、短距离速滑 5 项亚军、世界杯 500 米冠军、1 000 米亚军。1992 年在冬季奥林匹克运动会上,获得 1 000 米和 500 米速滑的 2 枚银牌。为中国在冬奥会史上实现了奖牌零的突破。1979—1992 年,在中外重大比赛中先后获得过 50 枚金牌,多次荣立一等功,国家体委向她颁发了体育运动荣誉奖章。

1994年退役,在她的运动生涯中,共参加了124次国内外大赛,获得奖牌133枚,其中金牌50多枚。她是中国第一个突破女子500米速滑40秒大关的选手。她先后获得全国冰雪"十佳运动员"、全国"新长征突击手"、全国"十佳运动员"、全军二级劳动模范、"体坛尖兵"等荣誉称号,1999年入选"新中国体育五十星"。

第四章
短跑道速度滑冰

短跑道速度滑冰是冰上运动项目之一。其运动的特征是,运动员脚穿短跑道速滑冰刀,身着连身的滑冰服装,佩戴硬壳头盔、护膝和皮质手套等防护用具,在冰球场内,采用特殊身体姿势,利用两腿交替蹬冰、收腿、下刀及支撑滑行的周期性动作,沿周长 111.12 米的椭圆形的场地进行滑跑的比赛项目。在场地的两个弯道弧线上,各摆设 7 个标志块,标出场地的弯道距离。短跑道速度滑冰运动的特点是场地小(直道距离短,弯道半径小)、滑行的速度快、竞争激烈、观赏性强等,比赛采用多轮次的淘汰制,以达到终点的名次决定胜负。运动员在每个轮次的比赛中,只有进入小组的前两名才有资格进入下一轮次的比赛。比赛中采用集体出发的形式,滑跑不分道,在不违反规则的条件下,运动员可充分发挥技术和战术战胜对手。

第一节　短道速滑的发展历程

一、短道速滑的起源与发展

短跑道速度滑冰(Short Track Speed Skating)(简称短道速滑)是在长度较短的跑道上进行的一种冰上竞速运动。由男、女 500 米、1 000 米、1 500 米、团体以及男子 5 000 米接力和女子 3 000 米接力 10 个小项组成。在国际体育分类学上属滑冰运动。

短跑道速度滑冰 1905 年诞生于加拿大。19 世纪 80 年代,冰球运动在加拿大迅速普及,为摆脱严寒,一些地区相继修建起室内冰场。于是,一些速度滑冰爱好者便经常集聚到室内冰球场进行练习或追逐比赛。到 19 世纪 90 年代中期,自发的室内速度滑冰比赛在加拿大蒙特利尔、魁北克以及温尼伯等城市相继出现。当时参加室内比赛的选手中,有业余爱好者,也有著名运动员,如 1893 年、1895 年以及 1896 年世界冠军获得者荷兰的杰普·伊登(Jaap Eden)和早期速度滑冰世界纪录创造者挪威的阿克塞尔·保尔森(Axel Paulsen)以及加拿大著名速度滑冰运动员路易斯·鲁本斯坦(Louis Ruhenstein)等,而且就是保尔森发明了室内短跑道速度滑冰的冰刀。在 19 世纪 90 年代末,速度滑冰运动员进入室内训练或比赛在欧洲也开始出现,如法国巴黎和比利时布鲁塞尔等地。欧洲和北美不同的是,当时冰球运动在欧洲刚刚开展,用于花样滑冰的室内冰场数量又很少,特别是

人们将速滑运动员进入室内训练或比赛看做是一种偶发的自我调整,而当时加拿大和美国则将这种活动视为竞技运动。为促进这项运动的开展,加拿大于 1905 年举行了首次公开赛。不久,这种公开赛也在美国举行。由于比赛是在室内冰球场进行,跑道长度较短,因而命名为室内短跑道速度滑冰。

从 20 世纪 20 年代末开始,短道速滑逐渐传入欧洲。1969 年在英国梅登黑德(Maidenhead)举行的第 33 届国际滑联代表大会,对短跑道速度滑冰运动的发展有决定性的意义,在这次大会上,加拿大代表向国际滑联成员国印发了由马特(Martes)起草的《短跑道速度滑冰规则》,会议决定成立旨在推进这项运动发展的"关系委员会"。通过两年的工作,关系委员会提出了一项关于成立短跑道速度滑冰技术委员会的议案。1975 年,一个永久性的组织——短跑道速度滑冰技术委员会在第 36 届国际滑联代表大会获得通过,并选举产生了组织机构,英国的欧内斯特·马修斯(Ernest Matthews)当选为首届主席,成员有加拿大的让·格雷尼尔(Jean Grenier)、瑞典的拉尔斯-乌洛夫·埃克伦德(Lars-Olof Eklund)以及意大利的奥塔维奥·钦关塔(Ottavio Cinguanta)。

1976 年,经国际滑冰联盟承认和支持的首次国际短跑道速度滑冰比赛在美国伊利诺伊州尚佩恩(Champaign)举行。奥地利、比利时、加拿大、法国、联邦德国、英国、意大利、挪威、瑞典和美国共 10 个国家派出了代表队。比赛的项目有男子和女子 500 米、1 000 米、1 500 米、3 000 米和男子 3 000 米、5 000 米接力和女子 3 000 米接力。1977 年,第 2 次国际短跑道速度滑冰比赛在法国格勒诺布尔举行。这次只有 5 个国家参加比赛。

这一时期,短道速滑遇到的主要问题是有关跑道的规定,即道宽、道长以及弯道的半径等。在北美,由于冰球比赛实行小场地(56 米×26 米),因而冰面略窄而短,而欧洲冰球普遍采用大场地(61 米×30 米)。两种不同规格的冰场,无论对花样滑冰或短道速滑,都是比赛中面临的实际问题。1967 年首次的规则规定跑道的长度为每圈 125 米,为解决这一矛盾,1977 年的规则将跑道的长度改为每圈 110 米,到 1980 年最后定为每圈 111.12米,并一直作为标准沿用至今。1978 年、1979 年和 1980 年,国际滑联又连续举办了 3 次比赛。从 1969—1979 年经过 10 年的实践,短跑道速度滑冰无论在组织上、竞赛的形式和内容以及推广的程度等方面均获得了突破性的进展。鉴于这项运动的发展,国际滑联决定从 1981 年开始举办世界锦标赛。

1981 年,第一届世界短跑道速度滑冰锦标赛在法国的默东(Meudon)举行,接力在这次比赛中仅列为表演项目,直到 1985 年才获得世界承认。

1990 年第四十三届国际滑联代表大会在英国克赖斯特彻奇(Christchurch)举行。就在这次会议上,通过了短道速滑技术委员会提出的"关于举办世界短道速滑团体锦标赛"的议案。此前,经技术委员会批准,曾以"国际短道速滑团体赛"的形式,分别在加拿大的卡尔加里(Calgary)和法国的兰斯(Reims)举行了 2 次淘汰赛,并在比利时的根特(Gent)进行了决赛,比赛十分成功。于是,国际滑联决定从 1991 年开始,定期举行世界短道速滑团体锦标赛。第一届比赛地点在汉城,时间在澳大利亚悉尼世界锦标赛之后。这次比赛共有 l0 个国家男、女各 8 个队 94 名运动员参加。

1988 年,短道速滑被列为冬奥会表演项目。1992 年纳入正式比赛项目,设男子 1 000 米、5 000 米接力及女子 500 米和 3 000 米接力。1994 年冬奥会又增设男子 500 米和女子 1 000 米。到 2002 年冬奥会,短道速滑已由 1992 年的 4 项增加到包括男、女 1 500 米在内的 8 项。

到 2003 年,开展短道速滑的国家和地区已由 20 世纪 70 年代初的 11 个发展到 59 个。

二、我国短道速滑的发展

短道速滑项目在 1981 年进入中国。1982 年 2 月在北京首都体育馆举行了第一次全国短道速滑集训比赛。短道速滑 1983 年被国家体委列为年度全国比赛和全国冬季运动会正式比赛项目。在 1987 年第六届全国冬运会上,李金艳打破女子 3 000 米的世界纪录,给长期在艰苦条件下努力奋斗的冰雪界带来了信心和希望。

在 1988 年加拿大卡尔加里举行的冬奥会上,短道速滑被列为表演项目。李琰勇夺 1 000 米金牌,并打破 1 000 米、1 500 米世界纪录;在 1989 年世界锦标赛上,郭洪茹获得 3 000 米第一名,成为冰雪项目时隔 26 年之后的第一位世界冠军;李琰在 1992 年阿尔贝维尔冬奥会获得女子 500 米短道速滑银牌,这是中国短道速滑第一枚奥运奖牌;1995 年世界锦标赛,中国队获得第一枚集体项目女子 3 000 米接力的金牌;1996 年世界锦标赛上,李佳军在 1 000 米项目上的金牌,使中国在短道速滑项目上获得了第一个男子世界冠军。

1997 年杨扬在日本长野举行的世界锦标赛上获得中国的第一个全能世界冠军,至 2002 年世界锦标赛她连续夺取六届的全能冠军。2002 年,在美国盐湖城举行的第十九届冬奥会上,杨扬勇夺 500 米、1 000 米两块金牌,为中国实现了冬奥会上金牌“零”的突破。2006 年第二十届都灵冬奥会上,王濛夺得 500 米金牌。2010 年温哥华冬奥会,王濛勇夺女子 500 米金牌,并打破 10 分钟前刚被打破的奥运会纪录。周洋在 2010 年温哥华冬奥会女子 1 500 米的赛场上,在决赛中八名选手出场的情况下,再次夺得一枚金牌并打破世界纪录。并且在该届冬奥会上,中国女子短道速滑 3 000 米接力由王濛、周洋、张会、孙琳琳组成,力压韩国队,夺得宝贵的一枚金牌。王濛还获得了女子 1 000 米和 500 米的金牌,中国女队包揽 2010 冬奥会短道速滑女子的全部金牌,这是短道速滑史上唯一一个国家包揽全部奥运金牌。

在 2014 年举行的索契冬奥会上,在王濛因伤缺阵的情况下中国选手继续锋芒毕露,周洋蝉联 1 500 米冠军,成功卫冕;李坚柔勇夺 500 米金牌,刘秋宏、范可欣分别列为第四、第五名。男子韩天宇力压俄罗斯传奇人物维克多·安获得 1 500 米亚军(继李佳军之后),武大靖获得男子 500 米获得银牌,1 000 米获得第四。

至今,中国短道速滑队这一集体在冬季奥运会、世界锦标赛、世界杯总排名上,先后有 23 位优秀运动员,20 次打破世界纪录,获得 103 个世界冠军,在历届冬奥会上取得 7 金、10 银、7 铜的成绩,为中国的体育事业作出了突出的贡献。

除北京和东北的诸多城市,如长春、哈尔滨、沈阳,齐齐哈尔等地,在西南的昆明,西北的兰州,华东地区的南京、杭州等地,也已陆续建成标准的冰场。其中北京、长春、哈尔滨、杭州自 1998 年开始,先后承办了国际滑联世界锦标赛、世界杯等国际顶级赛事。

第二节　短道速滑的场地及设施

短道速滑场地周长 111.12 米,直道宽不小于 7 米,弯道半径 8 米,直道长 28.85 米,如图 4-1 所示。

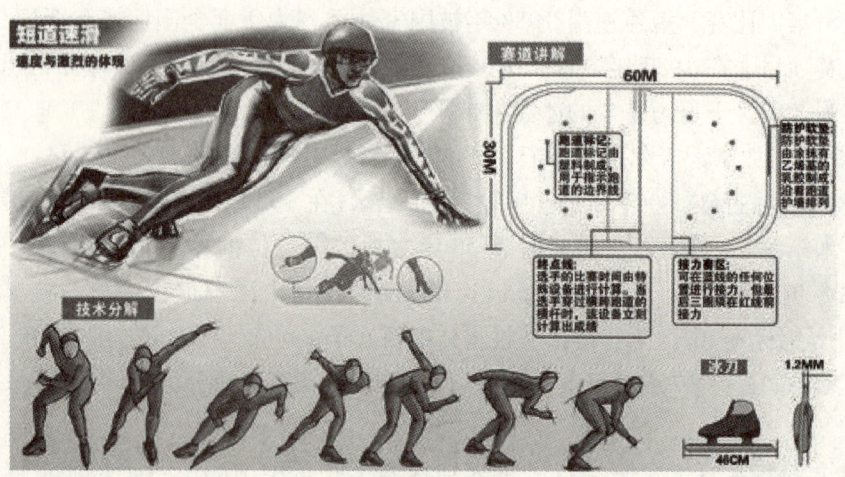

图 4-1　短道速滑场地(图片来源于搜狐体育)

为确保运动员的安全,赛场四周要安放泡沫防护垫。运动员必须佩戴皮制手套、护膝、护胫及硬壳头盔。为便于加快步伐频率和适应弯道转弯,短道速滑运动员所用冰刀的长度略短于速度滑冰冰刀。

所有运动员必须佩戴下列装备:

(1) 短道速滑安全头盔应符合现行的 ASTM 标准。头盔必须有一个规则的形状,不能有突起。

(2) 耐切割手套或皮革制成的连指手套,或不含羊毛的合成材料手套。

(3) 防割、防扎耐用材料的护腿。

(4) 符合 97.1402 号 MU 型安全比赛服。

(5) 长袖长裤连身服。

(6) 软垫或软垫的硬壳护膝。

(7) 冰刀管必须是封闭的,刀根必须是圆弧形。最小半径为 10 毫米。刀管最少有两点固定在鞋上,没有可动的部分。

(8) 所有运动员必须佩戴中国滑冰协会批准使用的护颈。

第三节　短道速滑的规则要点

短道速滑以名次论胜负,赛制采用淘汰制。首先小组预赛,前 2～3 名进入下一轮,即复赛;以此类推,复赛每个小组的前 2～3 名进入半决赛,半决赛的前 2～3 名进入决赛。通常 500 米、1 000 米决赛只有 4 人参加,1 500 米决赛可有 6 人参加,3 000 米可有 8 人参加。运动员在同一起跑线上起跑出发,最新规则规定,首轮比赛站位通过抽签决定,其后各轮次均按照上一轮比赛成绩分配道次,成绩优者排在内道。比赛途中在不违反规则的前提下运动员可以随时超越对手。如用身体碰撞、绊人以及用手推拉等,则将受到取消比赛资格的处罚。

比赛项目:男子 4 圈追逐、全能、500 米、1 000 米、1 500 米、3 000 米、10 000 米、5 000 米接力。女子 4 圈追逐、全能、500 米、1 000 米、1 500 米、3 000 米、3 000 米接力。

第四节　短道速滑的比赛术语

抢位:它是短跑道速度滑冰比赛常用战术之一。运动员从起跑到终点冲刺的全程滑跑各个阶段中,时时刻刻都发生滑跑位置的变化,滑跑位置对运动员比赛的取胜起到非常重要的作用,在关键时刻能够抢占到有利的位置是取得比赛胜利的关键。运动员在不同的比赛项目中,往往根据自己、对手及同伴等具体情况(体力、技术和战术需要),选择有利的时机、地点,抢占有利的滑跑位置,为后一段落的滑跑或最后的冲刺等打好基础。一般认为,便于在前程保存实力、后程冲刺、防止对手超越等位置为有利的位置。在不同距离的比赛项目中,抢位时机的一般规律是:500 米比赛的抢位时机在起跑后至第一弯道弧顶前的段落上;100 米、1 500 米和 3 000 米的比赛中一般选择在中后程的段落上。

第五节　短道速滑的观赛礼仪

为了获得现场观赛的更好体验,同时给运动员营造一个良好的竞赛氛围,在短道速滑观赛过程中需要注意以下几点:

(1) 由于冰场气温相对较低,冰场室内温度通常在 15 摄氏度以下,冰面温度在一5 到 8 摄氏度之间,请适当携带御寒衣物。

(2) 在运动员起跑时,请保持场馆内安静,以利运动员能清楚地听到发令声。

(3) 运动员起跑后,尤其是在终点冲刺阶段,可呐喊、加油助威。

(4) 切忌对非喜爱的选手或"对手"进行喝倒彩行为,这样既不尊重对手,也有失风度。

(5) 对于任何一名运动员都应给予鼓励和赞赏。

(6) 不得向场地投掷任何物品。

（7）请遵守场馆的有关规定，文明利用场馆设施。

第六节　短道速滑国际主要赛事介绍

一、世界男女短距离速滑锦标赛

1972 年国际滑冰联合会设立世界男女短距离速度滑冰锦标赛，并在瑞典埃斯基尔斯蒂娜举行了第一届比赛，短距离速度滑冰比赛分为两天举行，项目为 500 米和 1 000 米，后每年举行一届。

二、世界短跑道速滑锦标赛

1976 年和 1977 年国际滑冰联盟分别在美国尚佩斯和法国格勒诺尔市举办了两次国际短跑道速滑锦标赛。赛后修改了比赛规则，短跑道比赛是在冰球场上画的椭圆形单跑道上进行，比其他速度滑冰比赛的场地更小，更加激烈，要求运动员戴安全帽，冰场板墙需有安全措施。1978 年 4 月在英国正式创办世界短跑道速度滑冰锦标赛后，每年 1 届，比赛设个人项目和集体项目，个人全能成绩由各项名次得分总和评定。

三、短道速滑世界杯赛

短道速滑世界杯赛是国际滑联的重大赛事之一，每年都要在不同地区举行 6 站世界杯赛，奥运会年除外，世界杯赛的目的是决定短道速滑运动员的世界排名及确认参加世界团体锦标赛和世界锦标赛接力比赛的资格，短道速滑世界杯赛面向所有国际滑联成员方，其均可报名参加比赛。

四、世界短道速滑团体锦标赛

世界短道速滑团体锦标赛是短道速滑一项重要赛事，每年举行一次。当赛季短道速滑世界杯系列赛排名前 8 名的国家自动入围，分成两个半区。比赛项目为 500 米、1 000 米、3 000 米和接力（男子组为 5 000 米，女子组为 3 000 米）4 项。500 米和 1 000 米比赛各 4 场，各国各出 4 名选手分别参加。3 000 米比赛 1 场，各国各出 2 名选手参加。接力比赛 1 场。每场比赛前 4 名分别获得 5、3、2、1 分。接力比赛前 4 名分别获得 10、6、4、2 分。每个半区第 1 名进入 A 组决赛，第 4 名进入 B 组决赛，剩余 4 队进入复赛，前两名进入 A 组决赛，后两名进入 B 组决赛。

第七节　短道速滑与速度滑冰的要点对照

短道速滑与速度滑冰的主要区别在于跑道长度的差异，短道速滑的跑道长 111. 12

米,而速度滑冰的跑道长 400 米,后者也称为大跑道速度滑冰,虽然都是封闭的椭圆形跑道以竞速为目的,但两者从场地、装备到规则还是有一定区别的。具体如表 4-1 和图 4-2 所示。

表 4-1 短道速滑与速度滑冰的对照

	短道速滑	速度滑冰
入奥时间	1988 年第 15 届冬奥会	1924 年第 1 届冬奥会
每组人数	500 米与 1 000 米每组 4 人; 1 500 米与 3 000 米每组 6~7 人	2 人
服装	头盔是单独的,长袖连身服	尼龙紧身运动服和连衣服、帽子、上衣、裤子、袜子连成一体
冰刀	刀身短、刀刃底部有弧度,与冰面接触面积很小,便于在弯道时滑弧线前进;冰刀的刀身较高,在冰刀倾斜度很大时冰鞋也不会接触冰面	刀身长,刀刃薄、轻且平,与冰面接触距离长,可保持滑行的良好直线性;刀身比花样刀高,比冰球刀低

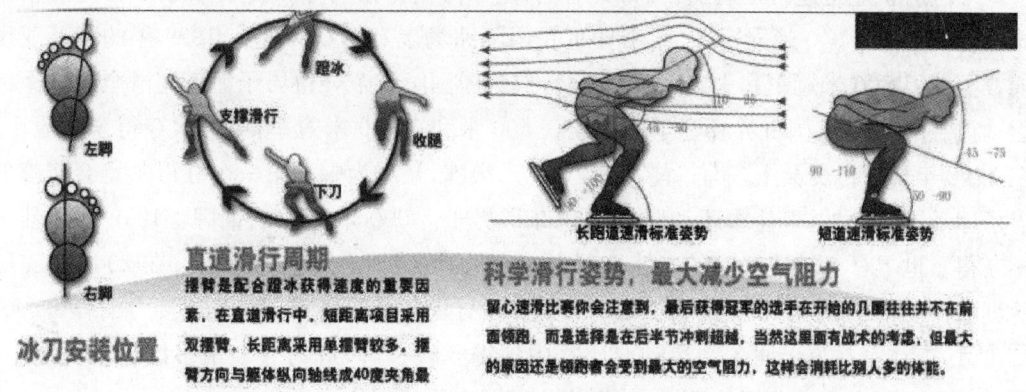

图 4-2 速滑与短道速滑的对照

第八节 短道速滑国内著名运动员

一、李琰

中国女子短跑道速度滑冰运动员,世界纪录创造者,运动健将。黑龙江省牡丹江人。1988 年在第 15 届冬季奥运会短跑道速度滑冰表演赛中,先后夺得 1 000 米金牌和 500 米、1 500 米铜牌,并以 1 分 39 秒的成绩打破 1 000 米世界纪录,以 2 分 34 秒 85 的成绩打破1 500 米世界纪录。1988 年获国家体委颁发的体育运动荣誉奖章。

二、杨扬

中国女子短道速滑运动员。1976 年 8 月 24 日生于黑龙江汤源,1988 年 4 月进入哈尔

滨体育运动学校,改练短道速滑,中国首枚冬奥会金牌得主。杨扬是 5 次短道速滑世界杯全能冠军。1998—1999 赛季世界杯设立短道速滑全能项目以来,杨扬已经蝉联了 3 次女子全能冠军。在 20 次左右的世界大赛中,杨扬 1~8 次进入最后决赛,并且夺得其中的 12 项冠军。在世界锦标赛的个人项目中,杨扬总共夺得 17 枚奖牌,包括 12 枚金牌、4 枚银牌和 1 枚铜牌。此外,杨扬还和队友合作夺得 6 枚接力项目的奖牌,其中包括 5 次封金、1 次夺银。杨扬目前还保持着女子短道速滑 1 000 米的世界纪录,该项目 1 分 31 秒 991 的纪录是杨扬在 1998 年的长野冬奥会上创造的。在 2002 年盐湖城冬奥会上,杨扬先后在女子 500 米与 1 000 米短道速滑中两度封后,实现了中国人在冬奥会上金牌"零的突破"。2003 年 1 月,杨扬在第十届冬季运动会短道速滑比赛中席卷 6 枚金牌,在随后的亚冬会短道速滑比赛中,她又为中国代表团独揽三金。2006 年都灵冬奥会杨扬复出获得了女子 1 000 米铜牌,会后她宣布退役。

三、李佳军

中国男子短道速滑运动员。1996 年,李佳军初次亮相国际大赛便摘取了荷兰海格世界杯赛的男子 1 000 米冠军,之后李佳军在国际冰场屡有斩获。他在 1999 年的索菲亚世锦赛上获得 500 米冠军和 1 500 米第 3 名,成为中国第一个夺得男子短道速滑全能冠军的运动员。2001 年韩国世界杯赛李佳军连获 500 米和 1 000 米冠军,第二次夺得全能冠军。在 1998 年长野冬奥会上,李佳军夺得 1 000 米银牌,又成为中国第一个夺得冬奥会奖牌的男子运动员。此外,李佳军还和队友合作夺得男子 5 000 米接力的铜牌。1999 年李佳军还获得了世界杯短道速滑赛的全能冠军,他夺得了三站 500 米世界冠军。在 2002 年美国盐湖城冬奥会中,李佳军夺得了 1 500 米银牌并与队友合作夺得 5 000 米接力铜牌。2003 年 1 月,李佳军在第十届冬季运动会比赛中独得 6 枚金牌,成为夺金最多的运动员之一。在随后的亚冬会短道速滑比赛中,他又为中国代表团添得 1 金 1 银。

四、杨阳

中国女子短道速滑运动员。吉林长春人。自 1994—2001 年,杨阳一共参加过 8 次世锦赛夺得 11 枚个人项目奖牌。她的唯一一个个人世界冠军头衔是在 1999 年索菲亚世界速滑锦标赛 1 500 米比赛中获得的。但作为接力赛队员,杨阳获得过 5 项世界冠军。杨阳的个人全能最好成绩是 1999—2 000 赛季的第 3 名。杨阳和男队的李佳军是中国短道速滑队中参加冬奥会次数最多的运动员。

五、王濛

中国女子短道速滑运动员。1985 年出生在黑龙江省七台河市,中国女子短道速滑队领军人物,并且是世界上唯一一位 500 米滑进 43 秒的女选手;2006 年都灵冬奥会短道速滑女子 500 米冠军,2010 年温哥华冬奥会短道速滑女子 500 米、1 000 米冠军、3 000 米接力冠军成员,是中国第一位蝉联冬奥冠军的运动员,也是我国第一位在一届冬奥会上获得三金的运动员。

六、周洋

中国女子短道速滑运动员。1991年出生于吉林省长春市,2010年温哥华冬奥会短道速滑1 500米第一名。作为唯一进入决赛的中国选手在受到美国选手凯瑟琳干扰的情况下,冷静坚韧,奋力冲击,以传奇般的爆发力战胜了强手如林的各国运动员,令人叹为观止(并以2分16秒993刷新奥运会纪录),为中国队夺得在本届冬奥会的第三枚金牌。周洋的这枚金牌也创造了另外两个纪录,她打破了韩国选手连续两届垄断,也成为了中国最年轻的(18岁)冬奥会冠军。另外,她还是2010年温哥华冬奥会短道速滑女子3 000米接力冠军成员,2014年索契冬奥会短道速滑1 500米第一名。

第五章
花样滑冰

花样滑冰是冰上运动项目之一。18 世纪中期出现于英国,19 世纪初相继在欧美各国兴起,并逐渐发展为利用冰刀在冰面上滑出图形、表演各种与艺术相结合的舞蹈动作的运动,分单人滑、双人滑、冰上表演和冰上舞蹈等。1892 年国际滑冰联合会成立,制定出相应的比赛规则后决定每年举行一次世界花样滑冰锦标赛和欧洲花样滑冰锦标赛,将单人滑、双人滑和冰上舞蹈三项定为比赛项目。花样滑冰 1930 年前后传入中国。

第一节 花样滑冰的发展历程

一、花样滑冰的起源与发展

12 世纪荷兰人在冰上活动中开始追求优美的姿势。许多人用内、外刃做舞蹈姿态在冰上滑行,其中有些节目已具花样滑冰雏形。不久花样滑冰成为一项运动,"花样滑冰"一词来源于荷兰语(Schaats)。1742 年,英国苏格兰首都爱丁堡成立了世界上第一个滑冰俱乐部——尤登贝拉滑冰俱乐部。1772 年,英国罗伯特.约翰逊著《论滑冰》,书中描述各种滑法,使花样滑冰更向世界普及。1849 年以后,北美十分流行,1860 年美国杰克逊·海恩斯把音乐与滑冰相结合起来,突破了滑"8"字的传统形式,开辟了近代花样新技术,在花样滑冰史上有巨大贡献,被称为"美国滑冰之王"。1868 年美洲第一次滑冰代表会议召开,1882 年奥地利选手弗列依和他的妻子创造了双人滑舞蹈,1867—1887 年,英国、法国、瑞典、德国和俄国等不断举行各种国际花样滑冰比赛。1892 年 7 月 23~25 日,在荷兰阿姆斯特丹召开各国协会和俱乐部代表会议,完善了花样滑冰规则,并成立了国际滑冰联盟,从此开始了花样滑冰的新篇章。1896 年 2 月 9 日和 1906 年 1 月 28 日,首届男、女单人滑世界锦示赛分别在彼得堡和瑞士的达沃斯举行。

花样滑冰(fiugure skating)是运动员穿着冰刀在冰面上伴随音乐通过表演一系列规定和自选动作而进行的一种冰上竞赛项目,是滑冰运动的一个分支,在国际体育分类学上属滑冰运动。由男子单人(individual men)、女子单人(individual women)、双人(pairs)、冰上舞蹈(ice dancing)以及同步滑(synchronized skating)5 个小项组成。

滑冰作为一种古老的冬季运动距今已有 1 000 多年的历史。在史书上关于滑冰最早的文字记载见于公元 936 年,记录的是荷兰一位滑冰爱好者在冰上遇害的情形。人类最早用于滑冰的工具是由兽骨(多为动物的腓骨或胫骨)制成的。关于这种简单的骨制冰刀在伦敦大英博物馆和英国 12 世纪的手抄文献中均可看到,十一二世纪生活在老伦敦的居民冬季就是用这种冰刀在冰上滑行。在斯堪的纳维亚早期的叙事文学和瑞士挖掘的古文献中,对骨制冰刀都有记载。

13 世纪中叶,一种镶嵌在木板上的铁制冰刀在荷兰出现。荷兰出版的《留德维娜的一生》一书中对组合冰刀的结构和形状也作了描述。大约经过 3 个世纪(公元 1572 年),这种组合冰刀被苏格兰人发明的全铁制冰刀代替。铁制冰刀的出现不仅使速度滑冰运动获得了飞跃的发展,而且也为现代花样滑冰的形成奠定了基础。

16 世纪,在文艺复兴运动的影响下,滑冰作为一种户外活动在荷兰再度兴起。1683 年,在英国伦敦泰晤士河举行了一次盛大的马戏表演,国王查理二世(Charles II,1630—1685 年)携王妃卡萨琳(Casalin)也前往观看。就在这次集会上,荷兰船夫表演了精湛的滑冰技艺,给国王和英国观众留下了深刻的印象。从此,花样滑冰在英国上层社会迅速兴起。如果说滑冰在荷兰只是一种户外的娱乐活动,那么在英国则将其发展成了一种潇洒的体育运动。

1742 年,第一个滑冰俱乐部在英国爱丁堡诞生。1772 年,第一本花样滑冰运动教科书《论滑冰》在伦敦出版。作者是皇家炮兵中尉罗伯特·约翰逊(Robert Johnson)。书中描写了当时人们所知晓的全部滑法的基本图形,如前外圆形、前内圆形、外"8"字形、前外螺旋线和单脚特殊圆形等,并第一次提出了停止时要用力向左或右转体。此书重版了 10 次。花样滑冰在欧洲获得发展的同时,北美的滑冰爱好者也取得了很大的进步。从 18 世纪初开始,花样滑冰爱好者大约用了近 100 年的时间,才基本编制出几乎所有的规定图形及其完成的主要技术方法。在当时格拉斯哥出版的该市滑冰俱乐部主席 D. 安德森(Anderson)的《花样滑冰技巧》一书以及来自伦敦的麦克斯维尔(Macksville)等的著作中,已经包含了各种"8"字、勾手以及其他一些基本图形的描述。而所有这些基本图形,几乎全部产生于大不列颠。

从 19 世纪中叶开始,世界花样滑冰进入了快速发展期。有两个人的名字被载入了世界花样滑冰运动发展的史册,一位是费城的布什内尔(Bushnell),他于 1850 年制造了第一副钢制冰刀,从而取代了 1572 年苏格兰人制造的铁制冰刀。另一位是杰克逊·海恩斯(Jakson Haines)。海恩斯原是美国的一位芭蕾大师,多次获得美国花样滑冰冠军。1861 年美国南北战争爆发,学习芭蕾的人日渐减少,在这种情况下,海恩斯于 1864 年去了奥地利。他在维也纳发现人们对滑冰十分喜爱,于是他开始表演。他一方面推动了奥地利花样滑冰的发展,另一方面又受到维也纳这座世界名城音乐艺术的感染,决心将滑冰技巧同音乐艺术结合起来。1864 年,维也纳的作曲家们开始为海恩斯编排特别的冰上圆舞曲。奥地利的滑冰爱好者纷纷投向海恩斯,向他学习。奥地利的花样滑冰风格(后来发展为国际风格),就是在海恩斯的影响下形成的。1864—1869 年,海恩斯多次到瑞典、挪威、德国、芬兰和匈牙利等国家进行表演,他建立的专业学校遍及欧洲。1875 年海恩斯去世,为纪念

这位卓有贡献的花样滑冰运动的创始人和运动家,人们在他的墓碑上刻下了"美国冰上之王"的碑文。

1882年,首次国际花样滑冰赛在维也纳举行。冠、亚军均被维也纳滑冰协会的选手获得。奥地利运动员的成就为花样滑冰运动的发展奠定了基础。就是这个协会的卡尔·科尔佩(Karl Korper)、德默特·迪亚曼蒂迪(Demeter Diamantidi)和马克斯·维尔特(Max Wirth),在系统地发展海恩斯花样滑冰的基础上,推出了花样滑冰早期的权威性著作《冰上的探索》一书。1891年,欧洲花样滑冰锦标赛开始举行。1892年国际滑冰联盟成立,并从1896年开始定期举办世界花样滑冰锦标赛,每年举行一次。然而,这时的花样滑冰比赛只设有男子项目,女子单人和女子双人直至1906年和1908年才分别纳入世界锦标赛(1923年以前称为国际滑冰联盟花样滑冰锦标赛)。

1892年在荷兰阿姆斯特丹召开了一次有关滑冰的国际会议,并宣布于当年在荷兰的斯奇威尼根创建国际滑冰联合会,简称国际滑联(I.S.U)。这次会议还制定了比较完善的花样滑冰竞赛规则,并决定着手筹备首届世界花样滑冰锦标赛,如今国际滑联已发展成为拥有48个会员国和地区的世界性体育组织,花样滑冰也发展成为世界性冰上重大竞赛项目之一,并被列入冬奥会比赛项目。目前,国际滑联总部设在瑞士达沃斯。

1908年,花样滑冰被纳入了第四届奥运会。4月27日,来自瑞典、俄国、奥地利以及英国的21名运动员在伦敦普林西斯滑冰馆进行了男子规定图形、男子自由滑、女子单人和女子双人4个项目的比赛。1912年奥运会由于组织者不同意修建人工冷冻滑冰馆,因而花样滑冰也就没有被列入奥运会。1920年,花样滑冰重新被纳入奥运会,比赛在安特卫普举行,这次比赛设有男、女单人和双人3个项目。1921年在瑞士洛桑举行的奥林匹克委员会代表大会上,投票通过了单独举办冬季奥运会的决议,花样滑冰(男子、女子单人滑和双人滑)列为正式比赛项目。1924年首届冬奥会在美国的夏蒙尼举行。

20世纪30年代初,冰上舞蹈在英国出现。与此同时,杰出的花样滑冰运动员索妮娅·海妮也首次将冰上舞蹈搬上了银幕。从此,冰上舞蹈在欧洲和北美迅速兴起。1952年被正式列为世界性比赛项目。在20世纪60年代以前,英国运动员一直保持着这个项目的优势。从20世纪70年代开始,冠军基本被苏联选手获得。

20世纪80年代,花样滑冰中的一个新的子项同步滑在北美诞生。早在20世纪初,同步滑的萌芽已在欧洲出现。开始是花样滑冰爱好者自发地在冰场组织起来集体表演华尔兹舞。1948年第一届俄罗斯联邦冬季运动会首次组织了由400多名运动员表演的同步华尔兹舞和俄罗斯舞。与此同时,不同人数同步滑的编排已在一些国家出现,并纳入了各俱乐部和协会的发展计划。进入20世纪90年代,同步滑逐渐成熟,并统一了规则。为推进这一项目的发展,国际滑冰联盟决定举办同步滑世界锦标赛。2000年,第一届世界同步滑锦标赛在美国明尼阿波利斯举行。

二、我国花样滑冰的发展

滑冰在中国有悠久的历史,《宋史》已有关于"冰嬉"的记载。元朝以后,"冰嬉"更为盛行。明代《帝京岁时纪胜》中有"冰床、冰擦"的记载，都是指在冰冻的江河湖泊上做滑冰游戏。清乾隆年间，画家沈源的一幅《冰嬉赋》图中有大蝎子、金鸡独立、哪吒探海等姿势。清末，专为慈禧观赏的北京北海花样滑冰表演中，已有双飞燕、蝶恋花等双人动作和朝天镫、童子拜佛等单人动作。那时民间的冰上表演有猿猴抱桃、卧鱼、鹞子盘云、凤凰展翅、摇身晃等动作。

1930 年前后，西方花样滑冰传到中国，北京、天津、哈尔滨、长春、沈阳等城市的学校，有些学生参加了花样滑冰运动。1935 年，在北京举行的滑冰比赛会上，进行了花样滑冰表演赛。1942 年冬，在延安的延河上举行了冰上运动会，表演了花样滑冰的图形和自由滑。

中华人民共和国成立后，中国北方一些城市的大、中、小学校开展了花样滑冰运动。在群众性花样滑冰广泛开展的基础上，1953 年 2 月在哈尔滨举行了第一次全国冰上运动大会，花样滑冰被列为比赛项目。1953—1980 年，共举行过 25 次全国性花样滑冰比赛。1979 年 10 月，中国花样滑冰运动员参加了在日本举行的 NHK 杯国际邀请赛，1980 年 2 月参加了第十三届冬奥会的花样滑冰比赛，1980 年 3 月参加了第七十届世界花样滑冰锦标赛。

1980 年，28 名中国冰雪健儿出征在美国普莱西德湖举行的第十三届冬奥会，许兆晓、包振华分别参加了男、女单人花样滑冰的比赛。1984 年，萨拉热窝冬奥会，许兆晓和包振华分别参加了男、女单人滑的比赛。同时，我国选手栾波/姚滨、奚鸿雁/赵晓雷首次参加了双人滑和冰舞比赛。

1984—1985 年，中国花滑男单选手先后两次奏出强音，先是许兆晓在 1984 年匈牙利国际花样滑冰邀请赛力挫群雄，后是张述滨在 1985 年冬季大运会摘取金牌。

1990 年 11 月 20 日，中国陈露在世界青少年花样滑冰锦标赛女子单人滑项目中，获得第三名，这是我国国旗首次在世界滑冰赛场上升起。之后，1992 年，陈露先后夺得冬奥会第六名、世锦赛第三名，在世界舞台全面展示了中国花滑运动的新形象。此后几年，陈露在世锦赛上摘金夺银，1994 年、1998 年两届冬奥运连续夺得第三名，为中国花滑运动在世界赛场争得一席之地。从此中国选手成为世界花滑界的一支主要力量。

1998 年长野冬奥会，25 岁的赵宏博和 20 岁的申雪勇夺第五名，改变了中国双人滑选手冬奥会逢赛必垫底的尴尬历史。1999—2002 年，申雪/赵宏博先后取得世锦赛亚军、日本 NHK 大奖赛冠军、大奖赛总决赛冠军和盐湖城冬奥会第三名等佳绩，成为国际冰坛公认的超级明星。

2006 年 2 月意大利都灵冬奥会，三对中国双人滑组合刮起了一股强烈的旋风，虽然伤病等原因使申雪/赵宏博无法圆冬奥会金牌梦想，但张丹/张昊、申雪/赵宏博和庞清/佟健三对中国选手无一例外地跻身四强，形成了对"花滑王国"俄罗斯的合围之势，令国际体坛震撼。1 个月后，佟健/庞清和张丹/张昊在世锦赛上包揽金银牌，创造了中国双人滑的又一个新纪录。

2009 年 10 月底在北京举行的中国大奖赛，淡出赛场 2 年有余的申雪/赵宏博重新回到赛场，他俩一炮打响，以 200.97 的高分摘取金牌。半个月后的美国大奖赛，申雪/赵宏博

再次笑到最后。年底的大奖赛总决赛,申雪/赵宏博携手佟清/庞健,双双击败近两届世锦赛冠军萨维琴科/索尔科维,申雪/赵宏博 214.25 的总分甚至刷新了国际滑联最高分纪录。

2010 年加拿大温哥华奥运会成为中国花滑选手夺金的见证地,申雪/赵宏博和庞清/佟健在自由滑的出色发挥,击败萨维琴科/索尔科维和川口优子/斯米尔诺夫组合,获得双人滑冠军、亚军,共同创造了中国冰雪运动的新辉煌。

第二节　花样滑冰的场地及设施

一、场地

花样滑冰比赛是在长 60 米、宽 30 米的长方形冰场上进行,非国际滑联举办的比赛其场地最小不得小于 56 米×26 米,冰的厚度不少于 3～5 厘米。冰面要平滑并保持无线痕;大型竞赛应准备两个同样大小的场地,以便安排训练,其中一个可安排图形比赛,其他项目可在另一场地进行;规定图形竞赛,应有适当图形。

二、冰鞋和冰刀

图 5-1　花样滑冰冰鞋和冰刀

花样滑冰的冰刀与普通冰刀最显著的不同在于前端有着"刀齿"。刀齿主要用在跳跃中,不应用在滑行和旋转中。冰刀以螺丝固定在冰鞋的鞋底。高水平的花样滑冰选手通常都会定制冰鞋和冰刀。冰上舞蹈的冰刀后部比其他项目的要短 1 英寸,这是为了满足舞蹈对双人近距合作和精细步法的要求。选手穿着冰鞋在冰场外行走时,要在冰刀外套上硬塑料的保护套,这是为了避免冰刀被地面磨钝或沾上灰尘杂质。选手不穿冰鞋时,则用软套保护冰刀,它可以吸收残留的融水,防止冰刀生锈。花样滑冰冰鞋和冰刀如图 5-1 所示。

三、服装

花样滑冰选手练习时通常穿紧身柔软的长裤,弹性较大、质地柔软的氨纶等多种面料,这些材料更适合花样滑冰的训练和比赛要求。比赛中,花样滑冰选手的比赛服装可以十分华丽,女选手可以穿短裙、长裤或体操服,裙装下穿不透明的肉色紧身裤或长袜,有时会以此来覆盖冰鞋。不得穿上下分开的服装,裙子前后长度要掩盖臀部;男选手则必须穿长裤,不能穿紧身裤。如今服装已成为选手节目的重要组成部分,色彩选择、搭配和设计与音乐特点和舞蹈风格息息相关,从而大大提高了选手的表演效果。

四、音乐

花样滑冰比赛节目使用的音乐风格迥异、多姿多彩。冰上舞蹈节目采用的音乐可以包含人声,但单人滑及双人比赛的节目不能使用带有人声的音乐。

第三节 花样滑冰的规则要点

一、竞赛项目及要求

冬奥会和世界锦标赛参赛名额由上一年度世界锦标赛的成绩根据国际滑联的相关规定进行计算确定,但每个国家和地区每项最多可参加 3 人(对)。所有项目必须分别进行。男、女单人和双人各包括有短节目、自由滑和表演自由滑 3 项内容,冬奥会和世界锦标赛只规定有短节目和自由滑。每项内容各进行 1 天,短节目在先。

短节目由规定的 3 种不同跳跃、3 种不同旋转和 2 种不同步决共 8 个动作和连接步组成。运动员自选音乐,根据要求编排一套不超过 2 分 40 秒的节目。评分包括规定动作分和表演分。裁判员依据动作质量、难度和完成情况先评出规定动作分,然后根据内容编排的均衡性和音乐的一致性、速度、姿势以及音乐特点表达等再出示第二个分——表演分。

自由滑是由跳跃、旋转、步法和各种姿势组成。运动员自选音乐,根据规则编排一套均衡内容的节目。自由滑比赛的时间男子单人和双人为 4 分 30 秒,女子单人 4 分钟。自由滑评分包括技术水平分和表演分。

表演自由滑是由规定数量的跳跃、旋转和步法组成。节目主要突出音乐的表达和艺术表演。其评分包括滑行技术分和表演分。比赛时间为 3 分 30 秒至 4 分 30 秒。

冰上舞蹈比赛由规定舞、创编舞、自由舞和表演舞 4 项内容组成。冬奥会和世界锦标赛只进行 3 项,分别在 3 天进行。第 1 天为规定舞,第 2 天创编舞。规定舞是根据规定的音乐、图案、步法和重复次数进行比赛。规定舞共有 22 种,每次比赛滑其中的 2 种。冰上舞蹈的评分包括技术分和节奏/表演分。创编舞根据规定的节奏性和速度,运动员自选音乐,在规定的 2 分钟时间内完成一套自编的舞蹈。创编舞评两个分——编排分和表演分。自由舞由运动员自选音乐,由各种步法、托举、小跳、姿势、握法的变换等组成一套 4 分钟的节目。自由舞的评分包括技术水平分和艺术印象分。

二、裁判要求

花样滑冰比赛裁判分为 5 人裁判制、7 人裁判制和 9 人裁判制(冬奥会和世界锦标赛规定为 9 人裁判制),在特殊情况下也可采用 3 人裁判制。

三、竞赛程序

单人滑和冰上舞蹈。单人滑、男、女必须分别进行比赛,规定图形(规定舞)必须首先

滑行。短节目(创编舞)必须在规定图形之后,自由滑行之前滑行,但不得在同一天,自由滑(自由舞)必须最后滑行。

双人滑:短节目必须在自由滑行之前滑行,但不得在同一天进行。

1. 花样滑冰规定图形和准备活动

在比赛之前,抽签决定规定图形的比赛组别及第一个图形的起滑脚。抽签结果由裁判长宣布。所有的图形必须以右脚(甲)或左脚(乙)滑行,当第一个图形滑行结束,其后图形滑行脚应交替进行。选定的规定图形必须按图号的顺序进行,结环形除外,它必须最后一个滑。准备活动应在比赛前 15 分钟开始,规定图形的准备活动期间,在冰面上的练习人数不得超过 5 人,结环形则可允许 8 人。在准备活动期间,不准将标记或划圆器放在冰面上。在比赛期间,最多可允许 7 名运动员(结环形 12 名)在 1/3 的冰面上练习,在前一个图形评分期间,运动员可选择地点准备滑下一个图形,但必须在界墙旁等待。

2. 花样滑冰规定图形中的比赛顺序

第一号起滑的运动员首先滑第一个图形,其次其他运动员按其出场顺序滑行。规定图形比赛时,可按运动员人数分为几个组进行,第一个图形按其抽签顺序由第一组首先滑行,其次第二组。第二个图形由第二组首先滑行,其次第三组,以此类推。若运动员的数目,最后不能使各组人数平均时,最后的组可多一名。

四、花样滑冰比赛时间

(1) 单人滑:成年组:男子 4 分半钟,女子 4 分钟;少年甲组:男子 4 分钟,女子 3 分半钟;少年乙组:男子 3 分半钟,女子 3 分钟;少年丙组:男子 3 分钟,女子 3 分钟。

(2) 双人滑:成年组:4 分半钟;少年组:4 分钟。

(3) 冰上舞蹈:成年组:4 分钟;少年组:3 分半钟。

五、花样滑冰评分标准

节目完成后裁判给节目内容进行评分,分数从 0.25 分到 10 分,每次增加值为 0.25 分。裁判员所给的分数同以下节目内容的等级相对应:<1—很不好,1—不好,2—弱,3—中下,4—中等,5—中上,6—好,7—很好,8—非常好,9—10 出色的。0.25 分的增加值用来评价同时包含了一个等级和下一个等级因素的表演。

六、基本评分原则

1. 计算的基本原则

(1) 每个动作都有一个基础分值,该分值在分值表中标注。

(2) 每个裁判员给每个动作按 7 个等级定值执行分,每个等级有相应的加或减分值,这也在分值表中标注。

(3) 裁判组的执行分是通过计算 9 个计分裁判的执行分的修正平均值来确定。

(4) 修正平均值的计算方法:去掉最高分和最低分并计算出剩余 7 个裁判的平均

分数。

(5) 这个平均分数即一个单个动作的最后执行分。裁判组的执行分精确到小数点后两位数。

(6) 把这个动作的平均执行分与其基础分相加即这个动作的总得分(技术分)。

(7) 联合跳跃应作为一个动作单位来评分。两个跳跃基础分加上其中最难的跳跃的执行分为该动作单位的最后得分。

(8) 连续跳跃应作为一个动作单位来评分。两个最难跳跃的基础分相加,乘以 0.8 的系数,之后加上最难的跳跃的执行分。

(9) 把裁判组给所有动作的分数加在一起。

(10) 规定数量之外的任何额外动作将不计入运动员成绩中。一个动作只有在进行第一次试做时(或在规定数量之内的试做)才可被计入成绩之内。

(11) 创新性动作或衔接可给予特别的 2 分奖励。一套节目中只可有一次这样的奖励。

(12) 奖励分数(如有)将与所有动作的裁判组评分之和相加而得出总的技术分。

(13) 单人滑自由滑中节目后半段时间内完成的所有跳跃的基础分将乘以 1.1 的系数以便反映节目中难度动作的均衡分配。

(14) 每位裁判还为节目内容进行评分,分值在 0.25 至 10 分之间,每次增加值为 0.25 分。

(15) 裁判组给每项节目内容的分数通过计算 9 个计分裁判的修正平均分得出。修正平均分按以上第 4 条中规定的方法计算。

(16) 之后每一项节目内容的裁判组分数乘以以下系数(青少年和成年相同)。

男单:短节目:1.0;自由滑:2.0。女单:短节目:0.8;自由滑:1.6。双人:短节目:0.8;自由滑:1.6。

乘以系数后的成绩精确到小数点后两位数,并且相加之和为节目内容分。

(17) 每一次对下列规定的违反都要按以下方式扣分。

时间违规:每短于或超过 5 秒要扣 1.0 分。

音乐违规:使用声乐要扣 1.0 分。

禁止动作违规:每一违规动作扣 2.0 分。

服装和道具违规:扣 1.0 分。

跌倒:每一跌倒扣 1.0 分。如果跌倒导致节目中断超过 10 秒,应额外再扣分:11~20 秒扣 1.0 分,21~30 秒扣 2.0 分,依此类推,对本条的解释—跌到的定义:运动员失去控制导致两脚冰刀离开冰面,运动员身体着冰(即使是短暂的)。

(18) 如果裁判组内裁判人数少于 9 人,那么应随机选出 5 名作为计分裁判。

2. 比赛每一部分的结果决定

(1) 每一部分比赛(短节目和自由滑)的每一名参赛者的节目总分是通过把总技术分和节目内容分相加并减去任何节目扣分计算出来的。

（2）节目总分最高的运动员排在第一名，分数仅次于他的运动员排在第二名，依次类推。

（3）如果两名或更多的选手成绩相同，那么在短节目中总技术分高的排名在前；在自由滑中节目内容分高的排名在前；如果总技术分、节目内容分也相同，那么参赛选手成绩并列。

3. 综合成绩和总成绩的确定

（1）短节目总分和自由滑总分相加即一名运动员比赛中的最后得分，最后得分最高的运动员获得第一名。

（2）在有资格赛自由滑的国际滑冰联盟锦赛中，该自由滑的节目总分将乘上一个相应的系数 0.25，再加入总成绩之内（在短节目和决赛自由滑比完之后）。

（3）如果在任何阶段出现并列，那么在最后结束的节目中分数最高的排在第一位。

（4）如果在这段（最后结束的节目）仍出现并列，上一个滑完的节目中的名次将用来确定最后名次。如没有上一个节目，那么相关运动员成绩并列。

第四节　花样滑冰的比赛术语

一、大一字滑行

大一字滑行是指将两腿分开，沿一定方向成直线或弧线滑行的动作。根据其用刃和滑行方向不同可以分为向右外刃大一字滑行和向左外刃大一字滑行等。滑外刃大一字时，身体向后仰，重心在背侧，脚尖分开，脚跟相对，成弧线滑行。滑内刃大一字时，身体向腹侧倾斜，重心在腹侧，脚尖分开，脚跟相对，成弧线滑行。凡一字滑行的动力来源于其他加速步法，即只有在获得一定速度后，方能做大一字滑行。在滑行中两臂的位置和姿势是自由的，只要舒展即可。

二、弓箭步滑行

弓箭步滑行也称艾娜·包尔滑行，即一条腿屈曲，另一条腿伸直，成弓箭步姿势向侧方向滑行。弓箭步滑行用刃比较复杂，变化较多。上体的姿势自由伸张，可以在滑行中做些舞蹈动作，身体可以前倾（做双内刃弓箭步滑行时），也可以后仰（做前脚外刃，后脚内刃滑行时）；滑行方向因人而异，随个人习惯。弓箭步滑行，实质上是大一字步的发展和改进。

三、双人技术节目

双人技术节目指在自选音乐的伴奏下，两人互相配合共同完成 8 个规定动作，时间是 2 分 40 秒。8 个规定动作包括：托举（1 个）、捻转托举（1 个）、单人跳跃动作（1 个）、螺旋线（1 个）、单人旋转或跳接旋转（1 个）、双人联合旋转（1 个）和两个接续步等。

四、双人旋转

双人旋转是指男女伴之间以不同方式相连接，并围绕同一中心进行旋转的动作。由于连接方式和姿势的不同可有不同名称，如双人探戈式、燕式转等。

五、双脚旋转

双脚旋转是初级的旋转动作，最常用的有双脚直立腱转和双脚交叉直立旋转两种。

六、托举

托举是指两人在滑行中，以某一种连接方式，男伴将女伴托起至空中并完成转体动作，再落到冰上的一系列连续动作。托举动作的完成要由两人的连接方式、女伴起跳时机和转体周数等决定，如两周单臂扶髋勾手托举等。

七、抛跳

抛跳是指在滑行中男伴将女伴抛向空中；女伴在空中完成转体动作后自行落冰的连续动作，如三周内结环抛跳等。

八、阿拉贝斯滑行

阿拉贝斯滑行是指当身体直立滑行时，将一条腿放在身后，可以伸直或半屈曲于水平位，两臂配以舞蹈动作。这种滑行因用刃和滑行方向不同也有很多种，如右前外刃阿拉贝斯滑行、左前外刃阿拉贝斯滑行等。

九、规尺滑行

规尺滑行是指用一只脚冰刀刀齿点冰，另一只脚冰刀做圆形滑行的动作。由于点冰刀齿、刀跟及左右脚滑行用刃不同，大体可以分为右后外刃规尺滑行、左后外刃规尺滑行等。做规定滑行时，无论点冰用刀齿还是刀跟，另一只脚滑行的冰刀都必须与圆的半径线相垂直，只有这样才能滑行流畅。规尺滑行时，上体和手臂，可以在滑行中做些舞蹈动作。

十、单人技术节目

单人技术节目是指选手在自选音乐的伴奏下，在规定的时间内（一般为 2 分 40 秒）做规定的 8 个动作。

十一、单脚旋转

单脚旋转种类很多，一般凡用一只冰刀进行旋转的动作均属单脚旋转。例如，单脚直立旋转、弓身旋转、蹲踞旋转和燕式旋转等。单脚旋转较双脚旋转难度度大，再加上姿态变化较多，所以要求较高。

十二、规定图案舞

规定图案舞是花样滑冰冰上舞蹈比赛项目之一。选手必须在规定韵律和节奏的音乐伴奏下(一般每个舞蹈有 3 个节奏相同的音乐),按固定的连接方式、步法和图案进行滑行表演。规定图案舞蹈列入竞赛的共 18 套,其音乐韵律、节奏、风格、舞伴之间的连接方式,滑行图案及步法,都是固定的,但又各不相同。

十三、起滑

运动员在滑规定图形开始时,两脚应以静止状态稳站在冰面上,然后用刀刃清楚地做一次蹬冰开始滑行,不允许有任何准备滑行步法或明显的身体扭动。

十四、旋转

旋转是指在滑行过程中,运动员以不同的身体姿势完成的各种转体动作。单人滑中有直立转、燕式转、弓身转、蹲转等,双人滑中双人旋转、螺旋转、抛转、捻传等。

十五、换脚旋转

换脚旋转是指在旋转中,从一只脚换到另一只脚旋转。换脚旋转包括多次换脚旋转,最常用的有以下两种换脚旋转:蹲踞换脚旋转、燕式换脚旋转。

十六、捻转托举

捻转托举是指女伴在托举中借助于男伴双手捻动在空中完成纵轴转体,并由男伴协助平稳地落在冰上的连续动作。它与托举动作的根本不同在于:捻动后落冰前的瞬间女伴脱离男伴,自行在空中完成转体动作。捻转托举根据女伴起跳时用刃,空中姿势和转体周数等来命名,如两周勾手捻转托举等。

十七、跳跃

跳跃是指运动员在滑行过程中向上跳起做包括空中转体的各种跳跃动作。以最简单的"3"字跳到高难动作的三周半跳,约有 130 多种,包括:"3"字跳一周半、"3"字跳两周半、"3"字跳三周半、后内结环跳、勾手跳等。

十八、燕式平衡滑行

燕式平衡滑行是指运动员身体前屈,一条腿抬起,要超过髋部,另一条腿伸直在冰面上滑行。由于滑行方向和冰刀用刀的不同,燕式平衡动作可以分为左前外刃燕式平衡滑行、右前外刃燕式平衡滑行等。做燕式平衡滑行时,身体要舒展,两臂和浮腿的位置是自由的,可以用一只手扶腿,也可以提刀;上体在保持水平位置的情况下,可以稍抬起,仰头;浮腿应尽量高抬伸展,必要时也可以屈曲。

十九、螺旋线

螺旋线是指男女伴有一只手互相牵拉，女伴在男伴的帮助下，在滑行中完成身体滑行的动作。因女伴用刃和滑行方向不同而有不同名称，如后外刃螺旋线等。

第五节　花样滑冰的观赛要点及欣赏礼仪

一、比赛即将开始时

（1）一天会进行多个项目的比赛，中间有休息时间，比赛进行过程中尽量不要走动，紧急时可在两位运动员比赛间隙离场。

（2）重新入场时如有运动员正在比赛中，应在后排不影响其他观众位置观看，等场上运动员结束比赛再回到座位，以免影响其他观众观看。

（3）每场比赛开赛前会先介绍裁判组构成，此时应给予每位裁判员以热烈的掌声。

（4）每场比赛运动员分组热身，单人滑运动员每组不超过6人，双人滑及冰舞运动员每组不超过4对。先进行第一组为时6分钟的热身，会按出场顺序介绍每位运动员。当现场播报运动员姓名时，应给予每位运动员热烈的掌声。

二、运动员登场

当现场播报到下一位比赛运动员姓名时，运动员仅有30秒时间做准备活动，超过30秒而不满60秒总分将被减去一分，超过60秒才开始节目的运动员将失去比赛资格。所以，观众应给予运动员热烈而集中的掌声和欢呼，然后尽快安静下来使运动员能够专注于比赛。

三、节目过程中

（1）单人滑主要技术动作为跳跃、旋转和步伐。其中跳跃因为有连跳和单跳，应在确定运动员整个跳跃动作完成后给予掌声，以免影响运动员，旋转步伐则无要求。

（2）双人滑主要技术动作为捻转、托举、同步跳跃、抛跳、螺旋线、同步旋转、双人联合旋转和步伐。其中捻转、抛跳和同步跳跃应在运动员整个动作完成后给予掌声，其余则无要求。

（3）冰舞主要技术动作为舞蹈托举、舞蹈旋转、捻转步伐和定级步伐，比较不容易出现失误，掌声无要求。

（4）运动员动作失误时，不可有喝倒彩或其他不尊重运动员的行为，应鼓励运动员忘却失误继续投入比赛。

（5）完成技术动作以外的时间尽量不要发出杂音，保持会场安静，在合适的时机鼓掌加油。节奏性强的音乐可随节奏鼓掌为运动员打节拍。

（6）在花滑比赛中不限制照相及摄影，但请勿开启闪光灯，以免影响运动员。

（7）请勿携带灯牌或荧光棒等发光物体，请勿携带能发出鸣叫声音的物品或使其静音，以免干扰运动员。比赛进行时请勿向场内投掷物体，请勿举起横幅、标语分散运动员注意力。

四、节目间隙中

（1）运动员完成节目，最后一个动作定格时、向观众致意时和节目出分时应给予热烈的掌声。

（2）节目音乐停止后，如果对运动员的节目非常喜爱或满意，可起身站立鼓掌。

五、表演滑

表演滑气氛轻松，无其他比赛中的诸多限制，遵守基本礼仪，给予每一位表演者掌声即可。

六、其他

（1）有运动员或教练在比赛过程中来到后排观看比赛的话，观众想要索取签名或合影，应在不影响他们和其他观众观看时前往，并注意尽快完成不要拖沓。

（2）自由滑（冰舞为自由舞）的比赛结束后，场内将会进行颁奖典礼，观众应等待所有仪式结束后再退场。

第六节　花样滑冰国际主要赛事介绍

一、世界双人滑锦标赛

1908年，国际滑冰联合会创办了世界锦标赛，以后每年1届。双人滑由男女配对参加，除使用单人滑动作外，还包括双人旋转、托举、跳跃和双人步伐等。世界双人滑锦标赛的设立使双人滑正式成为世界性的冰上竞赛项目。

二、世界女子单人滑锦标赛

1906年，国际滑冰联合会创办世界女子单人滑锦标赛。以后每年1届，至1990年已举行过70届。在此之前，女子只能参加男子单人滑竞赛。

三、世界冰上舞蹈锦标赛

1952年，国际滑冰联合会创办世界冰上舞蹈锦标赛，以后每年1届。至1990年已举行38届。由男女配对参加，不允许有典型的双人滑动作，只允许在冰上做一些步法姿态和表演。世界冰上舞蹈锦标赛的设立标志着冰上舞蹈成为正式的独立冰上竞赛项目。

四、冬季奥运会花样滑冰比赛

1924 年,"第八届奥林匹亚德体育周"(即第一届冬季奥运会)将第四届和第七届夏季奥运会列为比赛项目的花样滑冰列为基本项目,以后历届冬季奥运会均设有此项目。包括男子单人滑、女子单人滑、男女双人滑 3 项。

五、冬季奥运会冰上舞蹈

花样滑冰项目之一。1976 年,第十二届冬季奥运会首次将冰上舞蹈列为正式比赛项目,以后历届均设有此项目,比赛规则与世界冰上舞蹈锦标赛相同。

第七节　花样滑冰国内外著名运动员

一、陈露

中国女子花样滑冰运动员,吉林省长春市人。1990 年,她在匈牙利布达佩斯市和 1991 年在加拿大呼尔市举行的两届世界青少年花样滑冰锦标赛中均获得女子单人滑第 3 名。她是我国第一个在世界青少年花样滑冰锦标赛上获奖的选手。她曾应国际滑联和美国花样滑冰协会的邀请,参加了世界花样滑冰明星表演团,在美洲进行巡回表演。她受邀担任 2014 年俄罗斯索契冬奥会的申奥大使。

二、申雪/赵宏博

申雪,女,1978 年出生,黑龙江哈尔滨人。赵宏博,男,1973 年出生黑龙江哈尔滨。申雪、赵宏博 1992 年 8 月开始配对练习双人滑。两人的技术特点是动作难度大,艺术表现力强。此外,他们的"四周抛跳"是世界最高难度的动作。申雪、赵宏博多次在世锦赛上保持着前 3 名的高水准,先后夺得了 1999 年和 2000 年的亚军和 2001 年的季军。他们在 2002 年美国盐湖城冬奥会上夺得双人滑铜牌,在之后的 2002 年世锦赛上夺得中国在双人滑项目上的首个世界冠军。2003 年两人蝉联世锦赛冠军,2004 年世锦赛夺得亚军。在 2006 年冬奥会上,赵宏博在跟腱伤愈不久与申雪顽强拼搏,赢得 1 枚铜牌。2007 年,申雪/赵宏博再次夺得世锦赛冠军,之后宣布退役。

三、庞清/佟健

庞清,女,黑龙江哈尔滨人。佟健,男,黑龙江哈尔滨人。庞清、佟健是中国著名双人滑选手,与申雪、赵宏博和张丹、张昊一起师从于著名教练姚滨,多次进入世界大赛前 3 名,2006 年冬奥会获得第 4 名。在 2006 年世锦赛上,庞清/佟健在短节目排名第 2 名的情况下在自由滑中发挥出色,一举超越队友张丹、张昊,首次夺得世界冠军。

四、张丹/张昊

张丹,女,1985年出生,黑龙江哈尔滨人。张昊,男,1984年出生。张丹、张昊从1998年开始配对参加双人滑比赛,2006年都灵冬奥会上,张丹在抛四周失败受伤的情况下顽强地重新回到赛场完成比赛并夺得银牌。张丹/张昊在都灵冬奥会上取得的银牌是中国花样滑冰选手在奥运会历史上的最好战绩。

五、关颖珊

关颖珊,美国花样滑冰单人滑运动员,女,1980年出生。关颖珊5岁开始滑冰,7岁夺得自己第1个花样滑冰冠军头衔。1997年她出版自传《关颖珊:冠军的心声》。1996年关颖珊在15岁时就夺得了第一个全美冠军和世界冠军;此前她还是1994年世界青年锦标赛冠军。她夺得了5次世界冠军、9次全美冠军、1次奥运亚军和1次奥运第3名,她在2000年和2001年两度封后。此外,关颖珊还是目前东德花样滑冰皇后维特之后第二个拥有4个世界冠军头衔的女子单人运动员。1994年挪威利勒哈默尔冬奥会,关颖珊作为克里斯蒂·山口的替补参加了冬奥会,但没有上场。在长野冬奥会前的1998年全美花样滑冰比赛上,关颖珊在安吉利卡著名小提琴伴奏下演绎的一套无懈可击的动作完全征服了观众和裁判,一位裁判曾在赛后惊叹自己完全陶醉在其中。关颖珊最终轻松战胜15岁的1997年世界冠军利平斯基夺冠。1个月后的冬奥会上,关颖珊在短节目过后一马当先,在自由滑中同样伴着安吉利卡的小提琴曲,但在完成的7种三周跳中有一个落地不稳,结果不敌同胞利平斯基屈居亚军。奥运会后关颖珊第3次夺得世界冠军,随后进入美国加利福尼亚大学洛杉矶分校学习,1年后复出。由于观念分歧,2001年10月关颖珊与师从了近10年的著名教练卡洛尔分手,在次年的美国盐湖城冬奥会上,关颖珊在没有教练指导的情况下获得铜牌。2003年,关颖珊在新教练斯科特·威廉姆斯的指导下第5次夺得世锦赛冠军,成为历史第1人,之后再次更换教练师从于拉菲尔·阿乌图尼安。2004年,她夺得世锦赛铜牌,同年连续第9年在全美锦标赛上进入前3名。2005年她第9次问鼎、连续第8次夺得全美冠军,后因为臀伤缺席了全年的大奖赛。2006年,她退出全美锦标赛,但获特批得到冬奥会入场券。到都灵后,她因伤宣布退出。

六、普留申科

俄罗斯花样滑冰单人滑运动员,男,1982年出生。普留申科4岁在母亲的启蒙下开始花样滑冰训练,11岁开始师从米什林,与亚古金成为同门师兄弟。两个人虽然在赛场上竞争激烈,但场下关系很是融洽。

俄罗斯一直是花样滑冰的传统强国,2008年以后的男子单人滑世界冠军几乎被两位俄罗斯小伙子全部包揽,其中19岁的普留申科更是在2001年独步冰坛,共夺得包括世锦赛在内的7个世界冠军头衔。由于在1998年的全国锦标赛中只名列第三,普留申科没能入选俄罗斯参加长野冬奥会的比赛名单。但他为同年的世界冰坛带来了许多惊喜,第一年参加重大国际赛事，普留申科就夺得了1998年欧锦赛亚军和世锦赛第三名。在随后的2年中，尽管在国内比赛中两次击败队友亚古金夺得全国冠军，但在包括芬兰赫尔辛基世锦赛在内的3次世界大赛中均不敌亚古金屈居亚军。2000年欧锦赛，普留申科第一次走出亚古金的影子击败对手夺冠。2001年他共夺得花样滑冰大奖赛总决赛、俄罗斯全国锦标赛、欧锦赛、世锦赛以及3站大奖赛冠军，其中前4项冠军全部是战胜亚古金获得的。普留申科的一套动作中通常会完成两种四周跳，其中四周跳接三周跳再接两周跳是他的招牌动作，难度之大令人叹为观止。此外，普留申科还是有史以来唯一一个能做贝尔曼旋转的男子滑冰运动员，该动作要求极高的身体柔韧性。

第六章
冰 球

冰球运动是运动员手持球杆,脚穿特制的带冰刀的冰鞋,身着护具及统一的队服,在设有硬塑或木质界墙的冰球场上进行的一种竞技项目。

第一节 冰球的发展历程

一、冰球的起源与发展

冰球运动(Ice Hockey)是以冰刀和冰球杆为工具在冰上进行的一种相互对抗的集体性竞技运动,由男子和女子两个小项组成,在国际体育分类学上属独立的冬季运动项日。"Hockey"一词派生于法语的"Hocquet",即牧羊人用的弯头拐杖。有人提出冰球是源自北美易洛魁印第安人的一种击球游戏。

早在二三百年以前,世界上就有着不同形式的冰上球类游戏,如荷兰的"科尔芬"、北美的"欣尼"、俄国的俄罗斯冰上曲棍球、北欧的"班迪"以及中国的冰上蹴鞠等。由于当时这些国家的社会制度、经济基础、民族特点以及人民生活方式等的不同,这些早期的冰上球类游戏也各有其不同的特点。

现代冰球运动起源于加拿大,距今已有百余年的历史。据资料记载,早在 1855 年,每当冬季来临,加拿大金斯顿(Kingston)地区的一些体育爱好者经常集聚在冰封的湖面上,手中拿着曲棍,脚上绑着冰刀,互相追逐击打用木片等物制成的球。加拿大早期的冰球比赛没有统一的规则,比赛也缺乏严格的组织。参加比赛的人数不限,最多时每队达 30 人,场面十分混乱。裁判员可由运动员挑选,并随意进行更换。

1875 年 3 月 3 日,在一位叫克莱·格汤布(Crei Ghtonb)的冰球爱好者的倡导下,在蒙特利尔的维多利亚(Victoria)冰场举行了世界上首次正式的冰球比赛。1879 年,蒙特利尔麦吉尔大学(McGill)的罗伯逊(Robertson)教授和史密斯(Smith)教授共同制定了一份正式比赛规则,将比赛人数限定为每队 9 人。

1885 年,蒙特利尔的一些冰球爱好者自发地组织起"加拿大业余冰球协会",并将参赛人数由每队 9 人改为 7 人,最后又改为 6 人。与此同时,金斯顿和安大略的第一个业余冰球团体也宣告成立。到 19 世纪 90 年代,冰球运动席卷加拿大,冰球团体和冰球俱乐部如雨后春笋般地纷纷涌现,直达西海岸。到 1895 年,仅蒙特利尔一个地区就有冰球俱乐部 100 多个。在冰球运动的行列里既有学生、市民和商人,又有士兵及政府官员。1892 年,为奖励冰球比赛的优胜者,斯坦利勋爵用 48.67 美元购置了一个银杯。就是这个银杯,后来成为北美国家冰球联盟(NHL)争夺的最高奖赏。

1893 年,首届"斯坦利杯赛"的冠军被蒙特利尔业余体育协会俱乐部队获得。1894 年,当蒙特利尔"3A"队同渥太华省队争夺此杯时,吸引了 5 000 余名观众,赛场人声鼎沸,场面十分壮观。同年,加拿大冰球运动员第一次有组织地赴美国表演。1896 年,美国第一个冰球团体在纽约创立。1902 年,欧洲的第一个冰球俱乐部在瑞士的莱萨旺(Les Avants)诞生。莱萨旺也因此赢得了 1910 年第一届欧洲冰球锦标赛的主办权。不久,法国、英国、德国、比利时以及捷克的冰球俱乐部也相继成立。

1908 年 5 月 15~16 日,法国的普兰克(Planque)和范德奥埃旺(Van Der Ho-even)、比利时的德克莱休(De Clarcq)和德马拉雷特(De Malaret)、瑞士的梅洛尔(Mellor)和迪福尔(Dufour)、英国的马夫罗格罗达托(Mavrogrodato)4 个国家的 7 名冰球代表,应法国新闻人士路易斯·马格尼斯(Louis Magnus)的邀请齐聚巴黎,共同商讨冰球运动的发展。就在这次会议上,成立了国际冰球联合会(IIHF)。1909 年,国际冰联第二次代表大会在法国夏蒙尼举行,会议统一了规则,并决定从 1910 年开始举办欧洲冰球锦标赛,每年一次。1910 年 1 月 10~12 日,第一届欧洲冰球锦标赛在瑞士莱萨旺举行,参加比赛的有英国、德国、比利时和瑞士。在这次比赛的推动下,冰球运动在欧洲迅速兴起。1920 年被作为正式项目纳入了第七届奥运会,大大推动世界冰球运动的发展。1920 年 4 月 20~30 日,来自加拿大、美国、瑞典、捷克斯洛伐克、瑞士、比利时、法国 7 个国家的冰球运动员参加了在比利时安特卫普举行的第七届奥运会冰球比赛。当时,在"班迪"基础上发展起来的欧洲冰球运动,在打法上同北美存在较大差异,结果都以较悬殊的比分输给了加拿大队和美国队。这次比赛后来被追认为第一届世界冰球锦标赛。

1924 年,第一届冬奥会在法国夏蒙尼举行,加拿大队再次以绝对的优势战胜所有欧洲队,赢得了冬奥会冰球比赛的第 1 枚金牌。1924—1952 年,冬奥会和世界锦标赛的金牌几乎全部被加拿大队获得。20 世纪 50 年代中期,随着欧洲快速、灵活、讲求配合冰球风格的兴起,改变了欧、美两洲冰球力量的对比,1956—1998 年,冬奥会冰球比赛的金牌几乎全部被欧洲队获得,直至 2002 年加拿大队才重新拿到失去了 50 年的冬奥会金牌。

女子冰球运动始于 19 世纪 60 年代。首次女子冰球正式比赛是 1892 年在加拿大安大略省多伦多北面的巴里(Barrie)举行的。1916 年,在美国俄亥俄州北部的克利夫兰(Cleveland)举行了有美国和加拿大参加的首次国际女子冰球赛。从 20 世纪 60 年代开始,随着国际女子足球和女子马拉松的兴起,女子冰球也逐渐地获得了普及。先是瑞典和芬兰,接着是日本、挪威、中国、朝鲜、德国、瑞士及法国。1987 年由加拿大安大略省女子冰球协会举办的国际女子冰球邀请赛对世界女子冰球运动的发展具有决定意义,在这次赛会上,与会代表就世界女子冰球运动的发展进行了磋商,并向国际冰球联合会递交了一份

关于请求举办世界女子冰球锦标赛的报告。鉴于女子冰球运动的发展及各国的要求，1988年国际冰球联合会决定从1990年开始定期举办世界女子冰球锦标赛，每2年一次（从1999年改为每年一次）。1993年，随着女子冰球运动的发展，经国际奥委会会议通过，决定从1998年开始将女子冰球列为冬奥会比赛项目。

从1908年国际冰球联合会成立到2002年，冰球运动已发展到世界五大洲70多个国家和地区，其中已有64个国家和地区加入了国际冰球联合会。

二、我国冰球运动的发展

冰球在我国历史悠久，古时被称作"冰上蹴鞠"，类似冰上足球。清代的冰球比赛不设球门，是以在追逐中得球为胜。《帝京岁时纪胜》对冰球比赛有简明的记载："每队数十人，各有统领，分伍而立，以革为球，掷于空中，俟其将坠，群起而争之，以得者为胜。或此队之人将得，则彼队之人蹴之令远，喧笑驰逐，以便捷勇敢者为能，将士用以习武。"

现代冰球运动在我国已有60余年的历史。1935年在北平举行的第一届华北冰上运动表演会上，第一次举行了冰球比赛。中华人民共和国成立后，冰球运动得到迅速发展。1953年2月在哈尔滨举行首届全国冰上运动会，有5个队参加冰球比赛。以后在东北、华北等一些省、市相继建立各种形式的冰球队。从1955年起每年举行一次全国冰球比赛。

1956年，我国参加了国际奥委会组织，成为国际冰球联合会成员国。1956年以后，中国冰球队开始参加国际比赛。1958年，我国派出代表第一次观摩了世界与欧洲的冰球锦标赛。1981年北京举办了世界冰球C组锦标赛，中国队获得亚军，晋升到B组。

我国冰球赛开始实行分级比赛始于1957年，分成年组和少年组。1958年，成年组又分甲乙级分别举行。

1957—1982年，我国每年都举行全国性冰球比赛。冰球运动已普及到黑龙江、吉林、辽宁、河北、内蒙古、新疆、青海、宁夏和甘肃9个省区，推动了冰球运动的普及与提高。

1986年3月1日在日本举行的第一届亚洲冬季运动会上，中国冰球队获得冠军。

第二节　冰球的场地及设施基本知识

一、场地

1. 冰场

冰球比赛要在称为冰场的白色冰面上进行。冰场的规格：最大尺寸：长61米，宽30米；最小尺寸：长56米，宽26米。国际冰联主办的比赛，如冬奥会和世锦赛其场地尺寸为长 60～61 米,宽 29～30 米。场地各角以 7～8.5 米为半径制成圆弧状。

2. 界墙

场地要用木制或塑料制的墙,围起来,称为界墙,颜色应为白色,其高度从冰面算起不少于 1.17 米,不高于 1.22 米,界墙每块板之间的缝隙应小于 3 毫米。

3. 防踢板

界墙下部应安置一个防踢板,黄色,从冰面起 15～25 厘米高。

4. 防护玻璃

位于界墙上的防护玻璃在场地端面应为高 160～200 厘米,长度应从球门线向中区延伸 4 米。场地侧面的界墙上防护玻璃不低于 80 厘米,运动员席前面除外。

5. 球门线

在距冰场两端各 4 米处画一条 5 厘米宽的红线,称为球门线。

6. 蓝线

两条球门线之间的冰面被两条 30 厘米宽的蓝色的线划分成相等的三个区域。这两条蓝色线被称为蓝线。蓝线应延长至防踢板及界墙上。

这些蓝线划分了三个区域,其定义如下:对于一个队来说,自己的球门所在区域是"守区",中间的区域是"中区",最远的区域是"攻区"。

7. 中线

位于冰场中间的一条 30 厘米宽的红线被称为"中线"。

8. 端区争球点和争球圈

在每个端区和每个球门的两侧,按照图示各画一个争球点和一个争球圈。争球点直径应为 60 厘米,红色;在端区争球点对面每侧画两个"L"。以争球点的中心为圆心,以 4.5 米为半径,用 5 厘米宽的红线画一个争球圈。

画在冰面上的所有争球点和争球圈,是为了裁判员在比赛的开始、每局开始、每次比赛停止以后的争球时确定队员的位置的。

9. 球门区

在每个球门前,用 5 厘米宽的红线画一个球门区(见右图)。球门区内的冰面应被涂为浅蓝色。球门以内从球门线到球网后边的冰面应涂为白色。

10. 球门

球门柱垂直高度从冰面往上算起 1.22 米,两球门柱之间相距 1.83 米(以内侧测量为准)。球门柱和横梁应涂成红色。球门还包括一个支撑球网的支架。这个支架的最深处不得超过 1.12 米,且不小于 0.6 米,应涂成白色。

11. 运动员席

两队的运动员席应在冰场的同侧,应安置在紧靠冰面的地方,在受罚席的对面。两队运动员席之间应有适当的距离或其他设施分隔开,并且位于方便去更衣室的地方。每队的运动员席都从距中线 2 米处开始,运动员席最短 10 米,最窄 1.5 米。每个运动员席应最多提供 16 名队员和 8 名官员的座位。

12. 受罚席

每个冰场应设有两个受罚席,每个受罚席至少可容纳 5 名队员。受罚席的位置应设置在记录席两侧,即运动员席的对面。最小长度 4 米,最小宽度 1.5 米。

13. 监门员席

为了防止对监门员活动的干扰,监门员席应安装保护罩。它们应设置于冰场两端球门后的界墙和防护玻璃外面。

14. 记录席

记录席应安置在两个受罚席之间,长度 5.5 米,可容纳 6 人。

冰场平面图如图 6-1 所示。

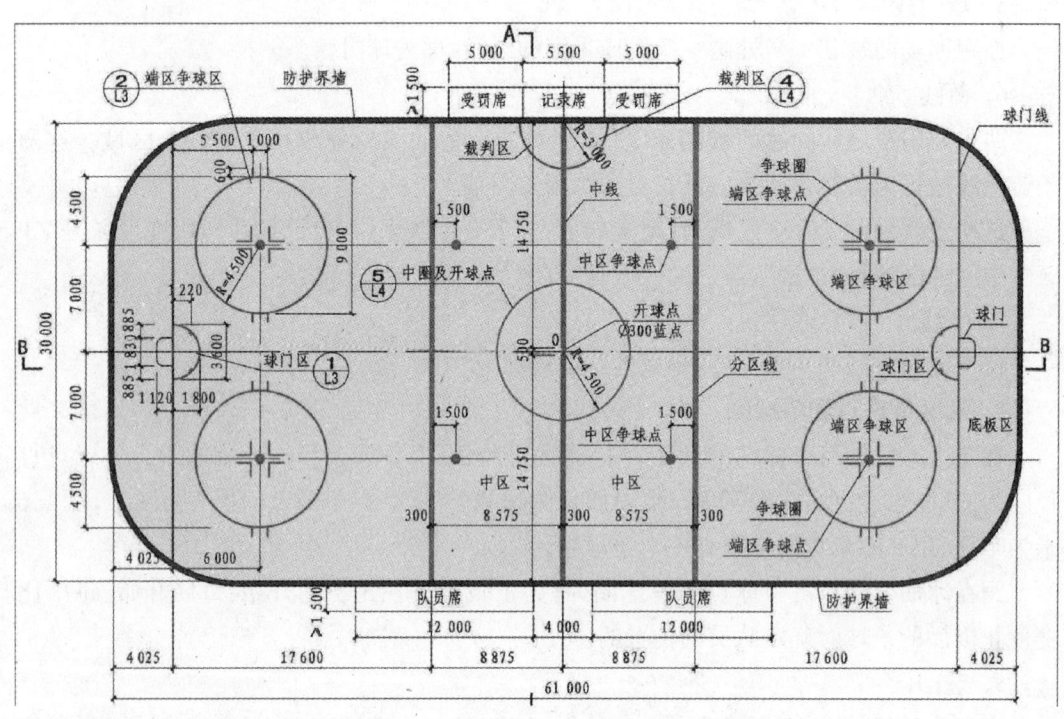

图 6-1　冰场平面图

二、队员装备及护具

1. 装备

队员和守门员的装备是由冰球杆、冰刀、护具和运动服组成。所有护具,手套、头盔、守门员护腿除外,必须全部穿在比赛服里面。所有违反穿戴使用装备方面的犯规应根据规则受到处罚。在赛前准备活动中,必须穿戴包括队服在内的整套护具。

2. 比赛服

(1) 每个队的所有队员都应穿戴同样的运动服、护具裤衩、护袜和头盔(守门员可以戴跟队员不同颜色的头盔)。

（2）每件护具上的基础颜色要占大约 80%，姓名和号码除外。

（3）运动服及其袖子和护袜应是同样颜色。

（4）比赛服上衣要放在裤衩外面。

（5）每个队员应在各自运动服的后背上佩带自己独有的 25～30 厘米高的号码，两袖上各佩带 10 厘米高的号码。队员的号码限制在 1～99 号。

（6）在国际冰联举办的锦标赛中，每个运动员应在各自运动服后背的上部佩带自己的名字，该名字用 10 厘米高的黑体大写罗马字母印刷。

（7）队长必须佩带"C"字母，副队长必须佩"A"字母。字母高 8 厘米，与运动服颜色有鲜明的对比，佩戴在比赛服前面显著的位置。

3. 队员的头盔

在比赛期间和赛前准备活动期间，所有队员必须戴冰球头盔。建议所有的队员都戴全护面罩或护目镜，1974 年 12 月 31 日以后出生的男子运动员至少要佩戴护目镜。所有女子运动员都要戴全护面罩，有的 18 岁以下以及更年轻的队员和守门员都要戴全护面罩。

所有的守门员都要戴有面罩的冰球头盔，或者戴有面罩的头部保护器，面罩结构必须保证冰球不能穿过；18 岁以下的男女冰球守门员的全护面罩上的空隙应是冰球杆及冰球均不能穿过的。

4. 运动员的手套

运动员的手套必须能全部护住手和手腕，手掌部分不得移掉，不能用赤裸的手直接握杆。

5. 颈喉保护器

建议所有的队员都戴颈喉保护器，18 岁以下以及更小年龄的队员和守门员必须戴颈喉保护器。

6. 护嘴

建议所有的队员都戴定制的护嘴，所有 20 岁以下的队员必须戴护嘴。

7. 护肘

所有的护肘外部如果没有厚度最少 1.27 厘米的海绵状橡胶或者相似材料的柔软的外部覆盖物，将被视为危险装备。

8. 守门员的装备

除冰刀、球杆以外，守门员的全部装备都只能是为了保护头部和身体，不应当包括任何能够给守门员在防守球门方面以过度帮助的衣服和装备。延长到裤衩外面、大腿前面的围裙是不允许穿的。守门员的护腿穿在腿上时最宽不得超过 28 厘米。

9. 装备的测量

（1）主裁判员在任何时候可以自行决定检查任何装备。

（2）当一方队长对对方队员的装备的尺寸正式提出要求测量时，裁判员应立刻给予测量。然而，进球得分不能因任何测量的结果而取消。

（3）如果提出的疑问没有得到证实，请求测量的一方应受小罚；如果提出的疑问得到证实，被测量装备不合格的队员应受小罚。

（4）请求对任何装备的测量，在每次比赛停止只准许一个队的请求。

（5）除守门员球杆外，请求对守门员其他装备的测量，只有在每局结束时才能立即申请。

（6）如果某队在人数缺少两人的情况下，在比赛剩下最后两分钟或在加时赛的任何时候，提出测量对方的装备，而测量结果对方装备合格，裁判员应判非犯规队罚任意球。

三、冰刀

队员必须穿具有安全冰刀刃的冰刀（见图 6-2）。守门员应穿经过批准的专门的守门员冰刀（见图 6-3）。

图 6-2　队员冰刀

图 6-3　守门员冰刀

四、队员球杆

冰球杆应是由木头或经国际冰联批准的其他材料制成。球杆不能有任何突出部分，其所有锋利的边缘都要处理成斜角。杆的任何部分都可以缠任何颜色但不带荧光的胶带。

1. 球员球杆尺寸（见图 6-4）

杆：最大长度从根部算起 163 厘米，最大的宽度 3 厘米，最大的厚度 2.5 厘米，杆必须是直的。

刃：最大的长度从根部算起 32 厘米，最大的宽度 7.5 厘米，最小的宽度 5 厘米。

2. 守门员球杆尺寸（见图 6-5）

杆：最大长度从根部算起 163 厘米。最大的宽度 3 厘米，最大的厚度 2.5 厘米。杆的加宽部分（柄）最大长度从根部算起 71 厘米且不宽于 9 厘米，杆和柄必须是直的。

刃：最大长度从根部算起 39 厘米，最大的宽度 9 厘米，根部不得超过 11.5 厘米。

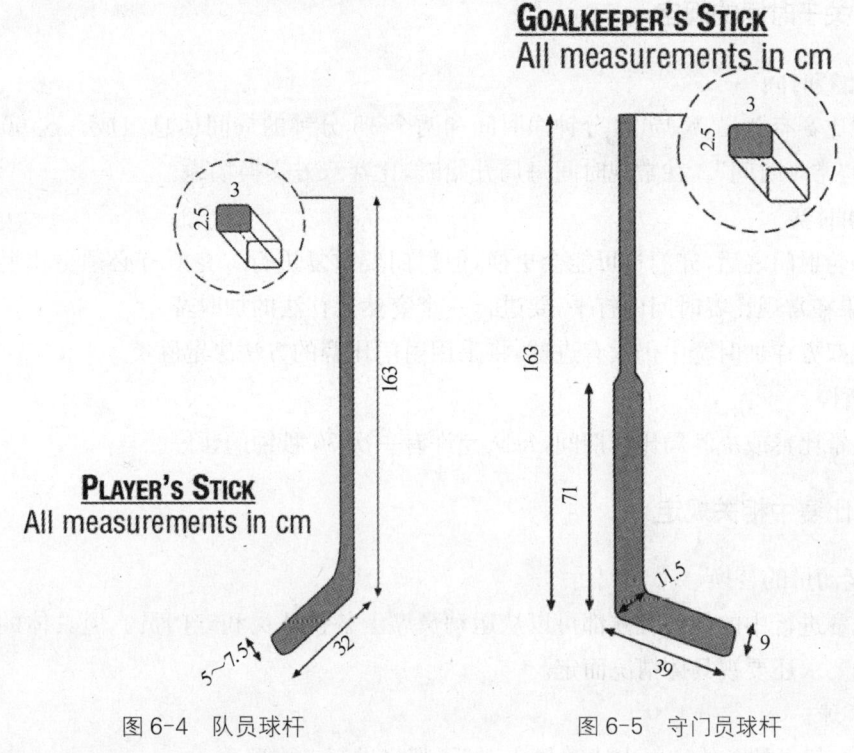

GOALKEEPER'S STICK
All measurements in cm

PLAYER'S STICK
All measurements in cm

图 6-4　队员球杆　　　　　图 6-5　守门员球杆

五、冰球

冰球为硬橡胶或经国际冰联批准的其他材料制成,其主色应为黑色。冰球的尺寸不应超过:直径 7.62 厘米,厚度 2.54 厘米,重量 156～170 克。

第三节　冰球的规则要点

一、球队的组成

每个队最多允许参加报名 20 名队员和 2 名守门员,全队总人数 22 人。在比赛进行中每队场上不得超过 6 名运动员。其位置分别为守门员、左卫、右卫、右锋、中锋、左锋。每队要确定一名队长和最多两名副队长。

如果没有确定哪个队是主队,两个比赛队可以通过共同协商、掷币或类似的方法确定哪个队为主队。

主队的权利:一是选择运动员席;二是选择队服颜色;三是比赛停止后进行争球时,主队在客队之后安排比赛阵容。在比赛中的任何时候,裁判员可以通过队长要求客队迅速排好比赛阵容,准备开始比赛。

二、关于时间的规定

1. 比赛时间

常规比赛有 3 局,每局 20 分钟净时间和两个 15 分钟的局间休息组成。这 60 分钟的时间称为"常规时间"。在常规时间每局开始时,比赛双方交换场地。

2. 加时赛

在每轮射门之后,守门员可能会更换,但射门要重复进行。在所有必须分出胜负的比赛中,如果在常规比赛时间内打平,要进行一个突然死亡法的加时赛。

如果双方在加时赛中仍没有进球,将采用射门比赛的方法决定胜负。

3. 暂停

在正常比赛或决胜局比赛期间,每队允许有一次 30 秒钟的暂停。

三、比赛中相关规定

1. 运动员的替换

在比赛进行中的任何时候都可以从运动员席上替换队员和守门员。但具体的换人方式和详细要求还要视具体情况而定。

2. 争球

(1) 在每局的开始和每次比赛停止以后,都将进行一次争球。

(2) 所有争球都只能在 9 个指定的争球点上进行。

(3) 在中心争球点争球的情况是:一是每局开始;二是进球以后;三是场上裁判员错判以后;四是守门员早入,除非规则中有专门说明。

(4) 当任何攻方队员在其攻区造成比赛停止时,继而进行的争球要在中区最近的争球点上进行。如果是两个犯规的原因造成的比赛停止(比如,高杆击球和有意越位),继而进行的争球地点要定在对于犯规队来说区域优势小的点上进行。

(5) 当球在中区,不明确是哪个队造成比赛停止时,继而进行的争球要在蓝线外最近的争球点上进行。当不明确 4 个争球点哪个是最近的争球点时,就选在中区对主队来说有最大的区域优势的争球点上进行争球。

(6) 比赛中双方队员犯规,导致比赛停止时,继而进行的争球在那个区域中最近的争球点上进行。

(7) 当队员受罚时,给某一个受罚队记受罚时间,接下来的争球要在犯规队的两个端区争球点之一进行争球。

3. 争球程序

(1) 主裁判员或边线裁判员应将球掷到两名争球队员的冰球杆之间。

(2) 队员应成直角地面向对方的端区站好,彼此相距大约一个冰球杆的距离,其杆刃放在争球点的白色部分上。

(3) 攻队队员在攻区半场争球时,应首先将杆刃放在冰面上,接着,守队队员也立即把杆刃放在冰面上。

(4) 但是,在中心争球点争球时,客队应首先将杆刃放在冰面上。

4. 越位

(1) 攻队队员不得先于球进入攻区。

(2) 确定越位的决定因素:①队员冰刀的位置——在球完全越过蓝线前,队员的两只冰刀完全越过了他的攻区的蓝线,即为越位;②球的位置——球必须完全越过蓝线进入了攻区;③如果一个队员倒滑带球在球之前越过蓝线,他不算越位,前提是这名队员越过蓝线之前,他的两只冰刀都在中区时,他就已经控制了球。

(3) 违反了这一规定应停止比赛,在下面所描述的争球点进行争球:①如果进攻队员带球越过蓝线,应在最近的中区争球点争球;②在进攻队员把球传或射过蓝线时,在传或射发生时,距离最近的中区争球点争球;③如果进攻队员从自己的守区把球传出或射出的,那么,在犯规队守区的端区争球点争球;④如果,据边线裁判员或主裁判员的看法,一个队员故意制造了越位,那么,在犯规队守区的端区争球点争球。

5. 死球

(1) 根据规则,冰场中间的红线将场地划成两个半场。控制球的队最后与球接触的地点是决定是否造成死球的根据。

(2) 人数相等或人数多于对方的队的某个队员从自己半场把球射、击或反弹过对方球门线时比赛应停止,判为死球。

(3) 争球在打死球的队的守区内距该队最后触球地点最近的争球点进行。

6. 比赛结果的确定

(1) 在常规比赛的常规时间里,获得最多进球的队为获胜者,获胜者得 3 分。

(2) 在常规比赛的常规时间里,如果双方进球相等,每队各得 1 分。比赛继续进行,以突然死亡法加时赛决出胜负。

(3) 在常规比赛的突然死亡法加时赛中获胜的队将额外获得 1 分。

(4) 在突然死亡法加时赛中,如果双方都没有得分,那么,进行射门比赛。

(5) 在常规比赛的射门比赛中获胜的队将额外获得 1 分。

(6) 在必须决出胜者的复赛中,将进行突然死亡法加时赛决胜负。如果在加时赛中双方都没有进球,将使用射门比赛来决出胜者。

7. 处罚——定义和程序

(1) 小罚。队员受到小罚时(守门员除外)应离场受罚 2 分钟,这个时间内不允许替补。

(2) 队小罚。对于队小罚,犯规队在犯规时在场上的任何运动员,守门员除外,由领队或教练通过队长指定,离场 2 分钟接受处罚,不允许替补。

当某队因受一个或几个小罚或队小罚而人数缺少时,对方射中球门,这些处罚中的第一个自动结束受罚。如果这样的处罚是与对方同时犯规同时受罚的,并导致双方都缺少一名队员时,则下一个小罚或队小罚的队员进球时结束受罚。

(3) 大罚。队员,包括守门员,被判大罚时,应在比赛剩余时间里退场,但5分钟后允许替补。

(4) 违例。队员(守门员除外)受到第一次违例处罚时,应离场受罚10分钟,但允许立即替补。受违例处罚的队员受罚时间结束后应待在受罚席直到其后的第一次比赛停止。

队员(包括守门员)在一场比赛中受到第二次违例处罚时,应立刻退场至更衣室,但允许立即替补。

(5) 严重违例。受严重违例处罚的队员,包括守门员或队的官员,应在比赛剩余时间内退场到更衣室,但对队员或守门员可允许立即替补。

(6) 停赛。对于停赛,任何队员、守门员或队官员要离场回到更衣室,接受比赛剩余时间的处罚,5分钟之后可以允许替补。

(7) 罚任意球。对队员遭到从背后犯规应该判罚任意球的六个条件:①犯规发生在球出了该控球队员的守区(完全越过了蓝线)。②该队员正控制着球。③从背后的犯规。④该控制球的进攻队员失掉了可能的得分机会。⑤该控制球的进攻队员除了守门员外没有对方队员需要越过。⑥在运动员进行突破的情况下,守门员对运动员犯规,可以判罚任意球,不论是否从背后犯规。

如果该犯规还涉及其他处罚,任意球要罚其他处罚也要判,不管罚任意球的结果是进球还是没进球。

第四节　冰球的比赛术语

一、开球点

开球点是指红色中线最中间有一个蓝色点。每局比赛开始或者射中球门以后,双方都要在这个点上争球,以此开始下面的比赛。

二、争球点

除开球点外,场地上还有另外8个点,称为争球点。比赛中,如果攻队队员由本队半场将球直接打过对方球门线形成"死球",裁判员要鸣笛停止比赛,把球拿回到攻队的守区争球点,双方争球,重新开始比赛。

三、争球

争球是获得球权的重要手段,每一场冰球比赛,从开始到结束,都要进行多次争球。在攻区争到球后,可直接射门得分,在守区争得球后,既可减少对球门的威胁,又可立即组织进攻。

争球时,裁判员将球抛在两方争球队员的冰球杆之间的冰面上。争球队员应正面向对方端区站立,彼此相距约一冰球杆远的距离,杆刃放在冰上,两腿分立,两脚距离略比肩宽,集中注意力并对本队队员所站位置做到心中有数,待裁判员一抛球,立即迅速击拍争球,拨球给同队队员。

四、反拍射

射球又称"射门",是指在冰球比赛中,运动员利用球杆击打冰球使其射向球门,以求得分。射球可分腕射、快射、击射、弹射、反弹射、挑射、反拍射和垫射等。反拍射是指射门时反手运球转弯切入时或正手拉杆后,用拍杆刃扣住球,然后两手挥拍、扣腕、指向目标,使球从拍尖旋转而出,飞向目标。反拍射射门的方向变化大,守门员难以判断,可增加得分机会。

五、击射

击射是一种最快、最有力量的射门方法。击球前,上体向后移动将杆向后上方举起,然后后腿用力伸展蹬冰,利用腰腹力量使上体向前移动,同时肩带、上臂肌肉发力,从后向前迅速挥拍。击球时,杆刃击在球后几厘米的冰面上,利用冰面对杆产生的变形弹力击打冰球,使球从杆刃后半部向前半部转动旋出。整个动作短促快速。

六、垫射

垫射是指运动员利用球杆触球,使从后方或者侧方射向球门的冰面球的路线、方向、角度得以改变的射门。

七、压步转弯

压步转弯用于转弯的滑行动作,分为向前压步转弯和侧滑压步转弯。向左转弯时,身体重心落在左腿上,右腿向左腿的前方横跨迈出,左腿在后面用力蹬冰,形成压步动作。向右转弯时左右腿动作相反。

八、换人

冰球比赛过程中随时可以替换队员且无须请求。替换一般队员或守门员时,被替换的队员只要走到队员席,就可由人数相等的队员上场替换。

九、越位

比赛中进攻队员控制球时,同队队员先于球进入攻区。判定越位是根据队员的冰刀位置,只有队员的双刀完全超过蓝线进入攻区时,方为越位(蓝线越位)。同样,队员不得从自己的守区向位于中间红线前的同队队员传球,否则,将被判为传球越位(红线越位)。

越位时裁判员鸣笛停止比赛。蓝线越位时在中区争球点或射球的起点争球;传球越位时在传球的起点或最近的争球点争球。

十、滞留

滞留是指快速转弯接快速起动的技术动作。它分为两种：一种是向左滞留,完成该动作时要求运动员身体重心在右脚上,用左脚冰刀内刃刮冰,身体迅速向左转,右脚用力蹬冰,左腿同时做变向快速起动的减速滑行;另一种是向右滞留,左右腿动作相反。

十一、蝶式防守

当对方射门时,守门员以正常防守姿势两脚刀跟迅速外展,以刀尖为支点,双膝跪于冰面上,小腿以正"八"掌开角紧贴冰面从而进行防守。

十二、跪挡

跪挡是指冰球比赛中,守方队员面向进攻者,单膝或双膝跪于冰面上,将球杆平伸于冰面,用球杆或身体挡球,或者用球杆刺扫对方球杆以阻止对方的射门。

十三、多打少

冰球比赛中经常出现犯规而被判罚出场的情况,这样场上队员就形成了以多打少的局面。在本方队员多于对方的情况下,要充分利用对方受罚的机会,扩大进攻范围,以最快的速度在攻区内进行阵地战,分散对方防守力量,依靠人数多的优势,不断发动攻势,攻击对方球门。

十四、阻截

阻截是指在冰球比赛中为阻止对方进攻施行的动作。分为前场、后场、刺杆、扫甩、举杆、挑杆、勾引、身体阻截等多种。

第五节 冰球比赛礼仪

冰球比赛是一项既紧张激烈又文明有礼的运动。比赛中,既允许运动员进行合理冲撞,又要求运动员讲究礼仪。国际冰球联合会成立于 1908 年,100 多年来,冰球运动不仅在规模、规则、技战术等方面不断发展,在礼仪方面也在不断完善。

一、比赛前的礼仪

冰球比赛开始之前第一项礼仪是比赛双方在各自蓝线站好,介绍裁判员。当宣告员介绍裁判员时,运动员应当立正站好向裁判员行注目礼,不应左顾右盼,不应脚下乱动,不应互相说话。介绍完之后,应当用杆敲击几下冰面表示对裁判员的敬意。裁判员也应当在裁判员区站好,介绍到自己时举手示意。

比赛前的第二项礼仪是双方队长滑到裁判员面前交换队旗和纪念品。交换之后,双方队长要互相握手致意,还要去跟裁判员握手致意。

二、比赛中的礼仪

1. 队长向裁判询问的礼仪

规则规定,队长可以就规则解释方面的问题向裁判员询问。队长在向裁判员询问时,要态度和蔼,最好面部略带笑容,不应怒目相视,也不应做任何手势和动作。应站在裁判区以外,语言要简短,要使用礼貌用语。询问之后,要立刻滑回队员席,把裁判员的话反馈给教练员,然后立刻回到队员席或上场比赛。不应反复询问,更不应与裁判员争执。

规则还规定:如果队长或者副队长向裁判员抱怨判罚,无论他是在场上还是从队员席下来,他都要受到"违例"处罚。

2. 执行处罚的礼仪

队员在受到裁判员处罚以后,要立刻去往受罚席执行处罚,不应做任何动作或手势,比如指指点点或者双手一摊表示无辜等;不应说任何话语;不应用杆击冰面。进入受罚席后,不应摔冰球杆和手套,也不应敲打板墙。这是不礼貌的行为。

3. 教练员的礼仪

教练员在队员席不要对裁判的判罚吼叫或者指指点点,也不应让队员反复向裁判员询问。如有规则解释方面的问题,一般只向裁判员询问一次。

三、比赛后的礼仪

比赛结束后,双方队员要在蓝线站好,领奖、奏国歌、双方握手,然后退场。

领奖前应摘下头盔和手套,放下球杆,然后滑到领奖官员跟前领奖。最好不要戴着头盔、手套,拿着球杆去领奖。这样会影响接奖品和与颁奖官员握手。双方获奖队员在颁奖之后也应该握手。

奏国歌时,要立正站好,面向国旗,脱帽。不要脚下乱动。不要与别的队员说话。

双方握手时,要态度认真。握手时不要心不在焉,不要不看对方,可以击一下掌,但要认真。最好面带笑容,要挨个与每个队员握手。不要与有的队员握手,与有的队员不握手。双方都握完手之后,双方队长要滑到裁判员跟前与裁判员握手,然后队伍退场。

这些礼节大多是没有列在竞赛规则中的。如果不这样做,可能不会受到处罚,但是让人感到美中不足。冰球的礼仪是十分重要的,是冰球比赛的一部分。

向观众致敬是非常好的礼仪。有的队在比赛结束双方握手之后,还站成一排向观众致敬,向教练致敬。

第六节　冰球的国际主要赛事

冰球运动竞赛的种类有：锦标赛、联赛、邀请赛、友谊赛、选拔赛、表演赛等。我国目前经常举办的冰球全国性比赛有：全国冰球联赛、全国冰球锦标赛、全国青年冰球锦标赛和全国女子冰球锦标赛。

世界性的比赛有：世界和欧洲冰球锦标赛，每年一次，分 A、B、C 组举行。世界青年锦标赛分 A、B、C 组。欧洲青年锦标赛分 A、B、C 组。另外，还有每 2 年举办一次的世界女子冰球锦标赛。

一、斯坦利杯冰球赛

斯坦利杯冰球赛是世界职业冰球赛之一，1893 年在加拿大蒙特利尔创办，斯坦利杯以弗雷德里克·斯坦利之名命名，是为纪念其为冰球运动的贡献而设，是国际冰球联盟的最高奖项，在每个赛季季后赛后颁给联盟的冠军队伍。斯坦利杯为职业运动中历史最悠久的冠军奖杯。最早的冰球比赛都是业余比赛，最初的斯坦利杯也是只颁发给成绩最好的业余球队冠军。最早的职业联赛出现在 1904 年的美国，夺得冠军的队伍能够拿到斯坦利杯。目前斯坦利杯赛每年举办一次。

二、冬奥会冰球比赛

冰球是冬奥会比赛项目，其中冰球运动比赛分男子冰球比赛和女子冰球比赛。

三、全国冬季运动会冰球赛

全国冬季运动会是国内规模最大、级别最高的冰雪项目综合性体育赛会，每四年举办一次。它是向世界展示我国冬季体育运动蓬勃开展的大展台，对于提高我国冬季体育竞技水平有着非常大的意义，同时还将有力地促进我国尤其是冬季体育产业的各项建设与发展。

1955 年我国首次在哈尔滨举行了全国性的冰球比赛，最后获得前三名的分别是：哈尔滨队（9 分）、长春队（7 分）、吉林队（5 分）。

第七节　冰球国内外著名运动员

一、孙梦熊

中国冰球运动员，国家级教练员，黑龙江省哈尔滨市人，身高 1.78 米，体重 80 千克。1955 年，他代表"八一"冰球队参加全国比赛，同年转入哈尔滨冰球队，1956—1965 年，该队曾 7 次获全国冠军。1956 年,他参加在华沙举行的世界大学生冬季运动会,获冰球比赛第 5 名,并荣获大会体育道德奖。

1959 年孙梦熊率中国冰球队访问苏联,获两胜一负的成绩。1966 年以 7 比 4 战胜来华访问的波兰队。1958 年以后,兼任教练工作。1983 年起任哈尔滨冰球队总教练。1984—1986 年,他率领的哈尔滨队连获 3 届全国冠军;1986 年在日本札幌举行的首届亚洲冬季运动会上,两胜日本队,荣获冠军;同年参加世界冰球 C 组锦标赛获亚军,使我国冰球队晋升世界 B 组行列。

二、李万基

中国冰球运动员,国家级教练员,黑龙江省绥化市人。身高 170 米,体重 65 千克。1956—1965,他代表哈尔滨队 7 次夺得全国冠军。1966 年世界冰球 B 组冠军波兰队来中国访问比赛,他所在的哈尔滨冰球队以 7 比 4 获得了胜利。1972—1981 年担任国家冰球队教练工作。

李万基所率领的冰球队,1972 年第   次参加世界冰球 C 组锦标赛获得了第三名;1973 年获世界冰球 C 组第五名;1974 年获世界冰球 C 组第六名;1977 年以 4 比 2 战胜来访的日本队。1981 年世界冰球 C 组锦标赛在北京举行,中国冰球队获亚军,进入世界冰球 B 组行列。1980 年,他当选为全国冰球教练委员会主任委员,中国冰球协会副主席。1983 年,他担任哈尔滨市体委主任。

三、王应辅

中国冰球运动员、运动健将,1956 年入选国家队,1961 年毕业于北京体育学院,多次赴苏、捷、波、德等国访问比赛,曾任队长,球风快速灵巧多变,擅长门前强行快切、快打,有"小老虎"之称。1978 年,他被国际冰联批准为国际裁判,1981 年晋升为我国第一位银牌国际裁判,连续多届受聘担任世界 B 组和 C 组冰球锦标赛和亚洲冰球锦标赛裁判。1981 年,当选为冰球裁判委员会主席。1985 年,他获"全国优秀裁判"称号。王应辅后任国家体委冰雪司处长,中国滑联、冰球秘书长。

四、杨有科

中国冰球运动员,运动健将,身高 1.75 米,体重 72 千克。1978—1983 年被选入国家冰球队。1978 年,他在西班牙世界冰球锦标赛 C 组比赛中,以四胜三负获第 4 名。1979 年,他参加世界冰球 B 组锦标赛,获小组第 5 名。1977 年和 1983 年,他两次战胜来华访问比赛的日本冰球队。1981 年在北京世界冰球 C 组锦标赛上,他被国际冰联评为最佳后卫队员。

五、里奥·勒米厄

加拿大男子冰球运动员。马里奥·勒米厄身高 1.83 米,体重达 90 千克,1965 年

10 月出生在加拿大魁北克省的蒙特利尔市。勒米厄速度快,动作优雅协调,且射门力量大。

勒米厄是魁北克青年冰球联盟历史上最伟大的球员。他在 3 年 200 场比赛中共攻入 247 球,得 562 分。在最后两年(1983—1984 年)70 场比赛中,他以 133 粒进球、149 次助攻获得 282 分。勒米厄加入 1983—1984 赛季 NHL 冠军队。

自 1984—1985 赛季走上赛场的那一刻起,勒米厄就以其精湛的进攻技术一步步实现自己的崇高理想。勒米厄第一场比赛上场后第一次射门就射进了他的第一个进球。他被选中参加全明星赛,并以 2 个进球和一次助攻被评选为 MVP(最有价值球员)。到赛季结束,他共进 43 球,得 100 分。勒米厄作为 NHL 年度最佳新秀获得考尔德奖。

在 1987—1988 赛季,他以 168 分的成绩超过了格雷茨基的 149 分,并被评为联盟最有价值球员。格雷茨基在 1987—1988 赛季赢得斯坦利杯,而勒米厄则在 1991—1992 赛季也赢得了斯坦利杯。

六、韦恩·格雷茨基

韦恩·格雷茨基,身高 1.80 米、体重 79.4 千克,加拿大职业冰球明星,加拿大的"伟大冰球手",全球冰球传奇人物。他 14 岁时签约参加职业联赛,在美国全国冰球协会征战了 20 个赛季,曾为埃德蒙顿炼油者冰球队、洛杉矶国王队、圣路易蓝调队和纽约巡游者冰球队效过力,至今保持美国职业冰球最高进球纪录,于 1999 年退役。

格雷茨基 1961 年 1 月出生在加拿大安大略省的布兰特福德。6 岁时,格雷茨基参加了布兰特福德当地儿童全明星冰球比赛。待到满 10 岁的时候,格雷茨基已经在 82 场比赛的赛季里射入惊人的 378 球。格雷茨基的名字迅速出现在各大报刊的显要位置,每个加拿大人都在关注这位冰球神童。

1977 年,世界青年冰球锦标赛在布兰特福德举行。比赛中,格雷茨基表现突出,当选为最佳射手,成为世锦赛上最为年轻的最佳射手。

1978 年,17 岁的格雷茨基加盟了世界冰球协会印第安纳波利斯的竞赛者队。赛季末,格雷茨基进入埃德蒙顿油工队。从此开始,格雷茨基与埃德蒙顿解下了不解之缘。

1979 年,世界冰球协会与美国全国冰球协会合并,格雷茨基成了合并之后的美国全国冰球协会的最年轻的最有价值球员。1980 年,格雷茨基代表加拿大冰球队参加国际比赛。格雷茨基成为埃德蒙顿油工队队长后,率领球队 5 年中获得了 4 次斯坦利杯冠军,他在 1985—1988 年连续 4 年获得最有价值球员称号。

1988 年夏季,格雷茨基转会到了洛杉矶的国王队。1989 年 10 月 15 日,格雷茨基在他职业生涯的第 780 场比赛中,获得了生涯中第 1 851 个进球,创造了职业冰球历史上的新纪录。但是,由于洛杉矶国王队整体水平差,因此,格雷茨基没能带领国王队获得斯坦利杯。接下来的几年,格雷茨基又转会去了圣路易斯蓝调队和纽约游骑兵队。1999 年,格雷茨基宣布退役。

七、哈塞克

哈塞克 1965 年 1 月 29 日生于捷克斯洛伐克帕尔杜比采市。他身高 1.80 米,体重 76千克。

作为历史上最伟大的门将之一,哈塞克有一个响亮的外号——"统治者",这个绰号不仅和他名字很相似,更重要的是概括了他的个性——绝对的统治力。他一个人在不大的活动范围内就能击败对手,能挡住每一个角度过来的球,让人几乎想放弃进攻。如果说有哪个人能以守门员身份决定一场球赛的胜负,哈塞克当之无愧。

1981 年,哈塞克首次亮相捷克斯洛伐克的甲级联赛,2 年后,他被美国全国冰球协会的芝加哥黑鹰队在选秀首轮选中,但仍留在国内联赛锻炼。1990 年,哈塞克正式登陆美国全国冰球协会赛场,他迅速融入黑鹰队中,首次比赛就挡住了 29 次射门中的 28 次。1992年,哈塞克转会至布法罗军刀队,迎来了最辉煌的时刻。他 6 次取得年度最佳门将,分别是 1994 年、1995 年、1997 年、1998 年、1999 年和 2001 年。1997 年,他首次参加全明星赛,1999 年他率领布法罗队闯入斯坦利杯决赛,最后败给达拉斯星队。

在 1998 年长野冬奥会 1/4 决赛中,捷克对阵美国,在 0∶1 落后的不利情势下连进 4球,最终 4∶1 击败拥有职业球员的美国,在这场比赛中,哈塞克创下扑救 38 次的记录。

半决赛,捷克遇上强队加拿大,两个队展开了长野冬奥会上最精彩的一场比赛。双方进入加时赛,均无建树,最后开始了残酷的点球决战,尽管加拿大门将表现不凡,挡下 5 位罚球手的 4 次射门,但哈塞克表现更为神勇,拦住全部 5 次射门。决赛中,捷克的对手是俄罗斯,哈塞克左扑右挡,成功拦下 20 次射门,帮助捷克最终赢得冠军。2001/2002 赛季,哈塞克转投底特律红翼麾下,并在此结束了职业生涯。哈塞克响应国家号召,参加了 2002年的盐湖城冬奥会。

第七章
冰　壶

冰壶(Curling)又称掷冰壶、冰上溜石，是以队为单位在冰上进行的一种投掷性竞赛项目，被大家喻为冰上的"国际象棋"，它属于冬奥会比赛项目。比赛场地称为"赛道"，它经过设计可沿两个方向比赛，掷冰壶石的目的在于令冰壶停在预先确定的位置(靠近或保护)，或移到另一个冰壶上(击出或解除)。

第一节　冰壶的发展历程

一、冰壶的起源与发展

冰壶于 14 世纪起源于苏格兰。至今，在苏格兰还保存刻有"1511 年"字样的砥石(即溜石)。最初，冰壶是苏格兰人冬季在池塘或河堤内进行的一种类似地滚球的游戏。最早的冰壶比赛出现于 16 世纪中叶，18 世纪随着英国移民传入北美。1795 年，第一个冰壶俱乐部在苏格兰创立。1838 年，创立于 19 世纪初的著名的苏格兰冰壶俱乐部为这项运动制定了正式的比赛规则。从此，冰壶作为一项冬季运动，在欧洲和北美逐渐开展起来。20 世纪初，冰壶运动在加拿大兴起，特别是通过加拿大冰壶爱好者的努力，使这项运动的比赛规则和方法更加完善，并由室外逐渐移入室内。1927 年，加拿大举行了首次全国性冰壶比赛，当时称为麦克唐纳·布赖尔(Macdonald Brier)锦标赛，1980 年更名为拉巴特·布赖尔(Labatt Brier)锦标赛。冰壶于 1955 年传入亚洲。

1924 年在英国和法国爱好者的努力下，冰壶作为表演项目被纳入第一届冬奥会。1924 年 1 月 25 至 2 月 4 日，来自英国、法国、瑞典 3 个国家的 22 名冰壶运动员在夏蒙尼冰场进行了表演。1932 年，作为表演项目的冰壶再次被纳入冬奥会，然而参加这次表演虽然有 8 个队，但均来自美国和加拿大。

1957 年，为将冰壶运动推向世界，英国和加拿大的冰壶俱乐部在爱丁堡举行了一次具有里程碑意义的会议。通过磋商，双方决定从 1959 年开始举办两国间的比赛，定名苏格兰杯锦标赛(Scotch Cup Champions)。在苏格兰杯锦标赛的影响下，一些国家开始建立冰壶组织，并纷纷加入苏格兰杯赛的行列，先是美国(1961 年)和瑞典(1962 年)，接着是挪威和瑞士(1964 年)、法国(1966 年)及德国(1967 年)。

苏格兰杯赛的成功,为建立国际冰壶组织和举办世界冰壶锦标赛奠定了基础。1965年3月1日,由英国皇家冰壶俱乐部发起,在苏格兰珀斯(Perth)召开了一次有苏格兰、加拿大、美国、瑞典、挪威及瑞士6个国家和地区代表参加的国际冰壶会议。这次会议通过了皇家冰壶俱乐部提出的关于筹备成立国际冰壶联合会的建议。

1966年3月,第二次国际冰壶会议在加拿大温哥华举行。参加会议的代表除上次的6个国家和地区以外,又增加了法国。会议审议了国际冰壶联合会章程草案,并宣布于4月1日正式成立。1967年国际冰壶联合会的组织机构和章程草案在珀斯会议获得批准。

1968年,国际冰壶联合会年会在加拿大魁北克举行。这次会议通过了新的竞赛规则,并决定举办世界冰壶锦标赛,以代替苏格兰杯锦标赛。

1975年,为进一步推动冰壶运动的开展,扩大其影响力,国际冰壶联合会决定举办世界青年冰壶锦标赛。然而这时的世界冰壶锦标赛仅限于男子,女子直至1979年才开始举行,青年女子锦标赛1988年才获得批准。1989年,为了规范世界冰壶锦标赛,国际冰壶联合会决定将世界男子冰壶锦标赛、世界女子冰壶锦标赛、世界青年男子冰壶锦标赛以及世界青年女子冰壶锦标赛合并为两个系列,即现在的世界冰壶锦标赛(WCC)和世界青年冰壶锦标赛(WJCC)。

为将冰壶推向冬奥会,在国际冰壶联合会的努力下,又相继在1988年和1992年冬奥会进行了两次表演。1991年,国际冰壶联合会正式定名为世界冰壶联合会(World Curling Federation),并获得了国际奥委会的承认。1992年7月21日,国际奥委会在西班牙巴塞罗那会议上通过了将冰壶纳入冬奥会的决议。1993年6月19~22日,国际奥委会会议在洛桑举行。就在这次会议上,国际奥委会批准了将冰壶列为第18届冬奥会正式比赛项目。

到2002年,冰壶运动已发展到50多个国家和地区,其中已有39个国家和地区加入世界冰壶联合会。

二、我国冰壶运动的发展

1995年,在世界冰壶联合会的大力推动下,由日本出人、加拿大出技术在中国举办了第一届冰壶培训班。2000年,中国第一支冰壶队——哈尔滨市队成立,2003年,第一支国字号队伍诞生,同年,中国加入世界冰壶联合会,自此,世界冰壶赛场才有了中国运动员的身影。

中国女子冰壶队成立于2003年,虽然成立时间短,但中国冰壶的姑娘们在短短五六年间就跻身世界强队行列,2002年和2003年分别获得泛太平洋地区冰壶锦标赛男子、女子第五名。于2004年获得泛太平洋地区冰壶锦标赛男子第四名和女子第二名。2006年,中国女队获得世锦赛第五名的好成绩,时隔2年,在加拿大弗农举行的2008年世锦赛上,中国姑娘曾两度击败冰壶"梦之队"加拿大队,获得亚军,而男队随后在美国北达科他州举行的男子世锦赛上夺得第四名,同样创造历史最佳战绩。2009年3月29日,女子冰壶世

锦赛在韩国江陵闭幕,中国女子冰壶队战胜瑞典对手获得金牌,收获了第一个世界 A 级赛事冠军。

第二节　冰壶的场地及设施基本知识

一、赛道

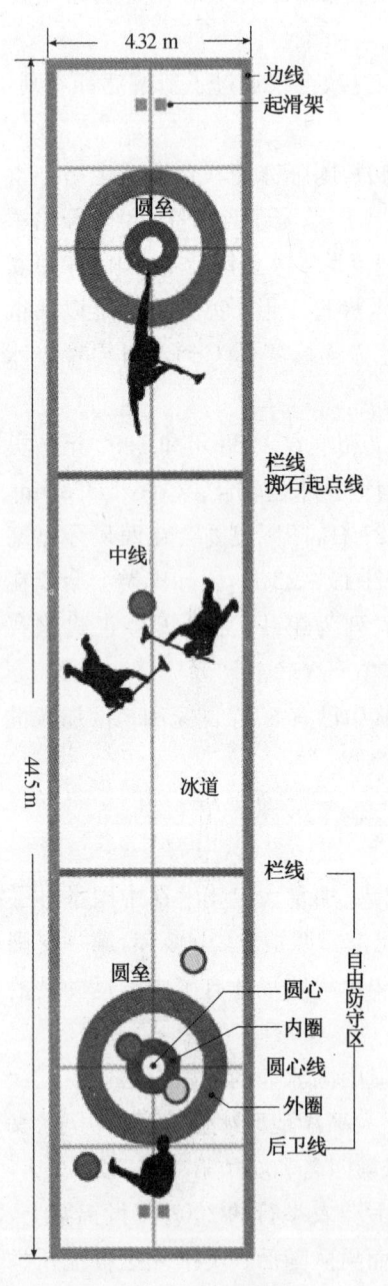

图 7-1　冰壶场地图

冰壶赛道的横截面是 U 形的,不是水平的,之所以如此设计并不是制冰师的失误,而是制冰师专业水平体现,因为 U 形的冰面可以帮助高水平运动员打出弧线球。

冰壶比赛场地(见图 7-1)长 44.5 米,宽 4.32 米(从木框的内缘算起)。冰道的一端画有一个直径为 1.83 米的圆圈作为球员的发球区,被称作本垒。冰道的另一端也画有一圆圈,被称为营垒。场地四周设有 2 英寸高、4 英寸宽的木框(1 英寸=2.54 厘米),以防砥石溜出界外。在场内有 6 条与端线平行的横贯全场的横线,中间的两条称前卫线,也称栏线;两端的两条称后卫线。前卫线的宽度为 4 英寸,后卫线的宽度为 1 英寸。在前卫线和后卫线的中间有一个纵横交叉的十字线,称圆心线,也称丁字线。圆心线的交叉点即是营垒的中心点。以中心点为圆心,向外分别各画一个半径 0.15 米、0.61 米、1.22 米以及 1.83 米的同心圆圈,外面的两圆之间涂为蓝色,里面的两圆之间涂为红色。在场内的两端距离端线 1.22 米处各安装有两个高 2 英寸的斜面橡胶起滑架,投掷砥石就从这里开始。起滑架的橡胶部分应紧密固定在木质或其他材质的材料上。起滑架长不得超过 8 英寸,内侧距离中心线为 3 英寸。

边线(side line):任何接触到边线的石球都被视为出局,应立即从场地中移开。

圆垒(house):冰道(sheet)两端各一,由数个同心圆所构成。

起滑架(hack):位于场地边缘与圆垒之间,球员在掷球时可借此将腿后蹬而向前。

圆心线(tee line):掷球时,若石球已通过掷球区的圆心线,则不可再重掷。石球掷出后,已方的刷冰员可在石球通过标的区的圆心线之前进行刷冰;之后,则对方主将有权进行刷冰,以使球离开圆心。

栏线(hog line):掷球时,球员必须在掷球区的栏线之前将球离手。掷球后,若石球未完全通过标的区的栏线便停止,则此球视为出局。但若曾与在局中的球发生碰撞,则该球无须完全通过栏线。

分区:前卫线到大本营之间分为1～3区,大本营分为4～10区,7区是圆心,底线和踏板之间是第11区。详见图7-2。

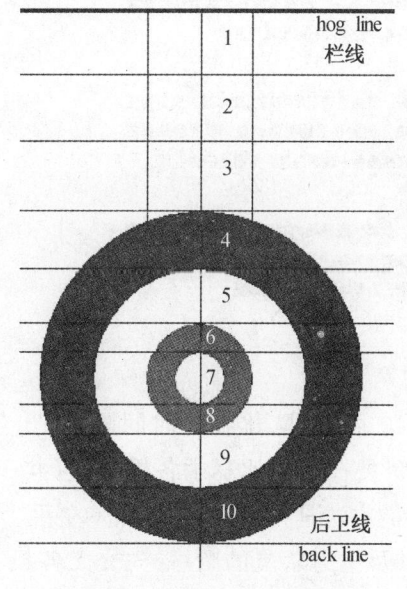

图7-2 冰壶大本营分区图

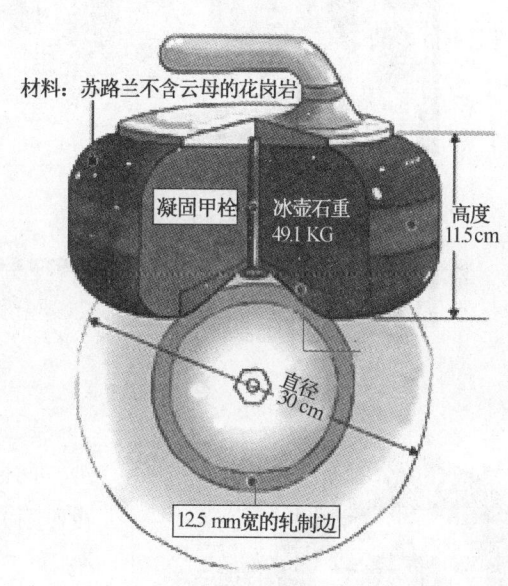

图7-3 冰壶

二、冰壶装备

冰壶石也称砥石,为圆形,由苏格兰不含云母的花岗岩石凿磨制成,标准直径30厘米、周长92厘米(36英寸),高11.5厘米(4.5英寸),重19.1千克,含手柄和垫重19.96千克,具体如图7-3所示。

参赛队员脚穿比赛专用鞋,两鞋底部质地不同,蹬冰脚的鞋底为橡胶制成,而滑行脚的鞋底为塑料制成。

第三节　冰壶的规则要点

一、基本规则

冰壶比赛每场有两队参加。每队4人,即第四号队员(拿刷子的队员),第三号队员(或副刷子队员),第二号队员和首号队员(最先掷石队员)。在每次掷石中所有的队员

都参与,要有一个掷石,两个刷子,一个呼叫策略。另有 1 名替补队员。具体如图 7-4 所示。

1号球员
领球员兼清扫夫,负责传送第一、二颗冰壶石,能让冰壶石按扫帚所指定的方向前进,能够控制冰壶的重量、旋转使其成功进入大本营;

2号球员
清扫夫,立即做出反应决定刷冰的时间和力量,同时要投掷第三、四颗冰壶石,面对局势更复杂,更能掌控冰壶石的重量及方位;

3号球员
副队长,传送冰壶石的技巧更加卓越,肩负责任也更重,同时在最后关键时刻,要代替队长工作,判断最后一球的路径,指引清扫夫;

4号球员
队长,能够判断现场的状况,根据冰面情况推测每一次射击的路径动向,善于使用策略,同时投掷第七、八颗冰壶石,责任最重。

冰壶四人行
一个冰壶队只有4名队员,每局中,每人除了要掷两次冰壶石外,还要各司其职,让整个球队配合默契;

图 7-4　冰壶运动员分工

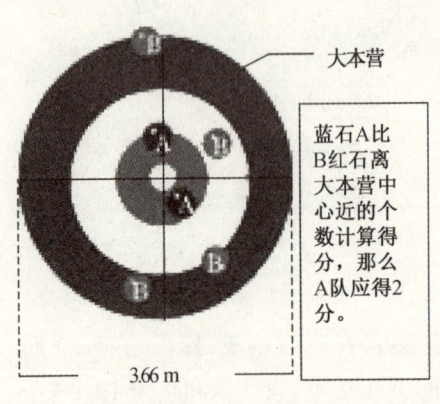

大本营

蓝石A比B红石离大本营中心近的个数计算得分,那么A队应得2分。

3.66 m

图 7-5　冰壶得分示意图

比赛进行 10 局,每队比赛的时间限定 75 分钟。两队每名队员在每局比赛中各掷 2 次(共 16 枚砥石)。进行的方法是:比赛双方按照一垒手、二垒手、三垒手以及主力队员的顺序,先交叉各投 1 次,然后进行第 2 次。最后当双方队员掷完所有冰壶后,每局以两队的砥石距离大本营(亦称营垒)圆心的近远评定胜负,每石 1 分,积分多的队为胜。假如 A 队有 2 枚砥石距离圆心比 B 队近,则 A 队得 2 分。比赛结束时得分多的队获胜。比赛开始两队投掷砥石先后的顺序通过抽签决定,从第 2 局开始则由上一局的胜队先掷。具体如图 7-5 所示。

一场比赛需两组砥石,每组各八颗,两组球应色彩鲜明以使在冰道另端仍可轻易辨识。传统上,在第一局中,不拥有最后一砥石投掷权的一队,可选择该队的砥石颜色。

在赛道上面一层覆盖着特制的微小颗粒,运动员可以用冰刷刷冰面、以改变冰壶与冰面的摩擦力,也可以调整方向。为减少砥石同冰面的摩擦,比赛前要用喷洒器向冰面均匀地喷洒水珠,以使冰面形成点状麻面。右手持砥石的投掷者须由中心线左侧的起滑架投掷,左手者须由右侧,否则为误投,其砥石将从赛场拿开。冰壶掷出后,如果未进前卫线或越过后卫线都视作无效,将被清出场外。

二、投掷要求

在每队队伍中,主将应领导比赛。当队员投掷时,主将应持冰刷,作为掷球之目标物。主将并应指示砥石之旋转方向及应滑行之距离,并使队员了解掷球之目的,以使刷冰员决定应如何刷冰,因为刷冰可使砥石增加滑行距离,同时减少行进之曲度。

为避免拥挤,比赛规则对于球员的位置也有所规定:

非投掷队:主将及副将可站立于标的端的底线后方,主将也可立于投掷队的主将之后。下一顺位的投掷员可站在后板附近,而其他队员则可站在冰道底端之后或两栏线之间。

投掷队:持冰刷之主将(或副将)可立于标的端圆心线后方的任何位置。

投掷时,右手持砥石的投掷者须由中心线左侧的起踏器投掷,左手者须由右侧,否则为误投,其砥石将从赛场拿开。

投掷时,蹬冰脚踏在起踏器上,身体下蹲,用灵活有力的手持砥石,另一手持扫帚。扫帚的底部应贴放在身体外斜前方冰面上,以帮助保持身体平衡。投掷开始,滑动脚先向前移,同时向前摆动砥石,身体略抬起,重心由蹬冰腿移向滑动腿。然后滑动腿收回,重心后移,并将砥石拉回到体侧后方。接着蹬冰腿用力蹬动,滑行腿膝关节弯曲,脚尖外展,两腿成弓箭步,向前滑出。砥石在身前,用伸直的手臂推动并控制砥石向前滑动。当砥石接近前卫线时,将手松开,使砥石边旋转边画着适当的曲线向前移动。在一般情况下,以砥石转动一圈半至两圈到达目标最为理想。

投掷时,必须使砥石越过对方的前卫线而不超过后卫线。在投掷的过程中,为使砥石滑行得更远并准确地到达目标,同队可有1名或1名以上队员手持毛刷,在两条丁字线之间砥石运行的前方用力擦刷冰面。当对方投掷时,为使其砥石滑离圆心更远,也可以派出1名队员在砥石运行的前面擦扫冰面,但必须是在丁字线的后面而且对方选手决定不再进行扫冰时。在扫冰过程中,任何一方扫冰者及扫冰器具均不得触及砥石或在砥石运行的前方留下污垢,否则视为违规。为获取比赛的胜利,运动员在力求将砥石投向圆心的同时,也可以根据战术的需要,在主力队员的指挥下,将对方的砥石撞出营垒或将本队的砥石撞向圆心。

三、其他情况

1. 特殊情况

若投掷员未在球抵达掷球端栏线之前将砥石离手,则另队有权选择该砥石的处理方式:①仍视该砥石为有效;②将该砥石视为出局,并将所有受该砥石碰撞的局内砥石放为原位。

2. 砥石的意外受触

当砥石掷出,正在滑行时,若投掷方的球员(通常是刷冰员)不慎以身体、衣服或是冰刷碰触此砥石,此砥石即视为受触砥石。在其滑行完成后,另队可就以下三者任择之一,

对该球进行处分：

(1) 仍视该砥石为有效。

(2) 将该砥石视为出局,并将所有受该砥石碰撞的局内砥石放回原位。

(3) 估算若砥石未受碰触,则场中各砥石的位置应会如何,并将场中各砥石移至其估算之位置。

3. 刷冰规则

投掷方之刷冰员可在两圆心线间为己方任何在移动中的砥石刷冰。但在圆心线之后,每队仅有一名队员可为己方的砥石刷冰,且仅有主将可为对方的砥石刷冰。

4. 计分

拥有位于营垒中、位置最接近营垒中心的砥石的队伍得分。该队每颗位于营垒中、位置较另队所有砥石都更接近圆心之砥石皆可获计 1 分。在移动任何砥石之前,两队的副将应对得分情形获得共识。

5. 测量

若属于不同队的两颗砥石无法判定何者较接近圆心时,除非另有砥石更接近圆心,该局将被视为不计分。

第四节　冰壶的比赛术语

一、得分区

直径 12 英尺(1 英尺＝0.304 8 米),带有四个中心圈,内面直径 8 英尺。

二、赛区

146 英尺的赛区。赛区设计两个方向均可使用。

三、拉引击石(拉引射)

这是最基本并最广为应用的射击,即将冰壶掷在得分区之前或得分区内(见图 7-6)。

四、防卫击石(卫兵射)

将砥石掷在拱线和得分区之间用来防御对手的砥石进入得分区,用来保护另一颗藏在其后位置十分理想的砥石(见图 7-6)。

五、敲退击石(移除射)

将冰壶石放在一个或是多个已经存在场上的冰壶石的前面。敲退击石就是将对手的冰壶石轻敲挤退远离得分中心线,但不将它击出,而使其停在投掷者的冰壶石的后面,如此一来对方便很难将这颗冰壶石击出场。有时也可将其击出局(见图 7-6)。

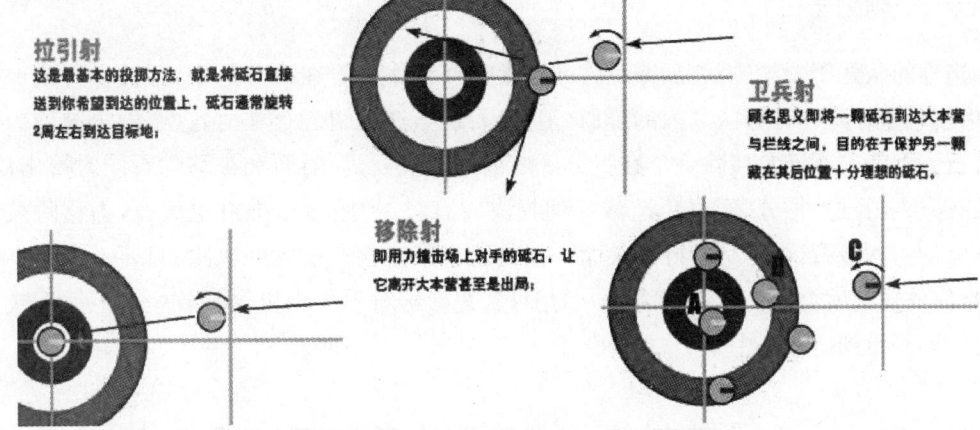

图 7-6　冰壶技法演示图

六、通道击石（弧线射）

在两颗冰壶石中间的缝隙叫做通道,当投掷者需要让他的冰壶石通过两颗或是多阻碍石时,他便需要掷出一个通道击石。

七、晋升击石

将一颗在得分区之前的冰壶石,即由射石撞击到更接近得分区的中心。同时这颗射石被晋升到中心石起到卫兵的作用。

八、晋升移除掷石

一颗冰壶石被射石撞击之后,往后推进并碰击到对方的冰壶石,而使对方的石冰壶石被驱离得分区或出局的射击。

九、精彩击石

若希望将冰壶石掷到一颗卫兵石的后面;或是希望将一颗被保护得很好的冰壶石击出场,有一种方式是将冰壶石丢掷去撞击一颗停在外围的冰壶石,然后让掷石转向朝目标地方向前进。这种射击大概是击石最精彩的射击之一,因为这种射击通常会出现意想不到的结果。

十、奉送击石

奉送击石有两种形式,这两种都牵涉(两颗、多颗)冰壶石十分接近或甚至靠在一起。一种情况是连接两个冰壶石中心的线,朝(指)向得分区中心或目标区;另外一种情况是两颗冰壶石接点的切线,朝(指)向得分中心或目标区。

十一、剥削击石

当你的队处于领先的状况,或是你的对手有一颗冰壶石在得分区中,并被良好地保护着,你会希望移除在得分区之前的障碍(卫兵)石。当这种情况存在时,这个射击被称为剥削击石。剥削击石涉及移除一个在得分区之前的冰壶石,而射石和被移除石同时撞出局,而没有进入(经过)得分区,以免造成任何损失。有时,利用撞击推进卫兵石,去移除被卫兵石保护的冰壶石,会是一个好的策略。但是这个策略也有很大的风险,只要一点小小的失误,你的射石就会留在原地成为对方的卫兵,并奉送对手一个机会再放一个卫兵石或是放另一冰壶石到得分区中。

第五节　冰壶的比赛技巧

一、握法

冰壶石不光是用手握的,也不光是握在掌心深处,还需要手指与手掌的密切配合。用力的手指握紧冰壶石控制好持续投砥石的动作是非常重要的。投掷时有大旋转和小旋转技巧。

二、投掷方法

根据双方队员掷出的砥石离大本营中心的个数多少来计算得分并决定胜负。

(1)运动员蹲下身子并作成将身体坐在腿肚子上的姿势,伸直胳膊把砥石轻松地放在自己的前方。垂直肩膀、伸直胳膊、靠拢膝盖、端正身体。在身体放松的情况下,控制好平衡时非常重要的。

(2)在将砥石向前稍微移动的同时开始投掷。在做投掷动作之前,要先把躯干部分抬起。

(3)保持好伸直的胳膊与垂直的肩膀,关键是在抬起躯干的时候。其余只要掌握好砥石的握法与自我控制,并以正确的姿势投出砥石便不会失误。

(4)冰壶是由肩膀用力而投出去的。靠伸直的肩膀前后摇摆来调节投掷的距离。重要的是要控制好小横步,实际就是脚的转弯度。作投掷运动时保持好重心也是非常重要因素。把身体的重心移到右侧稍微弯曲的脚上,用左脚来控制并掌握平衡。

(5)把冰壶提到自己的前方,伸直胳膊然后把脚慢慢地移到冰壶的后方。因为身体的重心要从后脚移到向前弯曲的前脚上,所以要掌握好平衡,也可以借助刷子的手来调节平衡。

(6)投掷运动员把砥石充分地提到自己的前方,又脚伸直至后方并将身体向前移动,使肩膀垂直于帮助调节平衡的刷子。投掷的瞬间,前胸落到膝盖的内侧,砥石脱手而出,飞向目的地。这时身体完全保持平衡,甚至不用刷子来支撑。

（7）投掷结束后，身体伸展到最低、最远的程度，到最后的一个动作完成为止，肩膀保持垂直，胳膊也要伸出去。投出冰壶后使身体保持最低的姿势，直到投掷结束为止

第六节　冰壶的观赛礼仪

为了获得现场观赛的更好体验，同时给运动员营造一个良好的竞赛氛围，在冰壶比赛观赛过程中需要注意以下几点：

（1）由于冰场气温相对较低，冰场室内温度通常在 15 摄氏度以下，请携带适当御寒衣物。

（2）切忌喝倒彩行为，这样既不尊重对手，也有失风度。

（3）对于任何一队运动员都应给予鼓励和赞赏。

（4）不得向场地投掷任何物品。

（5）请遵守场馆的有关规定，文明利用场馆设施。

第七节　冰壶国际组织和主要赛事

一、世界冰壶联合会

世界冰壶联合会（World Curling Federation，WCF）成立于 1966 年 4 月 1 日，发起国有苏格兰、加拿大、美国、瑞典、挪威和瑞士，当时名为国际冰壶联合会（ICF），1991 年改用现名。世界冰壶联合会的任务是在国际上作为冰壶运动的代表，促进该运动在世界各国的发展；促进协会会员间的合作与相互了解，团结全世界冰壶爱好者；维护世界冰壶运动的利益；组织冰壶比赛，制定竞赛规则；尊重协会会员的自治。

该组织的主要机构有代表大会、执委会、行政委员会。

协会会员出席大会的代表数与协会的规模有关，1 万人以上的协会有 4 名代表，3 001人到 1 万人的协会有 3 名代表，余者为两名代表。协会的表决票数也因协会人数多少分为 2、4、6、8 票 4 个等级。

代表大会授权执委会领导联合会的工作，执委会由主席、副主席、财务主任和 4 名委员共 7 人组成。由主席、副主席和财政副主任 3 人组成行政委员会，其职能是执行代表大会和执委会的决定。

冰壶被列为 1988 年和 1992 年冬季奥运会的表演项目，1998 年长野冬奥会上被列为正式比赛项目。中国于 2003 年加入世界冰壶联合会。

二、主要赛事

冰壶运动竞赛的重要赛事有冬奥会冰壶比赛、世界冰壶锦标赛。冰壶是冬奥会中举

行的比赛项目,主要分为男子冰壶比赛和女子冰壶比赛。我国经常举办的冰壶全国性比赛是全国冬季运动会冰壶赛。

第八节　冰壶国内著名运动员

一、王冰玉

我国女子冰壶队成立于 2003 年。虽然成立时间短,但我国冰壶的女子选手在短短五六年间就跻身世界强队行列。2007 年,中国队聘请了加拿大籍外教丹尼尔之后,我国女子冰壶的成绩得到了突飞猛进的发展。

在 2008 年女子冰壶世锦赛上,我国女子冰壶队一鸣惊人地获得亚军,并且获得了温哥华冬奥会的入场券。2009 年 2 月在哈尔滨大冬会上,她们又一举夺得冠军。2009 年 3 月 25 日,她们获得女子冰壶世锦赛冠军。2010 年获得了温哥华冬奥会的第三名。

王冰玉就是这支创造辉煌的冰壶队的队长,王冰玉 1984 年 7 月生于黑龙江省哈尔滨市,就读于哈尔滨体育学院。王冰玉的父亲是一名冰球教练。上中学时一个偶然的机会,王冰玉尝试了一次冰壶,就喜欢上了这个项目。2009 年女子冰壶世锦赛上,王冰玉带领中国女子冰壶队在决赛中战胜经验老到的瑞典队夺得了冠军,实现了中国在冰雪项目上的重大突破。

二、岳清爽

岳清爽是中国女子冰壶队的一垒。岳清爽 1985 年 10 月生于黑龙江哈尔滨,就读哈尔滨体育学院。早在 2003 年,她就和队友一起夺得了第十届全国冬季运动会冠军。后来,她又以优异的表现进入了国家队。在国家队的日子里,岳清爽与队友们一起努力,脚踏实地苦练技术。2007 年,岳清爽与队友获得亚洲冬季运动会女子冰壶项目第三名。2008年,她们便在世界冰壶锦标赛中一鸣惊人,一路过关战将,最终获得亚军。2009 年,岳清爽和队友们获得世界大学生冬季运动会和世界锦标赛冠军。

三、周妍

周妍是中国女子冰壶国家队二垒,中国冰壶四朵金花之一。她和队友王冰玉、岳清爽、柳荫、刘金莉合作赢得 2010 年温哥华冬奥会季军,2009 年世锦赛冠军,2009 年大冬会冠军,2008 年世锦赛亚军。

第八章
冬 季 两 项

冬季两项起源于斯堪的纳维亚半岛,由远古时代的滑雪狩猎演变而来。在挪威曾发现大约 4 000 年前两人足蹬雪板、手持棍棒追捕野兽的石雕。中世纪开始逐渐纳入军事训练科目。1767 年,挪威边防军滑雪巡逻队举行了滑雪射击比赛,据记载,这是世界上最早的现代冬季两项比赛。

1861 年挪威成立世界上最早的滑雪射击俱乐部。1912 年挪威军队在奥斯陆举行名称"为了战争"的滑雪射击比赛。后逐渐在欧美国家开展,成为一种体育运动项目。

第一节　冬季两项的发展历程

一、冬季两项的起源与发展

冬季两项(biathlon)是以滑雪板、滑雪杖和步枪为工具在专门线路上滑行一定距离的同时,在指定区域进行射击的一种综合性竞技项目。它是冬季运动中唯一要求运动员在比赛中迅速由动态转为静态和由静态过渡到动态的项目。在国际体育分类学上属独立的冬季运动项目,目前在我国被列为雪上项目。

冬季两项"biathlon"一词源自拉丁文"bis"和希腊文"athlon"。bis 原意为两次,athlon为竞赛。冬季两项在 20 世纪 20 年代中期诞生于斯堪的纳维亚半岛。但作为冬季两项的起源,其历史却要比这项运动确立的历史久远得多。

1924 年,滑雪射击被作为军事巡逻项目(Mititary Patrol)参加了第一届冬奥会的表演,冬季两项也由此诞生。此后,军事巡逻又先后两次被列为冬奥会表演项目(1928 年及1948 年)。第二次世界大战后,在冬季两项运动发展史上,瑞典起到了重要的作用。1944年,众所周知的"冬季两项"冠军赛就是由瑞典发起的。在距离为 20 千米的全程比赛中,运动员要射击 5 次,每次 6 发子弹,向不规则排列的图形靶射击,每脱一靶,要在总时间内加上 3 分钟,以作为处罚。1948 年,为推动冬季运动的发展,使更多的冬季项目进入冬奥会,一个以现代五项为基础组合的冬季五项被列为第五届冬奥会表演项目。冬季五项除保留了现代五项中的击剑、射击和骑马越野以外,将赛跑改为 20 千米越野滑雪,游泳改为高山滑降。由于这一项目结合的内容冬、夏混杂而没有获得国际奥委会的承认。

　　同年,在瑞典、挪威、芬兰、英国等国家的倡议下,国际现代五项联盟(UIPM)于1948年8月3日在英国桑德赫斯特(Sandhurst)成立,瑞典的托姆·威布姆(Tom Wibom)当选首任主席。1949年第一届代表大会在瑞典斯德哥尔摩召开,会议产生了新的领导机构,主席由瑞典的姆尔·厄于尔森(Mr eyrsen)担任。于是,欧、美一些国家在建立现代五项协会的同时,将冬季两项也作为一个组成部分加入了国际现代五项联盟。

　　进入20世纪50年代以后,冬季两项运动在瑞典、苏联、保加利亚、挪威、芬兰、英国、法国、民主德国、联邦德国、澳大利亚和美国10余个国家迅速开展起来。在这些国家的努力下,经过多年的试验和磋商,冬季两项竞赛规则终于在1956年11月17日澳大利亚墨尔本会议获得通过,并决定从1958年开始举办世界锦标赛,每年一届。

　　1958年3月2日,第一届世界冬季两项锦标赛在奥地利萨尔茨堡州的萨尔费尔登(Saalfelden)举行。比赛只有20千米个人一个项目。

　　1960年,在瑞典等一些国家的提议下,美国决定将冬季两项纳入斯阔谷冬奥会。从此,冬季两项也就成了冬奥会的正式比赛项目。

　　1962年,国际现代五项和冬季两项联盟召开了两个大会,冬季两项代表大会于3月2日在芬兰海门林纳(Hameenlinna)召开,重点就竞赛规则和冬季两项的发展进行了研究,并决定对国际裁判员进行培训。1964年,首届国际裁判员学习班在瑞典斯图利恩(Storlien)举行。1965年2月20日接力规则在挪威埃尔沃吕姆(Elverum)被通过。

　　1965年,冬季两项竞赛规则对射击的距离以及记分方法等进行了一次修改。修改后的规则规定:全部射击的距离均为150米,4次射击的姿势改为卧姿和立姿各2次。修改后的射击距离单一化,不仅有利于观众,而且也有助于赛会的安排。同年,4×7.5千米接力被作为非正式项目纳入在挪威埃尔沃昌姆举行的第六届世界锦标赛。比赛结果表明,各国家对4×7.5千米接力的重视程度以及比赛竞争的激烈程度均远远超出个人赛。于是,从1966年开始,4×7.5千米接力被批准为世界锦标赛的正式比赛项目。

　　1956年,冬季两项的活动开始由1948年创立的国际现代五项联盟管理。国际现代五项联盟也由此更名为国际现代五项和冬季两项联盟(UIMPB)。1974年在明斯科举行的世界锦标赛又增加了一项10千米短距离。短距离比赛要求运动员在10千米滑行过程中书进行两次射击,一次在2.5千米处采用卧射,一次在7.5千米处采用立射。每次为5发子弹,射击5个靶,每脱一靶加滑150米作为处罚。1972年日本札幌奥运会首次采用了电子示分牌。

　　1977年挪威利勒哈默尔世界锦标赛上,运动员告别了大口径武器。国际现代五项和冬季两项联盟决定,从1978年1月1日开始,冬季两项所有项目一律改用小口径步枪(22cal. LR)。射击距离从150米缩短到50米。射击靶也由易碎靶改为金属靶。靶的尺寸相应缩小,并于1980年正式定为11厘米。

　　20世纪70年代以前,冬季两项一直被视为男子的运动。为推进女子冬季两项运动的开展,国际现代五项和冬季两项联盟于1978年开始着手制定女子竞赛规则,并于1980年南斯拉夫萨拉热窝代表大会获得通过。

1981 年 2 月,首次国际女子冬季两项比赛在捷克斯洛伐克亚希莫夫-卡罗维瓦利(Jachymov-Karlovy Vary)举行。比赛十分成功,从而为举办世界女子冬季两项锦标赛奠定了基础。1984 年,经过近两年的筹备,第一届世界女子冬季两项锦标赛终于在法国夏蒙尼举行,比赛设个人、短距离和接力 3 个项目。1988 年国际奥委会执行委员会决定从 1992 年开始将女子冬季两项纳入冬奥会。

1992 年 11 月 30 日,冬季两项代表大会在法国阿米利-莱莱斑(Amili-Les Bains)召开,会议决定脱离国际现代五项和冬季两项联盟,建立冬季两项单独的国际组织。1993 年 7 月 2 日,国际冬季两项联盟(IBU)在英国伦敦宣布成立,总部设在奥地利萨尔茨堡(Salzburg)。1994 年在萨尔茨堡召开了首届国际冬季两项联盟代表大会。然而这个时期国际冬季两项联盟并没有完全脱离国际现代五项和冬季两项联盟。

在冬季两项发展的历史进程中,具有里程碑意义的是 1996 年在奥地利上菲尔岑(Hochfilzen)举行了首届世界夏季冬季两项锦标赛(Summer Biathlon World Championships)。夏季与冬季不同是滑雪板改为轮滑板,射击位置编号和射击姿势(卧射和立射)颠倒过来,从右开始。

1998 年 6 月 5 日,国际奥委会批准追逐赛纳入冬奥会,从而使冬奥会冬季两项由原来的 6 小项扩大到 8 小项。同年 6 月 26~28 日,第三届国际冬季两项联盟代表大会在奥地利召开,就在这次会议上,国际冬季两项联盟正式脱离了国际现代五项和冬季两项联盟,并于 1999 年 6 月 1 日正式注册,其活动中心为奥地利萨尔茨堡。

1958—2002 年,冬季两项运动已发展到近 70 个国家和地区,其中有 62 个国家和地区加入了国际冬季两项联盟。自 1960 年冬季两项被纳入冬奥会以来,已有 45 个国家和地区的冬季两项运动员加入冬奥会的行列。

二、我国冬季两项的发展

我国冬季两项从 1980 年开始参加冬奥会,最早是在部队中开展此项运动,发展至今有 30 多年的历史,与其他欧洲一些冬季两项运动强国相比,我国起步较晚,但发展还是较为迅速的。我国选手于淑梅曾在 12.5 千米的世界杯总决赛中为祖国夺得第一个冬季两项世界冠军。后来该项目在吉林和长春等市逐渐发展起来,涌现了刘显英、孔颖超、孙日波等名将。我国的冬季两项运动布局、运动梯队和有待进继续完善,整体水平还还需进一步提高,属于潜优势项目。

第二节　冬季两项的场地及设施基本知识

冬季两项比赛场地包括设施区和雪道区两个部分。设施区由起/终点区、射击场、处罚圈、接力交接区等组成。由各种平坦、上坡、下坡等自然起伏的地段组成,要避免过长、过陡的上坡和难度过大的下坡,以及单调过长的平地。线路上的雪面要经过机械或人工

捣固、踏压,厚度至少10厘米。起点、射击场和终点设在平坦的场地上,并尽量设置在一起。全段线路海拔高度不得高于1 800米。雪道宽度为5米,并要设置雪槽。

执行处罚滑行圈数的竞赛时,在射击场附近,设有2条圆形或椭圆形的作为处罚用的雪道,周长150米,该线路使所有靶位上的运动员都滑行相等的距离。在终点前的接力线路最后一段,有能将运动员引导进入该处罚圈的线路,以备补罚用。全线路设方向标志和里程碑。

冬季两项滑雪板长度不限,但最短不得低于个人身高4厘米。尾部最高点距地面不得超过3厘米,重量每副不得少于750克。滑雪杖重量及形状不限,长度不得超过个人身高。

步枪必须是枪机转拉式退壳装弹。枪管口径为5.6毫米(0.22英寸)。不允许使用折叠枪托或安装光学设备及磁化装置。步枪扳机重量不得少于0.5千克。整个枪支不包括弹匣及子弹总重量不得少于3.5千克。

冬季两项射击场靶台必须平坦而坚固,上面可铺盖席子或类似覆盖物,靶台前沿和与之平行的靶板线间的距离为50米,靶与相应的靶位偏差不超过2%,也不高于靶台3%。靶的背景须是白色,靶位和相对应靶的号码必须相同。一个项目竞赛的全过程,必须使用相同的射靶系统。冬季两项射击采用的金属靶主要是电子靶,即电动继动器完成靶盘重置及状态变换。靶子是由一个带5个靶孔的白色靶面构成。靶孔的直径立射为115±0.3毫米,卧射45+0.3毫米。

第三节　冬季两项的规则要点

一、比赛项目设置

根据国际冬季两项联盟规定,冬季两项比赛包括成年男、女和青年男、女两大类。成年男子比赛项目由20千米个人、12.5千米追逐、10千米短距离、15千米集体出发、4×7.5千米接力以及团体6个小项组成。成年女子比赛项目为15千米个人、10千米追逐、7.5千米短距离、12.5千米集体出发、4×7.5千米接力和团体。还有女子2×6千米+男子2×7.5千米混合接力赛。其中男、女个人、追逐、短距离、接力和混合项目为冬奥会项目。

二、比赛项目规则

冬季两项是越野滑雪和射击相结合的运动,运动员身背专用小口径步枪,比赛时,运动员要脚穿滑雪板,手持滑雪杖,携带枪支,沿标记的滑道,按正确的方向和顺序滑完预定的全程。每滑行一段距离进行一次射击,最先到达终点者获得优胜。

在比赛中越野滑雪采用自由式,立射时选手必须先停下脚步,将雪仗放在地上才能射击,卧射时选手需将肘部支撑在地上射击。在个人项目和短距离赛中,选手可以选择靶位。在追逐赛和集体出发中,率先抵达射击点的选手进入1号靶位,第二个到达的进入

2 号靶位,以此类推。

1. 个人赛

在这个项目上,比赛时,运动员单个出发,随身携带枪支和 20 发子弹,每 1 个目标发射 5 发。男子要比赛 20 千米,女子 15 千米,选手单个出发,间隔时间为 30 秒,其中男子每滑行 4 千米射击 1 次,女子每滑行 3 千米射击 1 次,中间总共射击 4 次,每次 5 发子弹,射击姿势及顺序为第 1 圈滑行后卧射,第 2 圈滑行后立射,第 3 圈滑行后卧射,第 4 圈滑行后立射,第 5 圈滑行直达终点。如果选手有一发子弹没能命中(脱靶),他最终的成绩上将加上 1 分钟的时间,到达终点后用时最少的选手为胜利者,而最终的用时包括了滑行时间和射击比赛罚时。

2. 短距离

和个人赛类似,短距离比赛选手也是采用单人出发,间隔时间为 30 秒,比赛中女子需要进行 7.5 千米比赛(3 圈,每一圈 2.5 千米),男子需要进行 10 千米比赛(3 圈,每一圈 3.3 千米)。选手需要停下来射击两次,射击姿势及顺序为卧射、立射,个人赛每次 5 发子弹。如果选手出现脱靶,他将被加罚滑行一个 150 米场的圈道,到达终点后用时最少的选手为胜利者,而最终的用时包括了滑行时间和加罚滑行的用时。

3. 追逐赛

在短距离赛中排名前 60 名的选手将获得参加追逐赛的资格。在追逐赛中,选手的出发间隔根据他们在短距离赛中的成绩确定,短距离赛冠军第一个出发,其他选手随后一次出发,他们出发的间隔时间为他们在短距离赛中落后第一名的时间。

追逐赛中女选手要比赛 10 千米(5 圈,每一圈 2 千米),男选手比赛 12.5 千米(5 圈,每一圈 2.5 千米)。所有选手在比赛中都要进行 4 次射击,每次 5 发子弹,射击姿势及顺序为卧射、立射、卧射、立射。如果选手出现脱靶,他将被加罚滑行一个 150 米场的圈道,到达终点后用时最少的选手为胜利者,而最终的用时包括了滑行时间和加罚滑行的用时。

4. 接力赛

接力赛每队由 4 人组成,总滑行距离为 30 千米。每人 7.5 千米(女子为 6 千米)的滑行分为 3 个段落:第 1 圈滑行后卧射,第 2 圈滑行后立射,第 3 圈滑行到达终点,并在接力区用手接触同伴队员身体的任何部位。接力出发时,一般采取集体 1 次出发,如果条件不具备,可分组出发。随身携带枪支和 16 发子弹,其中两种姿势 10 发子弹,6 发预备弹。每 1 种姿势发射 5 发;如果还有残存的目标,可用 3 发预备弹,继续射击。在使用预备弹时必须一发一发地装填射击,直到残存目标被命中。如用备用弹后仍未打中残存目标,就按残存的目标数加罚滑行圈数(每圈 150 米)。如果残存目标两个,就加罚滑行两圈。计算成绩,以接力队的最后一名队员到达终点的时间为该队接力的总成绩。

5. 集体出发

在这项比赛中,女子要进行 12.5 千米的比赛,男子 15 千米,集体出发赛由在个人赛、短距离赛和追逐赛上获得奖牌的 30 位顶尖选手参加,如果其他三项奖牌获得者不到 30

人,那么在世界杯此项比赛的冠军将填空缺。比赛中选手要完成 5 圈滑行,男子每圈 3 千米,女子每一圈 2.5 千米。比赛中选手需要射击 4 次,每次 5 发子弹。如果脱靶一次,将被罚多滑一圈 150 米长的赛道。到达终点后用时最少的选手为胜利者,而最终的用时包括了滑行时间和加罚滑行的用时。

冬季两项场地及项目规则要点如图 8-1 所示。

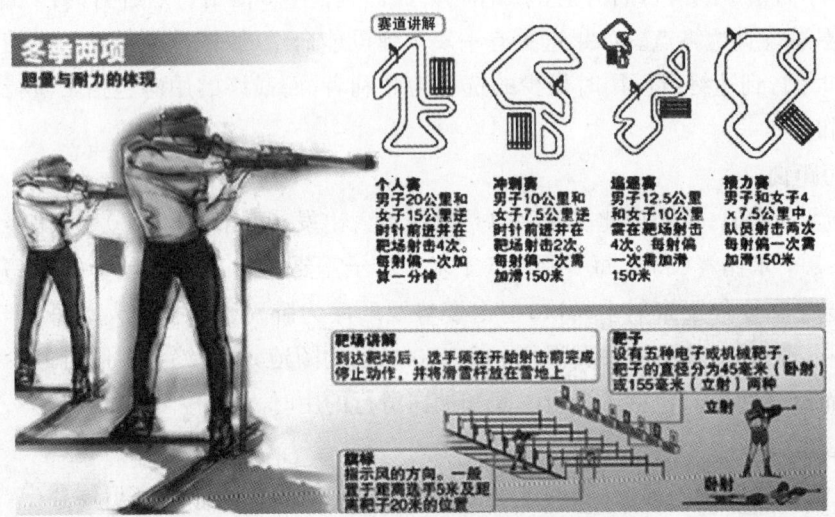

图 8-1　冬季两项场地及项目规则要点

冬季两项比赛对越野滑雪线路和射击位置的规定如表 8-1 所示。

表 8-1　　　　　　　冬季两项比赛对越野滑雪线路和射击位置的规定

1	2	3	4	5	6	7
选手类别	雪道长度与比赛类别	射击轮次	射击间距	滑雪线路高度差	最大坡长	总坡长
男子	20 km 个人赛	4～17 km	3.5 km	200 m	75 m	600～750 m
	10 km 短距离赛 10 km 团体赛	2.5～7.5 km	3 km	200 m	75 m	300～450 m
	12.5 km 追逐赛	在2.5、5、7.5、10 km 处	2.5 km	200 m	75 m	350～500 m
	4×7.5 km 接力赛	分别在2.5和5 km 处	2.5 km	100 m	75 m	210～300 m
	15 km 集体出发赛	分别在 3、6、9 与 12 km 处	3 km	150 m	75 m	400～500 m

1	2	3	4	5	6	7
选手类别	雪道长度与比赛类别	射击轮次	射击间距	滑雪线路高度差	最大坡长	总坡长
女子	15 km 个人赛	2.5～12.5 km	3 km	150 m	75 m	400～500 m
	7.5 km 短距离赛 7.5 km 团体赛	2.5、5 km 处	2.5 km	100 m	75 m	210～350 m
	10 km 追逐赛	在 2、4、6、8 km 处	2 km	100 m	75 m	200～350 m
	4×7.5 km 接力赛	分别在 2.5、5 km 处	2.5 km	100 m	75 m	210～300 m
	12.5 km 集体出发赛	分别在 2.5、5、7.5、10 km 处	2.5 km	100 m	75 m	350～500 m
青年男子	15 km 个人赛	2.5～12.5 km	3 km	150 m	75 m	400～500 m
	10 km 短距离赛 10 km 团体赛	2.5～7.5 km	3 km	100 m	75 m	300～450 m
	12.5 km 追逐赛/集体赛	在 2.5、5、7.5、10 km 处	2.5 km	150 m	75 m	350～500 m
	4×7.5 km 接力赛	分别在 2.5、5 km 处	2.5 km	100 m		

三、冬季两项违反规则的处罚

1. 禁止出发

禁止一名参赛选手或一个队出发,可以因为如下理由:

（1）违反了 IBU 竞赛规则第 1.4 条款的资格要求。

（2）不符合 IBU 竞赛规则第 1.5 条款所要求的条件和资格要求。

（3）出发时携带的器材,着装广告不符合 IBU 的材料目录。

（4）出发时,因个人原因或该队的原因,出发号码错误,或没有出发号码。

（5）削弱或危害了 IBU 契约关系。

（6）违反了有关训练、校枪、热身活动和雪板测试规则。

竞赛中出现犯规可实施禁止出发,或在下一次竞赛时实施。

2. 1 分钟处罚

1 分钟处罚将施加给以下的参赛选手或参赛队:

（1）在团体赛中,同一队的第一个和最后一个队员穿过靶场入口的特定线或通过终点间的时间间隔超过 15 秒。

（2）在团体赛中,在 2 名射击选手完全通过等候区之前,1 名或 2 名非射击队员的脚超载等候区界线的。

（3）当参赛选手第一次要求超越时,或在密集团队中,一个队要求超越时,不让道。

(4) 在接力赛中,在使用任何一发备用弹前没有把3颗剩余的子弹放入提供的容器中或靶位上。

(5) 在团体赛中,2名射手没有在从相邻的靶位上射击。

(6) 在团体赛中,在另一名射手进入相邻的靶位之前,一名射手就开始射击。

(7) 犯了一个很小的公平竞争和运动道德的错误。

3. 2分钟处罚

2分钟处罚将施加给以下的参赛选手或参赛队:

(1) 因射击处罚,在参赛选手每轮卧或立射完毕后没立即滑行所处罚的圈数,每圈罚2分钟。

(2) 在接力赛、集体出发赛或以小组出发时,在出发线后准备的雪辙中,采用(一条腿或两条腿侧蹬)蹬冰技术。

(3) 在个人赛、短距离赛、追逐赛、集体出发赛和团体赛中,如果参赛者所有5发子弹或在接力赛中8发子弹有没发射的子弹而靶子尚未完全击中,就开始滑雪,每发子弹罚2分钟。

(4) 犯了一个小的公平竞争和运动道德的错误。

4. 取消资格

参赛者或参赛队在以下情况将被取消资格:

(1) 参加了他或她没有资格参加的比赛。

(2) 违反了IBU竞赛规则中第1.4款"参赛选手和参赛队的资格规定"。

(3) 使用兴奋剂而参赛,或因接力赛队中或在团体赛中的其他队员在竞赛中使用了兴奋剂。

(4) 当要求时,躲避兴奋剂检查或血液检查。

(5) 接受了在IBU竞赛规则第1.8.2款中定义的被禁止的其他队员的或该队非参赛运动员的帮助。

(6) 在IBU竞赛中,使用器材、步枪或服装不符合IBU规则,包括带有未经许可的广告。

(7) 回避出发和终点的检查。

(8) 带有未作适当标记的雪板或枪支参加竞赛。

(9) 以不允许的方法修改已在起点经检查和标记后的器材、步枪或服装。

(10) 由于本人的过错或该队的错误,或故意地用不按竞赛出发顺序指定的出发号或出发号码顺序颜色参加比赛。

(11) 偏离标记了的雪道,或滑错雪道,从而为自己或该队赢得时间的优势,或在线跳上以错误的顺序或错误的方向滑雪。

(12) 除了雪板、雪杖及自身的力量外,使用推进手段。

(13) 在整个竞赛滑行中不背枪支,或在当枪支没有损坏情况下,在线路上不枪口朝上背枪。

(14) 在线路上,或在射击场,严重妨碍另一参赛选手。

(15) 竞赛期间更换了两只雪板。

（16）修理器材，接受未经许可的任何人的帮助，或接受未经许可的帮助。

（17）在竞赛期间使用任何改善滑行性能的物质。

（18）在个人赛、短距离赛、追逐赛、集体出发赛和团体赛的任一回合的射击中，射击超过 5 发子弹，或在接力赛中射击超过 8 发子弹。

（19）经警告仍保持不正确的射击姿势或不正确的射击靶位上。

（20）使用第二个弹匣，而不是单独装丢失的子弹，因射不出的替换弹，或备用子弹。

（21）违反任何在 IBU 竞赛规则第 8.5 条款指定的射击安全规则。

（22）在竞赛中不遵守射击秩序或不遵守团体赛出发名单的射击顺序。

（23）严重违反公平竞赛原则和体育运动道德。

5. 中止

如果血检血球容量男子超过 52％、女子超过 48％，将因健康原因而立即中止运动参加各项比赛，直到血球容量再次检测，男子减少到 52％ 以下、女子减少到 48％ 以下。

第四节　冬季两项国内外著名运动员

一、张庆

1980 年出生于辽宁省开原市，1994 年 3 月进入八一滑雪队，1996 年入选国家冬季两项队，1999 年第四届亚冬会取得冬季两项目 10 千米和 20 千米两枚金牌；在 2000 年首届夏季冬季两项锦标赛上取得了越野跑射击 6 千米和自行车射击两枚金牌；2004 年首届亚洲冬季两项锦标赛上夺得 2 枚金牌；2005—2007 年在全国各项比赛中以绝对优势一人独得了 80％ 的金牌，共计 22 枚。

二、董雪

1986 年 5 月出生于吉林省吉林市，1999 年 1 月进入八一滑雪队，2004 年入选国家冬季两项队，2002 年世界青少年锦标赛上，勇夺女子冬季两项 3 枚金牌，成为我国首位在一次世界比赛上获得金牌最多的运动员；2003 年 1 月在全国第十届冬季运动会上取得了冬季两项 7.5 千米和 10 千米两个项目第一名。

三、孔颖超

1982 年 10 月出生于内蒙古通辽市，1996 年 1 月进入八一滑雪队，1997 年首次参加比赛，1999 年入选国家冬季两项队；2001 年世界杯女子 4×7.5 千米接力第五名，2003 年第五届亚洲冬季运动会 2 枚银牌，2004—2005 赛季，冬季两项世界杯上连夺得 2 枚银牌。2007 年第六届亚洲冬季运动会冬季两项女子 10 千米追逐冠军，冬季两项女子个人 7.5 千米竞速赛亚军，冬季两项女子个人 15 千米亚军。2007 年第六届亚冬会冬季两项女子 4×6 千米接力冠军成员。

四、刘显英

中国女子冬季两项运动员，1977年7月出生于吉林省集安市，1992年3月进入八一滑雪队，1993年首次参赛，1994年入选国家冬季两项队，1997年第一次与队友在日本举行的世界杯分站赛上取得了接力第3名；2000年在首届夏季冬季两项锦标赛上取得了滑轮射击15千米金牌；相继参加了1998年第18届日本长野冬奥会和2002年美国盐湖城第19届冬奥会；2003年2月在第5届亚洲冬季运动会上勇夺1枚金牌；2004年2月在首届亚洲冬季两项锦标赛上力克群芳，摘取1枚金牌；特别是在2004/2005赛季，先后在冬季两项世界杯、世界锦标赛上各夺得1枚银牌和1枚铜牌。

五、马格达莱娜·诺伊纳

德国女子冬季两项运动员，被认为是目前这个项目中实力最强的选手之一。在2010年温哥华冬奥会比赛中，她获得了2金1银的成绩，成为了本届比赛上最耀眼的明星之一。诺伊纳在9岁时开始冬季两项训练，并在2004—2006年获得过5次世界青年锦标赛冠军。她在2006年首次在世界杯比赛上亮相，并与2007年1月赢得个人的首次世界杯冠军。1个月后，诺伊纳在她参加的首次冬季两项世锦赛中获得3枚金牌。在2007—2008赛季，21岁的诺伊纳成为了国际冬季两项联合会历史上最年轻的世界杯总冠军。在2008年的世锦赛中，她再次赢得3次冠军，并成为最年轻的6次世界冠军得主。在经历了一个并不成功的2008—2009赛季后，诺伊纳参加了2010年温哥华冬奥会，并获得了10千米追逐赛、12.5千米集体出发赛的金牌和7.5千米短距离的银牌。2007年德国最佳女运动员 在参加冬奥会之前，诺伊纳已获得了18个世界杯冠军头衔并32次领奖台。此外，作为德国队的一部分，她还获得了7次接力赛冠军和一次混合接力赛冠军。在2007、2008、2009年的世锦赛中，她取得了6金1银的成绩。诺伊纳现在已经是冬季两项选手中滑雪技术的佼佼者，但她的弱项在站立射击，有时会因为射击的不稳定表现而失去了获得更好成绩的机会。

六、吉洪诺夫

苏联现代冬季两项运动员。1966年被选入苏联国家队。1968年、1972年、1976年连续在3届冬季奥运会中获4×7.5千米接力赛金牌。多次在世界现代冬季两项锦标赛中获奖：1969年、1970年、1973年获20千米赛冠军；1976年、1977年获10千米赛冠军。他又作为接力队员之一，从1969年至1977年5次获4×7.5千米接力赛世界冠军。从1969年到1977年的世界滑雪锦标赛上，他共获得现代两项个人和接力金牌10枚，被誉称为"冬季两项之王"。

七、比约恩达伦

挪威男子冬季两项运动员。布约恩达伦是2002年冬奥会冬季两项项目上绝对的王者，他一人独得男子10千米、15千米和12.5千米追逐赛3枚金牌。

第九章
北 欧 两 项

第一节　北欧两项的起源及发展

北欧两项(Nordic Combined)是由越野滑雪和跳台滑雪组成的一种混合性雪上竞技项目。由个人、团体和短距离 3 个小项组成。它是滑雪运动的一个分支,在国际体育分类学上被列为滑雪运动。

北欧两项已有 100 余年的历史,最初称为全能。由于这项运动起源于北欧,并在很长一段时间流传于挪威、芬兰和瑞典,成为这一地区的传统项目,因此后来人们就将其称为北欧全能。我国为更好地表达这一项目的概念,以区别于其他冬季运动的全能,就称其为北欧两项。

北欧两项最初获得发展是 1883 年霍尔门科伦滑雪大奖赛,而推广到世界则是从 20 世纪初开始的。北欧两项 1924 年被列为冬奥会项目。1980 年以前只设个人 1 个项目,1982 年和 1999 年相继增加了团体和短距离,并先后于 1988 年和 2002 年纳入冬奥会。最初,北欧两项中的越野滑雪为 18 千米,从 1956 年起改为 15 千米。

第二节　北欧两项的场地及设施基本知识

一、雪板

越野技术有传统式和自由式之分,在雪板方面也存在这一区别。传统板和自由板的区别主要是在构造和长度上:

(1) 自由板:自由板的板底非常光滑,从而形成一个较大的涂蜡层。这个表层的作用就是滑行。在选择一副自由式越野板时应注意以下几点:雪板的长度应该在自己身高上加长 10～15 厘米,但同时也要考虑雪板的硬度(张力)和自己的体重相适应。雪板上一般都标注了适合的理想体重。

(2) 传统板:传统板具有很明显的弓形弧线(即有一定的张力),并被划分为登坡部分

和滑行部分。雪板的长度为身高加上 30 厘米。同样,雪板的张力要和体重相适应。这一点可以用如下方法来测量:站在雪板上,测量板底和地面之间的缝隙,具体测量位置是在从脚跟到雪板上的每两个标记之间这一段。如果这个缝隙正好可以通过一张纸,则雪板的张力是合适的。如果只用一只雪板测试(即全身重量落在一只板上),则纸张应该无法通过这个缝隙。

二、雪鞋

(1)自由式滑雪鞋的鞋帮应该高出踝骨,以形成一定的支撑,同时要保证踝关节能自如的活动,以确保任何时候都能以最佳姿势站在雪板上。

(2)传统式滑雪鞋:在滑传统技术时,人们通常穿鞋帮较低的鞋。这样即保证了有一定的支撑,同时也能让脚踝有最大的活动范围,从而达到理想的滑雪动作。

(3)多用滑雪鞋:如果不想受项目的限制来选鞋的话,也可以选用一种多用鞋,这种鞋适合自由式和传统式两种技术要求。

三、滑雪杖

可供选择的滑雪杖有很多,应该根据不同的项目来选择合适的长度。原则是:传统式:身高×0.85(米);自由式:身高×0.9(米)。

四、服装

选择服装一定要保证身体能自如活动,不能太紧。所有的服装都应该具有高弹性,并应防风,防水,良好,易保养,可水洗的。选择手套时应注意,开始戴时感觉稍紧更好,一定不能选有褶皱的,以免以后手上磨出水泡。

第三节 北欧两项的规则要点

北欧两项由跳台滑雪和越野滑雪组成。冬奥会设有个人标准台+10 千米越野滑雪、个人大跳台+10 千米越野滑雪以及团体大跳台+4×5 千米接力越野滑雪 3 个项目。个人标准台和个人大跳台每个国家和地区限报 6 人,团体限报 1 个队。

一、个人标准台+ 10 千米越野滑雪

在北欧两项的个人赛小项之中,运动员需进行 90 米高的跳台滑雪和 15 千米的越野滑雪。当中,运动员会于第一天进行跳台滑雪,每位运动员跳两次,以"姿势分"和"距离分"计算运动员的总成绩。在"姿势分"方面,跳台滑雪选手两腿弯曲,胸部低倾靠近大腿以减少空气阻力,选手在起跳前的时速可达到 90 千米左右。选手身体向前伸展,这种姿势决定了最终的跳跃距离。选手在空中将身体放平靠近雪板,双手自然向后,雪板呈"V"字型,

选手在空中飞行地时距离坡面的高度不超过 6 米。5 位裁判会根据上述过程,从运动员由开始起动至落地时的"准确性""完美性""稳定性"和"整体稳定性"作出严格的评分(由最低的 0 分到 20 分),并把最佳和最差的成绩去掉,将剩下的 3 个分数相加起来,最高的限额分为 60 分。而"距离分"方面,跳起的选手落在标记区内,两腿轻微弯曲。若运动员在跳跃后未能到达"K 点"(原定目标),则会将距离乘以每米分值(1 米 2 分),从原来得分中扣减。但如超过原定目标的"K 点",则会将距离乘以每米分值,从原来得分中增加,得到第一日的总成绩,得分愈高排名愈高。选手在跳台滑雪的得分由滑行距离和空中姿态两部分组成,其中滑行距离更为重要。当选手在大台跳台滑雪中滑行距离达到 K 点时,获得 60 分,每超过或不足 1 米,将相应地加上或减掉 1.5 分。如果是标准台就相应地增加或减少 2 分。在赛事的第二天中是决赛日,在第一天成绩最佳者将首个于起点出发,其后的运动员会根据与首名运动员分数之距离,按名次出发,进行 15 千米的滑行,最早到达终点的就是优胜者。

二、个人大跳台+ 10 千米越野滑雪

在个人大跳台+10 千米越野滑雪赛方面,形式类似个人赛标准台,只是运动员要在 120 米高的跳台上进行跳台滑雪以及进行 7.5 千米的越野滑雪,在两天的赛事中,第一天为跳台滑雪,第二天为越野滑雪。赛事的第一天是跳台滑雪,但所有的运动员只有一次跳台的机会,是与个人赛最不同之处,但同时都是以"姿势分"以及"距离分"作为评分,名次也是以成绩的高低作次天赛事的出发次序。第二天的越野滑雪中与个人赛相同,都是以第一天中运动员成绩名次作为出发先后次序的根据,进行 7.5 千米的越野滑雪,最先到达终点的则为胜利者。

三、团体大跳台+ 4×5 千米接力越野滑雪

团体赛之中,都是分两天比赛,首天是跳台滑雪,次天为越野滑雪,运动员会在越野滑雪中滑行 5 千米以及进行 90 米高的跳台滑雪。在团体赛的跳台滑雪内,一队中有 4 位运动员,各运动员会按先后次序出发,每位运动员都有两跳,每跳都会以"姿势分"和"距离分"评分,一队共有 8 次的得分,8 次得分会合并计算。而在越野滑雪上,在第一天成绩最好的一队最先出发,及后的队伍要根据第一天的成绩,与最好的队伍得分之差,换算为出发时间距离,滑行 5 千米。而所有队伍的第二、第三、第四名运动员会在接棒区等候,成功交换后即出发,以第四名运动员到达终点的顺序排定名次。在接力中要注意的是每队的运动员排名次序是一定要与第一天跳台滑雪运动员出场次序一样,不可作出改变。

第四节　北欧两项国外著名运动员

一、阿克尔曼

德国男子北欧两项运动员。2002 年北欧两项世界杯系列赛总冠军,2002 年盐湖城冬

奥会北欧两项 7.5 千米个人亚军,2003 年北欧两项世界杯系列赛总冠军,2004 年北欧两项世界杯系列赛总成绩亚军,2005 年北欧两项世界杯系列赛总成绩亚军,2006 年奥运会 4×5千米团体银牌。2005 年德国年度最佳运动员。

二、曼尼宁

芬兰男子北欧两项运动员。1998 年长野冬奥会北欧两项团体亚军,2002 年盐湖城冬奥会北欧两项团体冠军,2004 赛季北欧两项世界杯系列赛总冠军,2005 赛季北欧两项世界杯系列赛总冠军,2006 年冬奥会 4×4 千米团体铜牌。

第十章
越 野 滑 雪

越野滑雪(Cross-Country Skiing)起源于北欧,故又称北欧滑雪。越野滑雪是以滑雪板和滑雪杖为工具,运用登山、滑降、转弯、滑行等基本技术,在丘陵起伏的山地沿规定的线路进行的雪上竞速。1924 年越野滑雪被列为首届冬奥会比赛项目。

第一节　越野滑雪的发展历程

一、越野滑雪的起源与发展

越野滑雪是以滑雪板和滑雪杖为工具在丘陵起伏的山地沿规定的线路进行的一种雪上竞技运动。在国际体育分类学上被列为滑雪运动。越野滑雪是滑雪运动中形成最早的项目。

滑雪是一项古老的运动,起源于挪威,距今约有 5 000 年的历史,后来流传到斯堪的纳维亚半岛和俄罗斯。滑雪运动产生的动因与花样滑冰、冰球以及冰壶等有所不同,它不是出于娱乐和兴趣,而是源于人类生存和与自然斗争的需要。同时,滑雪也是人类最早使用器具进行运动的形式之一。1921 年,人们在位于瑞典中部耶姆特省靠近西博滕省交界处的胡廷(Hoting)的泥岗地里,发现了一具保存完好的古代滑雪板。这只滑雪板的长度很完整,但宽度缺损了 1/3,是用 110 厘米长的松木制成。尾部宽 9.5 厘米,脚踏部位宽 10.4 厘米。前端向上翘起,距离地面约 2.4 厘米。两边厚度为 1 厘米,中间为 2 厘米。脚踏部位板面向下凹入,并有一个专供穿系绳带的孔。经鉴定,这具滑雪板已有 4 500 年的历史。目前这副滑雪板被收藏在瑞典吉乌加登(Gjiugarden)博物馆。

12 世纪,滑雪由北欧传入英格兰。进入近代以后,挪威首倡将滑雪纳入体育课,并把它发展成为一项竞技运动。到 19 世纪 40 年代,滑雪又由挪威传入美国。在美国早期的滑雪者中,最著名的是汤普森(Thompson),其父母就是挪威人。

1860 年,第一次滑雪竞赛在挪威的一个小镇克里斯蒂安尼亚(Christiania)举行(后来该镇发展成为现在的奥斯陆),并于 1861 年创立了第一个滑雪俱乐部。1879 年,瑞典又在科帕尔贝里省南部的许瑟比(Huseby)举行了首次许瑟比滑雪赛。1881 年,英国最早的滑雪倡导者之一 A·柯南道尔到了瑞士,并将这项运动带到了达沃斯镇。就在这时,出生于

挪威南部特勒马克地区(Telemark)摩耶达尔村(Mogedal)的桑德拉·诺德海姆(Sanddla Nordheim)发明了滑雪板固定器,进一步推动了挪威滑雪运动的发展。诺德海姆也由此被誉为挪威滑雪运动的奠基人。

在世界滑雪运动史上最有影响的是著名的极地探险家挪威的弗里德乔夫·南森(Fridtjof Nansen),他在1888—1889年穿着滑雪板推着雪橇,在46天内完成了横越格陵兰岛的创举,在世界引起了轰动,并由此掀起了滑雪热,一些北方国家纷纷建立滑雪俱乐部。1893年,由伊塞林·克里斯托夫(Iselin Christoph)发起,在格拉里斯(Glaris)创立了瑞士第一个滑雪俱乐部。接着是德国(1891年)、奥地利(1892年)、俄罗斯(1895年)等国也出现了滑雪俱乐部。滑雪比赛也由此频繁地举行,使越野滑雪得到了很大的发展。海洋学家、政治活动家南森则被人们誉为"滑雪之父"。

到19世纪末和20世纪初,各北方国家又以各自创建的滑雪俱乐部为中心,相继建立了滑雪协会。建立最早的是俄罗斯(1896年),接着是捷克(1903年)、美国(1904年)、奥地利和德国(1905年)以及挪威、芬兰和瑞典(1908年)。随着各国滑雪协会的建立,人们要求成立国际滑雪组织的愿望开始产生。1910年2月18日,在挪威滑雪协会的倡议下,芬兰、瑞典、德国、捷克、瑞士、奥地利、俄国、意大利、法国、挪威10个国家的22名代表,在克里斯蒂安尼(今奥斯陆)举行了一次国际滑雪会议。就在这次会议上,成立了国际滑雪委员会(International Ski Conmission),推选瑞典西格弗雷德·埃德斯特伦(Sigfred Edstrom)出任主席,并决定起草国际滑雪规则。这个规则于1911年3月20~21日在斯德哥尔摩会议上获得通过。1913年新的规则被采用。

在举办冬奥会和世界滑雪锦标赛之前,最有影响的比赛是1892年挪威创办的霍尔门科伦(HolmenkriSn)滑雪大奖赛和1901年瑞典举行的北欧运动会以及始于1922年芬兰的拉赫蒂(Lahti)传统滑雪赛。这些比赛,有力地促进了世界滑雪运动的发展。

1924年2月2日,国际滑雪联合会(FIS)在法国夏蒙尼成立,并决定从1925年开始,定期举办世界锦标赛,当时称世界北欧滑雪锦标赛,每年举行一次,1948年以后改为每2年一次,冬奥会年不单独举行,世界冠军由冬奥会产生,并将1924年冬奥会比赛定为第1届世界锦标赛。1984年,根据各国要求,国际滑雪联合会决定从1985年开始单独举行世界锦标赛。为避免同奥运会发生干扰,会期由过去的偶数年改为奇数年。到2003年,世界滑雪锦标赛已举行了45届。

越野滑雪从1924年被列为冬奥会项目,最初只设男子18千米(1952年以后改为15千米)和50千米2个项目。1936年、1956年、1992年和2002年又先后增加了4×10千米接力、30千米、10千米以及短距离。女子越野滑雪直到1952年才纳入冬奥会,最初只设10千米1个项目,1956年、1964年、1984年、1992年和2002年又分别增加了3×5千米接力(1976年以后改为4×5千米接力)、5千米、15千米、30千米以及短距离,从而使冬奥会的越野滑雪由初期的2项,增加到12项,成为冬奥会设立金牌最多的项目。

二、我国越野滑雪的发展

我国古代滑雪始于隋唐,最早的记载见于《隋书》。我国东北和西北地区的鄂伦春、赫哲和哈萨克等民族,很早就掌握了多种滑雪技术且技艺高深。据记载,我国在 300 年前制造和使用的滑雪板及滑雪方法已近似于现代滑雪。但是,我国近代滑雪运动开展的较晚,20 世纪 30 年代初期才在北方部分地区进行。所以我国现代滑雪项目仍处于落后状态。

第二节　越野滑雪的场地及设施基本知识

一、场地布置

雪上运动场地,线路要尽量选择森林地带等多变地形,要保证雪质、雪量,线路宽度应达到 4~5 米,雪面要经过机械或人工捣固、踏压,厚度至少 10 厘米。最好在线路的一侧开有带雪辙的雪道,两条雪辙的内壁相距 15~18 厘米,雪辙深度至少 2 厘米雪辙的宽度以雪板的固定器不撞击两侧雪壁为准。线路的着板雪面低于撑杖雪面 2 厘米或在同一高度上,线路的另一侧不带有雪辙的雪道。

线路应平坦、宽阔,其中上坡、下坡和平地各占 1/3。上坡的斜度应在 9%~18% 之间,其高度差保持 10 米以上,个别路段可以加上一些短的大于 18% 斜度的陡坡。起伏路面由短妙的上下坡构成,其高度差为 1~9 米。下坡线路要有变化,以适应多种滑降技术要求,但必须确保运动员能安全通过。所有线路宽至少 3~4 米。要避免单调而过长的平地滑行、难度过大的急陡坡滑降,以及连续较长距离的登行。开始阶段要较易滑行,难度应出现在全程的 3/4 处。在出发后 2~3 千米内不应出现难度极大的急陡坡,在终点前 1 千米内不应出现较长的危滑降,线路中要避免有危险的斜滑降,同时要避开冰带、陡角和狭窄的地带。

冬奥会和世界锦标赛线路的最高点不得超过海拔 1 800 米,线路中用里程牌、方向标、方向旗和标志带指示和限定前进方向。越野滑雪不同项目和滑行技术对线路设计的要求有所不同。传统技术单项比赛的雪道应尽可能设在线路中间。雪道要设置雪槽,两条雪槽分开的距离应为 17~30 厘米,深度 2~5 厘米。自由式技术比赛线路应压好,线路的下坡地段要开设雪槽。所有线路均可使用 1 次以上,但 15 千米以下的比赛雪道主要线路的使用不能超过 2 次。雪道应根据比赛项目分别设立蓝、紫、黄、红、绿或橙黄色醒目的标志,以指示运动员滑行的方向及路线。冬奥会和世界锦标赛还要设立距离标志。

越野滑雪的线路设计,应在长度和地形上都有适合初学者、中级水平者和高水平运动员的线路。合适的线路应该是安全的并且能够检验出每个运动员的技能和健康水平。这样的线路系统应该包括一条能够用于 1 000~10 000 米比赛的线路,且该条线路的重叠部分至多不能超过 1 千米。理想的线路是,长距离的比赛(3~10 千米)都是单独路线。线路应使用红色旗帜或清晰的旗帜清楚地标记,在可能发生混淆的线路连接处应放置显示物

以指引运动员向正确的线路引进。

在比赛之前应压好路线和布置好雪道。每一天的比赛结束后,应重新整理准备。如果使用1个以上的雪道,雪道之间必须间隔1～1.2米,测量从两个雪道的中间算起。个人滑雪雪道应相距20～24厘米,测量也是从两个雪道中间起。雪槽深应为2～5厘米。当决定是否开一个滑冰道或者第二个雪道时应当考虑运动员的能力水平。至少应设置一个雪道,根据规则,另外一个赛道可以设置为滑冰道或者第二个雪道。

设置供暖场所于线路容易接近的地方,场所必须足够大以备在极恶劣的天气下能够容纳运动员。再者,由于在室内进行打蜡调试比在室外容易得多,因此供暖场所应提供空间以供打蜡。

在起点区附近应设置热身区和打蜡调试区。

滑雪区的停车场应有足够的空间供志愿者、工作人员、教练和运动员使用。必须按要求就近配置救护车。

二、线路布置

1. 比赛线路最大高度差

越野线路最高点和最低点的高度差不能超过如下规定:少女、女子5千米:100米。少女、少男、女子10千米:150米。少男15千米、男子10千米:200米。男子15千米以上:250米。

2. 比赛线路的极限登高

线路的极限登高是指一次登行的高度差。要求至少在200米距离内,基本上不能有平地和下坡造成的高度差中断。线路的极限登高不能超过如下限度:少女、女子5千米:50米。女子10千米、20千米,少男10千米、15千米:75米。全部成年男子线路:100米。

3. 比赛线路的累计高度

线路的累计高度是指该项线路中所有登行高度差的总和不能超过的范围:女子、少年男子5千米不超过120～400米;女子10千米不超过250～400米;少年男子10千米、15千米不超过300～450米;女子20千米不超过400～700米;男子15千米不超过450～600米;男子30千米不超过900～1 200米,男子50千米不超过1 000～1 500米。

4. 比赛线路标志的插设

(1) 起点开始每隔1千米插设一个明显的里程碑。5千米以上的线路,只在最后的5千米才这样设置。

(2) 在前进方向有变化和线路交叉地段,必须插设方向标。在起终点前后及接力区地段,应插设标志旗和标志带。

(3) 所有的线路标志插设,都应以不影响运动员滑行为前提。

5. 接力区的布置

(1) 接力区应选在起、终点附近,要求平坦、宽阔。接力区长30米,要有明显的标志并用栅栏圈好。接力区前、后100米的线路要求平直,并有明显标志。如果接力区位于终点线之后,必须在终点线和接力区后沿线之间,留有 5 米宽的安全区。

(2) 接力出发线:以起点中心雪道 100 米为圆心,100 米为半径,画出与起点线相切的弧线即为接力出发线,起滑点间隔为 2 米。

(3) 起点雪道:起点至第二个 100 米间,至少应有三条雪道。起点至第三个 100 米间,至少应有两条雪道。线路一公里内不得有急转弯。

(4) 终点雪道:距终点线 100 米范围内至少要设两条没有转弯的平直雪道。这个区域的长短,技术代表有权作出决定。

(5) 接力队员的号码颜色:各区运动员的号码用不同颜色加以区别。全国性竞赛时,第一区为红色、第二区为绿色、第三区为黄色、第四区为蓝色。

(6) 雪板标记:各区雪板标记的颜色,要与各区运动员的标志颜色一致。雪板标记使用出发顺序号。

(7) 线路长度:根据场地及起点、终点情况,第一接力小组可多滑或少滑 5%。

三、滑雪装备

越野滑雪的用具包括滑雪板、滑雪鞋、滑雪杖、滑雪服等(见图 10-1)。

1. 滑雪板

根据规定,选手从起点到达终点,脚穿的滑雪板必须带有出发时裁判画上的标记,因为雪板底面表层涂有雪腊,非常光滑,有助于滑行,打上标记是为了预防运动员中途换雪板。不同滑行技术对滑雪板的要求不同,传统板和自由板的区别主要是在构造和长度上。

传统板:传统板略长,具有很明显的弓形弧线(即有一定的张力),并被划分为登坡部分和滑行部分。雪板的长度为身高加上 30 厘米。但最长不得超过 230 厘米,板底前后1/3 使用滑行蜡,中部 1/3 为防滑蜡。同样,雪板的张力要和体重相适应。这一点可以用如下方法来测量:站在雪板上,测量板底和地面之间的缝隙,具体测量位置是在从脚跟到雪板上的每两个标记之间这一段。如果这个缝隙正好可以通过一张纸,则雪板的张力是合适的。如果只用一只雪板测试(即全身重量落在一只板上),则纸张应该无法通过这个缝隙。

自由板:自由式技术滑雪板的长度为 175～200 厘米,板的整个底部均用滑行蜡,从而形成一个较大的涂蜡层。这个表层的作用就是滑行。在选择一副自由式越野板时应注意以下几点:雪板的长度应该在自己身高上加长 10～15 厘米,但同时也要考虑雪板的硬度(张力)和自己的体重相适应。雪板上一般都标注了适合的理想体重。

2. 滑雪鞋

自由式滑雪鞋的鞋帮应该高出踝骨,以形成一定的支撑,同时要保证踝关节能自如的活动,以确保任何时候都能以最佳姿势站在雪板上。

传统式滑雪鞋:在滑传统技术时,人们通常穿鞋帮较低的鞋。这样即保证了有一定的支撑,同时也能让脚踝有最大的活动范围,从而达到理想的滑雪动作。

多用滑雪鞋:如果不想受项目的限制来选鞋的话,也可以选用一种多用鞋,这种鞋适

合自由式和传统式两种技术要求。

3. 滑雪杖

可供选择的滑雪杖有很多,应该根据不同的项目来选择合适的长度。原则是:传统式:身高×0.85;自由式:身高×0.9。

4. 滑雪服

选择服装一定要保证身体能自如活动,不能太紧。所有的服装都应该具有高弹性,并应防风,防水,良好,易保养,可水洗的。选择手套时应注意,开始戴时感觉稍紧更好,一定不能选有褶皱的,以免以后手上磨出水泡。

5. 其他装备

有色雪镜(镜面由镀有防雾、防紫外线涂层的有色材料制成;紧贴面部,防止进风)、尼龙内衣等。

图 10-1　越野滑雪装备(图片引自搜狐体育)

四、场地器材

(1) 竞赛组织者应提供足够的线路维护设备,诸如雪橇车、铁锹和雪道设置器等都是在比赛之前和过程中必须放置手边的,以在遇到线路事故或恶劣天气时能够及时修复线路。

(2) 标记、旗杆和围栏应能够确定出线路。标记应统一尺寸和颜色,间隔放置在线路沿线使运动员在一个标记处能够清楚地看到下一个标记。应使用旗杆和围栏阻断可能使运动员误入的线路。起始区和终点区应用围栏围起来以限制非比赛者和非工作人员的进入。

(3) 如果有必要,围栏应围成一个圈。

(4) 横幅应标记出起始线和终点线,并且指明是比赛之场所。

（5）应使用具有手动备份系统的电子计时设备，计时 1～10 千米的比赛（4 个秒表，起点两个，终点两个）。100 米的比赛应使用比运动员人数至少多 2 个的秒表计时，每一个赛道一个秒表，另外两个作为备份。运动员在所有的比赛中都应计时，成绩结果表应反映这一政策。比赛中若终点裁判反对计时成绩之顺序，以终点计时裁判为最终结果。

（6）赛场应使用质量好的公共通信系统以帮助比赛工作台、信息传播和比赛组织，以及比赛的评论。应备有音乐。

（7）在终点区附近，为了运动员、教练员和观众的方便，应设置正式的公告榜，包含运动员名字、号码、起点顺序和其他重要的赛事信息更新（如赛事开始时间、起点和终点气温和雪温、线路中最高点和最低点的气温和雪温等）。在颁奖典礼之前应通知颁奖的时间和地点。

（8）任何时候，在起点/终点区或者信息中心应备有急救物质和运输使用的雪橇或带雪橇的雪车。必须安排持证的医务人员在场。

（9）应备有滑雪器材修复工具（改锥、钳子、刮刀、锉刀、蜡）和打蜡使用的长凳。

（10）线路工作人员如计时员、线路监测员、起点裁判和护卫/警察、终点裁判和护卫/警察，以及比赛规则委员会成员等，可以穿风衣或袖标以示区别。

（11）技术代表、竞赛长、竞赛秘书、媒体区、起点终点、成绩公布区以及线路长之间应备有无线电用于沟通。起点/终点区和成绩公布区的计时官员应有自己的频道，同时可以容易切到一般的信息频道。计时官员应该处在能够清楚看清起点和终点的位置。

（12）应备有温度计，测量空气温度、起点终点区雪面温度以及线路最高点和最低点的温度。整个比赛过程中应定时公布温度。

第三节　越野滑雪的项目分类

越野滑雪于第一届冬奥会成为正式的比赛项目，设有男子与女子项目，其中分为标准赛（传统式、自由式）、竞速赛、混合追逐以及接力赛，最先到达终点的则为优胜者（见图 10-2）。

一、标准赛

1. 传统式（也称古典式）

越野滑雪中的传统式，共分为男子个人 15 千米、个人 50 千米与女子个人 10 千米和个人 30 千米 4 个小项。当中，运动员在比赛中并不可以使用蹬冰技术滑行，只允许"交替滑行""双杖推撑滑行""无滑行阶段的八字踏步""滑降"和"转弯技术"。

2. 自由式

在自由式方面，设有男子个人 30 千米、女子个人 15 千米两个小项，对滑雪方式没有限制。

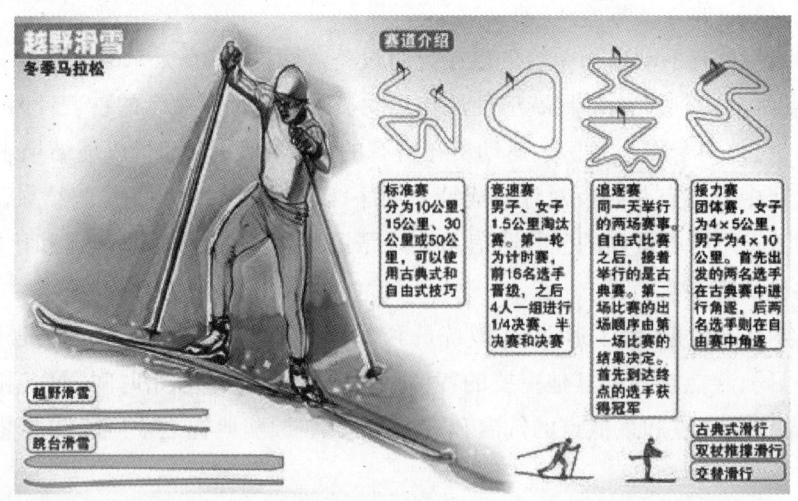

图 10-2　越野滑雪赛道及项目分类(图片引自搜狐体育)

二、竞速赛

竞速赛在众多越野滑雪小项中,需要的滑行距离最短,不论是男子个人赛或是女子个人赛,运动员都只需滑行 1.5 千米。而且以自由式滑行。竞速赛以淘汰赛形式进行,预赛中有 16 位运动员,共分为 4 组,每组 4 人比赛 3 次,首两名晋级次圈。在次圈中,出线的运动员再被分为两组,每组 4 人比赛两次,每组的第一和第二位的运动员出线决赛。在决赛中以一次比赛的形式定胜负。

三、混合追逐赛

混合追逐赛以传统式和自由式进行。在女子方面,运动员滑行 10 千米,首 5 千米以传统式进行,到达传统式的终点后,后 5 千米则以自由式进行。而男子方面,也是先传统式,后自由式,但比女子项目滑行距离较长,共要滑行 20 千米,首 10 千米以传统式进行,后 10 千米以自由式进行。

四、接力赛

接力赛中,不管是男子队或女子队中都是每队 4 人,前两位运动员要以传统式滑行,后两位的运动员则以自由式滑行。其中,女子项目滑行距离为每位 5 千米,即 20 千米。男子项目滑行距离为每位 10 千米,即全长 40 千米,先到达终点为胜。

第四节　越野滑雪的规则要点

一、技术规则

越野滑雪分为传统式(也称古典式)和自由式两种技术规则,按规则规定,赛会所设项目传统式及自由式应各为一半。同时冬奥会和世界锦标赛对各项目滑行技术与出发方式均有不同的规定。

传统技术包括交替滑行、双杖推撑滑行、无滑行阶段的八字踏步、滑降以及转弯技术。不允许有双脚或单脚的蹬冰动作,雪板必须放在压好的雪槽里,两个滑雪板保持与滑行方向平行,运用双腿的前后摆动和滑雪杖来前进,运动员"踏步"前进时与走动类似,只是在滑雪时用滑雪杖产生推力,每次跨步会滑行一段距离,在滑行中,感觉就像穿着光滑的鞋子,在大理石面上滑行一样。在超越前面运动员的时候,可以跳出雪槽改道滑行,特别是下坡和平地雪道是超越对手的黄金赛段,后面运动员想要超越的时候,可以踩前面运动员的雪板提醒他,而前面的运动员得到提醒后必须让出雪道,否则算是犯规。自由技术对技术动作没有限制,运动员可以采用任何技术动作。

"传统式"与"自由式"的区别:

除了装备中所提到的雪板的不同外,另外两个主要的区别是:两者的打蜡也不同,"传统式"雪板对应脚的底部打的是防滑蜡(很黏),其余部分打的是滑蜡(很光滑)。因为"传统式"中,双脚是蹬点,打防滑蜡是为了方便上坡。而"自由式"雪板打的就完全是滑蜡,因为蹬冰步上坡时不需要蹬点,这也是"自由式"比"传统式"速度快的重要原因。

在技术动作上,"传统式"运用的技术动作通常为一步交替、两步交替、同时推进,双脚踏着雪板基本处于平行状态。"自由式"的技术动作为蹬冰步、八字登山,双脚呈外八字,类似于滑冰的姿势。正如自由泳比蛙泳快一样,"自由式"的速度也通常比"传统式"要快,而且更节省体力。

二、出发方式

比赛出发的方式分为单人间隔出发、集体出发和追逐出发三种。单人间隔出发是根据项目每间隔30秒钟或15秒钟出发一人,滑完全程时间少者名次列前。集体出发则是以组为单位,运动员排成一列横队,同时出发,到达终点时间少者名次列前。追逐出发间隔时间按运动员在第1天进行的第1项比赛成绩的时间差计算,第1名最先出发,接着是第2名、第3名……以到达终点的先后顺序排定名次。

三、各项目竞赛规则

1. 个人竞速赛

比赛从资格赛轮开始,运动员采用间隔出发,每隔15秒出发一位运动员,女子比赛每一圈1.2千米,男子比赛每一圈1.4千米,资格赛前30名选手晋级1/4决赛,从1/4决赛、半决赛、决赛B到决赛A,每一组六位选手。其中每组前两名和每一轮速度最快的两位选手晋级下一轮,直到决赛A中有六位选手竞争最后的金牌。

2. 团体竞速赛

在团体竞速赛中,每一队里有两名运动员轮流在雪道滑行,每人滑行三次。总共滑行六圈。比赛分半决赛和决赛。半决赛每一组有10~15个队,两场半决赛当中成绩最好的

5 个队晋级决赛。

运动员在比赛当中轮流滑行时候必须遵循正确的交换顺序,而不能影响或阻碍其他队。6 圈比赛结束后,第一个冲过终点线的队伍获胜。

3. 追逐赛

追逐赛包括传统技术和自由技术,这个项目与集体出发非常相似,所有运动员列队同时出发,道次由抽签决定。运动员进入运动场,然后迅速变换技术和滑雪杖。女子先滑行 7.5 千米传统技术,之后是 7.5 千米自由技术,而男子则 15 千米传统技术+15 千米自由技术。比赛中运动员每 6~8 分钟通过一次运动场,第一个到达终点的运动员获胜。

4. 接力赛

在接力赛中,每一队有 4 名运动员,前两名必须使用传统技术滑行,后面两位必须用自由技术。女子是 4×5 千米接力赛,男子是 4×10 千米接力赛。比赛采用集体出发,出发的道次通过抽签决定,号码布的颜色,按棒次分为红、绿、黄、蓝色,选手之间的接力与团体竞速赛类似,第四个选手中第一个冲过终点线的团队获胜。

出发的站位:①第 1 号运动员站在出发线与起点线相切点的位置。其余运动员应站在切点两侧,间隔为均等 2 米的出发线上,2 号站在 1 号前进方向的右侧,3 号站在 1 号的左侧,其余类推,即双号右侧,单号左侧。②如果所有参加队不能同时站位在同一起点线时,大会可决定采用 2 列或多列同时出发的方法。上一年竞赛成绩优秀者为第一列,最差者为末列。第一列的运动员一般为 6 名。每列间隔为 4 米。

发令:①发令员要站在运动员的背后,在都能听清口令的位置。参加竞赛的运动员在出发线排好,出发前 30 秒时,要给予提示"还有 30 秒"。出发时喊"预备—出发"的动令或鸣枪。②抢滑:站在前 100 米的助理发令员按照发令员的指令,截止抢滑运动员的滑行;令其重新出发,成绩仍按原规定出发时间计算。

交接:交接要在接力区内完成。交者的手触及接者身体的任何部位,即认为交接完毕。如违反此规定,要在接力区重新交接。允许交者接近接力区时叫接者,经接力区裁判员同意,接者方可进入接力区。如几个队几乎同时接近接力区时,各队要在裁判员指定的道次上进行交接。

运动员在起滑 100 米范围内或抵达终点线前 100 米范围内允许不让路。

禁止在起滑后 100 米内使用蹬冰式滑行技术。在接力区内和接近接力区 100 米内也不允许使用蹬冰式滑行技术(变换雪道时例外)。

四、对运动员的规定

(1) 运动员必须以起点出发按标志滑行。

(2) 不准借助领滑、伴滑和推动等外力滑行。

(3) 单项竞赛中不允许更换雪板。接力项目中,在雪板损坏的情况下,只允许更换一次。滑雪杖的更换不受限制。

(4) 在上坡和平地滑行中,当后面的运动员要求让路时,即使有两条雪道或第一次提出让路要求,也必须让路。后面的运动员不得在 3 米内尾随滑行 50 米以上。如因尾随发生接触而影响前面运动员时,判后面运动员犯规。如前面队员不让路而发生接触影响后面运动员时,判前面运动员犯规。

(5) 在不借助外内的情况下,运动员可以接受别人提供的雪蜡、工具、食品,还可以自己刮雪、打蜡、修理和更换雪具等。

(6) 运动员出发后的 100 米内、抵达终点前的 100 米内和正在滑降的途中,没有让路的义务。

(7) 单项竞赛中,距终点 100 米内禁止使用蹬冰式滑行技术。但运动员由一条雪道改到另一条雪道时例外。

(8) 竞赛中,运动员自己或发现其他运动员受伤、弃权时,要主动向附近检查站报告。

(9) 在限定使用二步交替滑行或蹬冰式滑行技术项目时,或某项目某地段上,必须使用相应的规定技术。少年组竞赛,除少年甲组外,原则上要求使用二步交替滑行技术。

五、其他

国际滑雪联合会对运动员的参赛资格有严格的要求:只有亲自在国际雪联理事会确认的运动员宣言书上签字,并在其国家滑雪协会领取参赛许可证,方有资格参加国际滑雪比赛。而参加冬奥会还要通过资格赛,并获得国际雪联印制的资格证书,但每个国家和地区每项最多只能参加 4 人、1 个接力队。国际雪联还规定:各国家和地区滑雪协会,对有不正当行为或有与运动员道德不相符的行为、无视或违背国际雪联各项药检规则、收受或已经接受高于规则规定的奖金以及以与规则不相符的途径直接或间接地收受或已经接受钱款的运动员,不得颁发参赛许可证。

第五节 越野滑雪的训练及技术要点

要成为一个优秀的滑雪运动员,刻苦训练是必不可少的,而且训练的过程既要循序渐进,又要系统全面、科学、有效,通常有如下方面和方法,可供越野滑雪爱好者参考。

一、训练方法

越野滑雪运动员的素质和机能有各种不同的差别。在体力的训练过程中,对速度、力量素质要特别加以注意。速度、力量素质的发展是在一般和专项身体训练中才能实现!

二、一般身体训练

一般身体素质训练,是对全部肌肉群的训练。

三、一般发展性训练

一般发展性训练采用柔韧性和伸展性相结合的训练,是发展具体肌肉群的训练。不

论肌肉群的力量如何低下,只要有明确目的地经常性训练,就会达到提高能力的目的。

四、崎岖地形训练

越野滑雪运动员在训练的初期,为了达到体力训练的任务,可按预先指定的地形进行走步和跑步的训练,这些运动用 3 步/秒的步频完成。但是,这样的运动结果与滑雪的实际情况有明显的区别。为了提高耐力素质,采用负重走和跑,但要坚持循序渐进的原则,逐渐加大运动负荷,教练员应加强运动员的心理素质和生理机能的指标跟踪,培养运动员克服困难和战胜困难的信心和勇气。

五、专项速度耐力训练

速度力量训练的方法可采用很多形式的运动。更明确地说,像划船和游泳这些项目,对手臂、脚及腰腹部肌肉力量的发展是很有帮助的辅助训练,可为运动员创造良好的条件。上述运动是发展力量的前提。伴有手脚关节在内的大幅度运动的体操训练,对运动员在训练的间歇是必要的运动。游戏在越野滑雪中占有重要的位置。运动游戏可以训练最大限度爆发力和最大加速度。运动游戏还可以增加趣味刺激,减轻心里负荷。

六、徒步模仿

对于高级别的越野滑雪运动员来说,徒步模仿的效果是不大的,而对初学者,特别是进行陡坡上坡模仿的训练效果是明显的,这是无雪季节进行专项训练的最基本的训练方法。

七、持杖模仿

根据越野滑雪的技术特点,选择具有平地和上坡的有利地形进行持杖模仿,不仅可以改进和提高技术动作,达到标准的动力定型,同时对发展肌肉群和专项速度的作用是很明显的。

在坡度不大的平地上运动时,滑轮与滑雪的速度,步长和步频的差不太大。采用 5 度以上的坡进行适当的训练是必要的,必须按越野滑雪两种步法,即传统式的交替训练,并且用高速滑行,这是巩固和提高技术的关键。在场地的选择上,应避免过长的上坡,上坡的长度不超过 300 米,高度不能超过 50 米。参考方案:缓坡占 50%,平地占 35%,陡坡占 15%,训练路线地形应比通常的地形更加起伏,落差不超过 20 米。对不同级别的运动员预先规定的滑轮路线,必须有不同难度的回转道。

八、模拟滑雪训练

模拟滑雪训练对力量训练,特别是在滑雪条件不好和推迟滑雪期间是很有益处的。脚和手用于推的力量比滑雪明显地增加,它的训练量在无雪时期占周期性训练总量的 5%。

九、滑雪训练

雪上训练对发展越野滑雪运动员的速度、耐力是必须的,包括高于比赛速度的5%～11%在1～2度的坡度训练。在负荷量降低或在增加休息时间以后,在某些地段上用比赛速度100%～105%的速度进行训练,大于比赛速度滑行的总负荷量大约占滑雪训练总量的5%。在赛季,在比较容易的路线上,每次训练不应少于5～7次的高速训练。第一次降雪后,应在坡度不大的上坡进行训练。在部分平地上的训练量不应少于40%。用滑雪板滑雪时,应特别注意手和脚的撑力。

第六节　越野滑雪的主要赛事介绍

世界杯越野滑雪锦标赛是国际滑雪联合会组织的越野滑雪的世界性比赛(是一项系列赛)。比赛每年举办一次,设立几个分站比赛,最后进行总决赛。世界杯越野滑雪锦标赛的最终名次是通过运动员在各站比赛的积分来确定的。男子世界杯越野滑雪锦标赛从1973—1974年赛季开始的,女子世界杯越野滑雪锦标赛是从1978—1979年赛季开始的。

第七节　越野滑雪国内外著名运动员

一、王春丽

中国女子越野滑雪运动员。王春丽是中国越野滑雪名将,在2007年亚冬会越野滑雪女子短距离自由式比赛中,以0.09秒的微弱优势获得金牌,结束了中国亚冬会历史上从未在这个项目上获得个人金牌的纪录。此后,王春丽又获得古典式5千米季军和4×5千米接力亚军。2005年王春丽兼练冬季两项,在2008—2009赛季的世界杯冬季两项瑞典站的比赛中夺得女子短距离7.5千米冠军。这也是自2001年于淑梅在世界杯夺冠后,中国选手7年后再度在冬季两项世界杯赛场摘得金牌。

二、海曼莱宁

芬兰女子越野滑雪运动员。1978年获4×5千米接力冠军,1982—1984年获世界杯大赛总成绩冠军,6次获世界杯单项比赛优胜。1984年冬奥会获10千米金牌,5千米金牌,20千米金牌,成为萨拉热窝冬奥英雄,被称为"滑雪女王"。

三、纽曼诺娃

捷克女子越野滑雪运动员,纽曼诺娃是捷克著名越野滑雪选手,2007年曾当选为捷克

年度最佳运动员。1997 年世界杯越野赛滑雪系列总成绩季军;1998 年冬奥会越野滑雪 5 千米亚军,女子混合式追逐赛第三名;2002 年、2005 年世界杯越野滑雪系列赛总成绩第三名;2002 年盐湖城冬奥会女子越野滑雪 10 千米第三名;15 千米第二名;2005 年世界越野滑雪锦标赛女子 10 千米冠军。

第十一章
跳 台 滑 雪

跳台滑雪也称跳雪,是运动员利用跳台进行的一种跳跃滑雪比赛。跳台是利用自然山形建成的。运动员脚着专用滑雪板,不借助任何外力,从起滑台起滑,在助滑道上获得高速度,于台端飞出后,身体前倾与滑雪板成锐角,沿抛物线在空中飞行,在着陆坡着陆后,继续滑行至停止区停止。

第一节　跳台滑雪的起源及发展

跳台滑雪(Ski Jumping)是以滑雪板为工具,在专设的跳台上以自身的体重通过助滑坡获得的速度比跳跃距离和动作姿势的一种雪上竞技项目。它是滑雪运动的一个独立分支,在国际体育分类学上被列为滑雪运动。

跳台滑雪19世纪起源于挪威。1860年,来自挪威德腊门(Drammen)地区的两位农民,在克里斯蒂安尼亚(Christiania)镇举行的首届滑雪比赛大会上,表演了跳台飞跃。同年,出生于挪威南部特勒马克地区(Telemark)摩耶达尔村(Mogedal)的桑德拉·诺德海姆(Sanddla Nordheim)曾不拿雪杖跳过30余米。这个纪录一直保持了30余年。他因发明滑雪板固定器而被誉为滑雪运动的奠基人。

1862年,首次跳台滑雪比赛在海德马克郡东部的特吕西尔(Trysil)举行。从此,跳台滑雪作为雪上的一个独立项目在挪威开展起来。1879年,挪威在奥斯陆郊外举行了首届跳台滑雪赛。初期,跳台滑雪都是在山坡利用自然地形进行。19世纪80年代,土木建筑结构的跳台相继在奥斯陆、希恩(Shien)、德腊门和利勒哈默尔等地出现。

1883年,跳台滑雪被作为正式项目纳入了霍尔门科伦滑雪大奖赛。19世纪末和20世纪初,跳台滑雪先后传入瑞典、瑞士、美国、捷克、法国、意大利以及波兰等国家,跳跃的距离也在不断地提高。

1900年,挪威人比约默·尼尔森(Bjame Nilsen)表演了第一个传统跳跃,远度是17米。1902年,另一名挪威人尼尔斯·耶斯特万格(Nils Gjestvang)采用同样的方法跳出了41米。不久,美国的史密斯(Smith)在瑞士达沃斯(Davos)又创下了45米的纪录。

从20世纪20年代开始,随着运动员空中滑翔技术的提高,对跳台的设计也提出了新

的要求。1926年,瑞士格劳宾登州的蓬特雷西纳(Pontresina)首先建成了K点超过60米的跳台,接着K70的跳台又于1927年在瑞士圣莫里茨落成。到20世纪30年代,在数学家和工程师的帮助下,跳台的设计更加合理,并开发出大跳台,使K点达到了90米。新的世界纪录不断地涌现,1931年挪威运动员西格门德·鲁德(Sigmund Ruud)最先将飞行距离提高到81.5米。就在这时,西格门德·鲁德和图林·汤姆斯(Thulin Thams)共同开发出一种新的滑翔姿势:上体加大前倾,两臂前伸。这种姿势更加符合空气动力学特征。1934年,西格门德·鲁德的弟弟比尔格·鲁德(Birger Ruud)采用这种姿势又将世界纪录提升到92米。后来人们将这种跳跃姿势命名为孔斯伯格(Kongsbergerg)。1936年3月15日,年仅17岁的奥地利运动员瑟普·布拉德尔(Sepp Bradl)在法国夏蒙尼锦标赛上第一个以101.5米的成绩突破100米。

第二次世界大战后,伴随着世界经济的发展,跳台滑雪获得了进一步的普及,运动员滑翔技术的提高更加迅速,新的纪录不断地涌现。1950年,联邦德国运动员约瑟夫·韦勒(Josef Weller)创造了127米的世界纪录。20世纪50年代中期,瑞典运动员安德烈亚斯·代舍尔(Andreas Daescher)又发明了一种新的滑翔姿势:身体进一步前倾,两臂向后贴紧体侧。1967年挪威选手拉尔斯·格里尼(Lars Grini)在维克松(Vikersund)又将世界纪录提高到150米。仅仅过了2年,这一纪录又被民主德国运动员曼弗雷德·沃尔夫(Manfred Wolf)打破。到20世纪70年代,奥地利运动员安东·因瑙尔(Anton Innauer)和南斯拉夫运动员波格丹·诺尔契奇(Bogdan Norcic)又连续创造了174米、176米、181米的世界纪录。特别是进入20世纪80年代以后,运动员飞翔的距离更是达到了令人难以置信的程度。先是捷克斯洛伐克运动员帕维尔·普洛茨(Pavel Ploc)于1983年创造了181米的世界纪录,接着芬兰运动员马蒂·尼凯宁(Matti Nykanen)在意大利又以191米将这一纪录刷新。

1985年,瑞典运动员扬·伯克洛夫(Jan Boklov)在滑翔过程中率先将两个滑雪板的板尖向外分开形成"V"形。最初,人们对这种姿势很不理解,有的甚至嘲笑,裁判员的评分对他也很不利。然而,当1989年扬·伯克洛夫获得世界杯冠军之后,空气动力学风洞试验结果证明,"V"形提供的提升力要比传统的两雪板平行姿势大28%。1992年,所有奖牌获得者采用的都是"V"形姿势。1994年3月17日,奥地利运动员安德烈亚斯·戈尔德伯格(Andreas Goldberger)第一个突破了200米大关,他的成绩是202米。1个多世纪以来,跳台滑雪的技术、跳台的设计以及器材和装备都有了相当大的改进。新的滑翔姿势提高了滑翔的提升力,空气动力学的装备减少了阻力,现代化的防护头盔增加了保护性能。

到2002年,跳台滑雪已发展到世界30余个国家和地区,其中已有27个国家和地区的运动员加入了世界锦标赛和洲际比赛的行列。跳台滑雪开展较好、水平较高的国家有挪威、芬兰、德国、日本、奥地利、瑞士、捷克、波兰及斯洛文尼亚。冬奥会跳台滑雪的金牌几乎全部被这些国家的运动员获得。

1924年,跳台滑雪被列为冬奥会项目,1925年世界锦标赛开始举办该项目,当时称之为国际滑雪联合会跳台滑雪赛,1937年其正式定名世界跳台滑雪锦标赛,并将1924年冬奥会跳台滑雪比赛定为第一届世界锦标赛。1939年以前,世界锦标赛每年举行一次,从1948年改为两年一次。1960年,国际滑雪联合会决定从1962年开始将跳台滑雪由1项增加到2项,将K70定为标准坡度,K90为大坡度。进入20世纪70年代,随着运动员滑翔技术的提高和对跳台设计提出的进一步要求,国际滑雪联合会又决定从1976年开始将标准坡度和大坡度分别由K70和K90改为K90和K120。1982年,随着跳台滑雪的普及,国际滑雪联合会决定增设团体赛,并从1988年起将团体大坡度纳入冬奥会,从而使冬奥会跳台滑雪由2项增加到了3项。

第二节　跳台滑雪的场地及设施基本知识

跳台滑雪场地包括跳台、裁判塔和教练员台。冬奥会和世界锦标赛还应备有电梯和供运动员使用的暖房。跳台可以就山形修建,也可以用建筑材料架设。跳台滑雪线路由助滑道、着陆坡和停止区组成。助滑道包括出发区段、斜直线区段、过渡曲线区段以及起跳台。其宽度不得少于2.5米。两侧须设有界墙。

跳台滑雪的台级由K点距离W来决定。W指从跳台起跳边缘到K点的曲线距离。K点则是着陆区评分坐标原点,此点可根据台级大小调整,以原点向两侧延伸的与运动员跳跃方向相垂直的线,就是距离监视裁判员和距离测量员用以评定运动员跳跃距离的标准线。根据规格,跳台的级别可分为小型台(W20～45米)、中型台(W50～70米)、标准台(W75～95米)、大型台(W100～120米)以及飞翔台(W145～185米)。标准台、大型台及大型台团体为冬奥会项目。

着陆坡的宽度,标准台不得少于7.2米,大型台不得少于9.6米,并将此宽度不断地扩大到K点。跳台滑雪的装备有滑雪板、滑雪靴、滑雪服、头盔、护目镜以及手套。滑雪板的长度一般是身高加80厘米或者身高×1.46,最长不得超过270厘米。

第三节　跳台滑雪的项目及规则要点

一、比赛项目

1. 标准台男子单人/女子单人

比赛从资格赛开始,世界杯赛排名前10名的选手不需要参加资格赛,直接晋级决赛。剩下的选手都要在资格赛争夺40个决赛名额。决赛共有2跳,第一跳50个人全部参加,取成绩最好的30人参加第二跳。第二跳的顺序是按照第一跳的成绩从低往高倒着进行。

2. 大型台男子单人

大型台男子单人比赛规则和普通台男子单人一样,只不过它是在大台上进行的。大部分的跳台滑雪世界杯都是在大台上进行的,一个赛季只有一两站是在普通台上进行的。

3. 大型台男子团体

在这项比赛中,每个队有 4 名选手。比赛分为两轮。每个队 4 名选手合计得分算总分。排在前八名的队伍才能参加第二轮比赛,第二轮比赛的出发顺序和单人比赛相同,按照成绩从低到高,最终总得分最高的队伍获胜。

二、规则要点

标准台和大型台每个国家和地区每项限报 4 人,团体限报 1 个队。运动员参赛资格与越野滑雪相同。

比赛进行 2 轮,采用单人出发。出发的顺序为第 1 轮先将运动员分成 A、B、C 组,A 组和 B 组为无世界杯积分运动员组,C 组为有世界杯积分的运动员组,A 组和 B 组通过抽签决定,C 组则按世界杯积分排名顺序的逆序进行。第一轮得分的前 30 名参加第二轮比赛,出发顺序按第一轮得分排名顺序由后向前,最后一名最先出发。

团体每队 4 人,同样进行两轮比赛。比赛分为 4 组,每组每队 1 名选手,并不得变动。每个组号码布上的数字按组别分为红、绿、黄、蓝色。出发顺序为冬奥会和世界锦标赛按世界杯排名的逆序进行,无世界杯积分的队则通过抽签决定。4 名运动员得分相加,即为该队成绩,得分多者名次列前。

滑雪者两脚各绑一块专用的雪板,板长 2.30～2.70 米,宽 11.5 厘米,板底有 3～5 条方向槽。比赛时运动员不用雪杖,不借助任何外力,以自身体重从起滑台起滑,经助滑道获得 110 千米/小时的高速度,于台端飞后,身体前倾和滑雪板成锐角,两臂紧贴体侧,沿自然抛物线在空中滑翔,在着陆坡着陆后继续自然滑行到停止区,然后根据从台端到着陆坡的飞行距离和动作姿势评分。

跳台滑雪得分由距离得分和姿势得分两部分构成。距离计算采取"2 舍 3 入法",如 60.20 米作 60 米;60.30 米则作 60.50 米;60.70 米作 60.50 米,60.80 米则进为 61 米。距离得分以 K 点为准,达到 K 点得 60 分,否则将根据跳跃距离进行加分或减分。加分和减分的分值与跳台级别的大小有关,跳台级别越大,分值越低,大型台每米的分值为 1.8 分,标准台的分值为 2.0 分。假如运动员跳出的距离超过 K 点,则将超过的米数乘以所跳跳台级别每米的分值数,然后加上 60 分,即为该运动员的距离得分。当运动员跳出的距离达不到 K 点时,则要将少于 K 点距离的米数乘以每米的分值数,再从 60 分中减掉。例如某运动员在大型台跳出的距离是 125 米,其距离得分的计算公式是:$60.0＋(125－120)×1.8＝60.0＋5×1.8＝60.0＋9.0＝69.0$。运动员跳跃距离的判定是从跳台前沿的边界量起,到运动员在斜坡上的着陆点,然后在测得的米数上再加上 0.5 米。

姿势得分满分同样为 60 分。由 5 名跳跃裁判员根据运动员跳跃的准确性、完美性、稳定性以及整体稳定性进行评分,每名裁判员最高给分为 20 分,在评姿势分时,跳跃得分占重要比例,成功的可得 6～20 分,失败则得 0～12 分。去掉一个最高分和一个最低分,然后将剩余的 3 个分相加,即为该运动员姿势得分。例如,5 名裁判员的评分分别是 17.0、18.0、18.5、19.0 和 20.0,去掉一个 17.0 最低分和一个 20.0 最高分,姿势分＝18.0＋

18.5＋19.0＝55.5。

第四节　跳台滑雪的基本技术

跳台滑雪的基本技术分为 5 个部分：助滑、起跳、空中飞行、着陆、终止区滑行。

一、助滑

助滑是为了在起跳端造成更快的初速度，以延长空中飞行距离的一种技术。运动员沿着 35°～37°坡的助滑道下滑加速，在顺着助滑道的倾斜面前进时，运动员两腿尽量深蹲，上体前倾成流线型姿势，力求与雪面大致平行，以最大限度地减小空气阻力。

二、起跳

起跳是整个技术动作的关键，起跳动作的好坏决定着运动员的成绩。当运动员以每秒 25 米以上的速度下滑至台端的起跳板（它与助滑道成 9°～11°角仰起）时，运动员向上奋力一跳，身体被跑向空中。由于助滑的最快速度可达每秒钟 30 多米，因此，掌握起跳的最佳时机是衡量运动员技术水平高低的主要标准。起跳用力的方法与跳高或跳远都不相同，确切地说，它不是跳而是两腿快速下蹬的动作。运动员顺着助滑道快速滑行，一般当雪板尖到达台端时立即起跳，上体向前伸展。

三、空中飞行

运动员只有保持大胆、沉着、稳定和善于控制雪板的空中飞行姿势，才能获得理想的成绩，为了减少前进的空气阻力和增加升力，运动员的上体应充分伸展，身体应与双滑雪板平行，与水平面成 8°～10°的倾斜角并维持平稳，上体与下肢间稍有曲折，两雪板平行并与脚底呈锐角上仰，两臂伸直贴放于身体两侧，沿着抛物线轨迹向前飞落。

四、着陆

经过助滑、起跳和空中飞行，最后再完成正确成功的着陆动作，就使整套动作连贯一致，一气呵成，运动员由此便可获得高分。着陆时，应具有弹性和稳定性，两脚成弓箭步前后分开，身体重量分别落于两脚，雪板后跟略领先于板尖着陆，两腿屈膝作缓冲，两臂左右平伸，以维持身体平衡。落地后，保持平衡姿势顺利滑到终止区，全部动作即算完成。

五、终止区滑行

在下滑通过 K 点（着陆坡转为平地处）后，尚需保持平稳，继续滑行并可作适当的制动减速动作（有的场地此段为逆坡滑行自动减速），最后以急停动作停止在终止区。规则规定，飞行距离及各阶段的技术动作完成情况，两项满分各为 60 分。比赛规定每人跳飞两

次,得分总和多者为胜。

跳台滑雪线路及规则要点如图 11-1 所示。

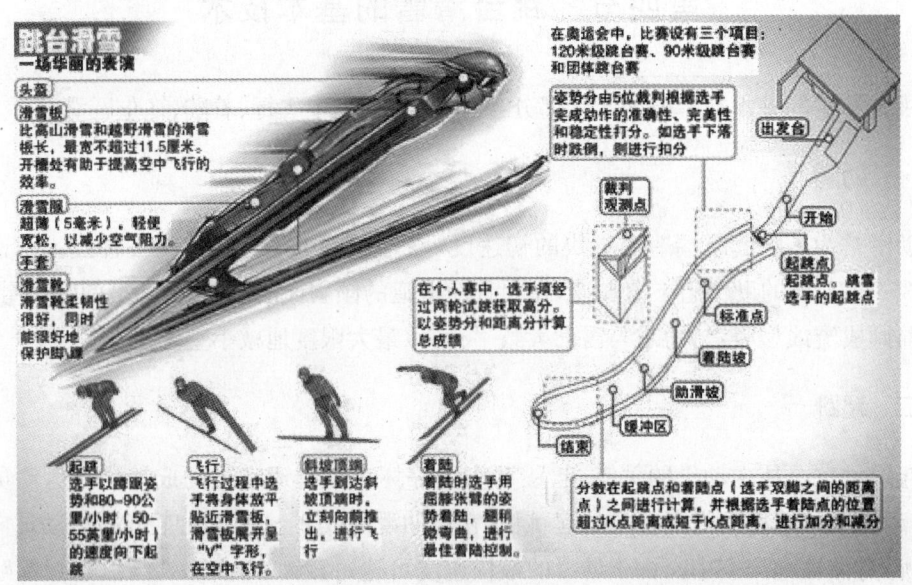

图 11-1　跳台滑雪线路及规则要点(图片引自搜狐体育)

第五节　跳台滑雪国际主要赛事

一、世界滑雪锦标赛

世界滑雪锦标赛 1925 年由国际滑雪联合会创办,一般每年一届。第二次世界大战时被迫终止,1948 年恢复后改为每 2 年一届,并规定与奥运会重叠时以奥运会代替。开始比赛仅设男子 18 千米和 50 千米越野滑雪。1933 年第 10 届始增设男子 4×10 千米接力。1948 年起增设了跳台跳雪、两项全能(滑雪和跳雪)、山地两项(速降和回转)。第二届冬奥会始增设女子 10 千米、速降、大回转和回转项目,还增设了男子大回转项目。第七届冬奥会改男子 18 千米为 15 千米,并增设了男子 30 千米和女子 3×5 千米接力等项目。第九届冬季奥运会将男子跳雪分成 70 米和 90 米两项,女子增设了 5 千米项目。第十二届冬奥会改女子 3×5 千米接力为 4×5 千米接力。第十四届冬奥会增设了女子 20 千米项目。

二、冬季奥运会滑雪比赛

1924 年,第一届冬季奥运会在法国夏蒙尼举行。滑雪列为正式比赛项目,初设男子 18 千米、50 千米、跳雪、两项全能 4 项,后逐届增加,1936 年增设女子项目。冬奥会滑雪比赛是世界上最重要的滑雪比赛,并取代举办之年的世界滑雪锦标赛。

三、北欧滑雪世界锦标赛

北欧滑雪世界锦标赛(FIS Nordic World Ski Championships)是由国际滑雪联合会(FIS)主办的世界级滑雪盛事。男子比赛从 1925 年开始,女子比赛从 1954 年开始。北欧滑雪项目是越野滑雪、跳台滑雪和北欧混合项目的总称。1924—1939 年,北欧滑雪世界锦标赛每年举行一次,1950—1978 年每 4 年举办一次,从 1978 年开始,基本上是每 2 年举办一次。

第六节　跳台滑雪国外著名运动员

一、扬达

捷克男子跳台滑雪运动员。他是 2005 年跳台滑雪世界杯挪威站、捷克站、芬兰站、瑞士站 LH 跳台冠军,2005 年跳台滑雪大奖赛波兰、意大利、日本站冠军。

二、尼凯宁

芬兰跳台滑雪运动员,有世界"跳雪之王"美称。他曾跳出 182 米和 185 米的世界纪录。1985 年他又以 187 米和 191 米再次创世界纪录。1981 年获 70 米跳台世界青年冠军。1982 年他获 90 米跳台世界冠军。1988 年他获冬奥会 70 米和 90 米跳台金牌,之后获团体赛金牌,同年获世界杯全能冠军。

第十二章
高 山 滑 雪

　　奥运会高山滑雪设 10 小项,男女各 5 项。男子项目设:滑降、回转、大回转、超级大回转、全能(滑降/回转)。女子项目设:滑降、回转、大回转、超级大回转、全能(滑降/回转)。该项运动将速度与技巧完美地结合在一起,运动员在滑行过程中左右盘旋,将健美与优雅融于一体,粗犷中不失儒雅,所以,一直深受广大观众的欢迎。

第一节　高山滑雪的起源及发展

　　高山滑雪(alpine skiing)是以滑雪板和滑雪杖为工具,在山坡专设的线路上进行快速回转和滑降的一种雪上竞技项目。在国际体育分类学中列为滑雪运动。

　　高山滑雪起源于阿尔卑斯地区,故又称阿尔卑斯滑雪。高山滑雪是在越野滑雪的基础上发展形成的,是雪上运动的一个分支。一般认为高山滑雪诞生于 1907 年,第一个高山滑雪运动组织英国的"阿尔卑斯山滑雪俱乐部"创立。滑雪是一项山地运动,从越野滑雪诞生的初期,回转和滑降就已成为其技术动作不可缺少的组成部分。只是由于北欧丘陵较多、山地坡度较缓的地理特点,因而没有作为一个独立的技术动作体系进行发展。1767 年,丹麦哥本哈根大学教授克诺德·雷姆(Knodo Reimm)在描述生活于北欧的拉普兰人(Laplander)滑雪的情景时写道:"这些拉普兰人不用滑雪杖,他们可以从很陡的斜坡上滑下来,有的甚至在滑行中可以弯腰拾起撒在雪地上的剪碎了的布片。"1850 年,在挪威南部泰勒马克(Telemark)地区已出现了用于改变方向和停止滑行的旋转。同年,挪威克里斯蒂安尼亚(Christiania,今奥斯陆)举行了首次高山滑雪原始形式的下坡滑比赛。1868 年由挪威滑雪运动奠基人桑·诺德海姆率领的几位年轻人,在奥斯陆挪威滑雪大会上表演了侧滑和"S"形快速回转降下技术。他们从山顶出发,巧妙地运用滑雪杖,迅速地回转绕过障碍,从斜坡飞驰而下。

　　19 世纪 80 年代末,在著名极地探险家弗里德乔夫·南森(Fridtjof Nansen)的影响下,滑雪在阿尔卑斯地区迅速兴起。就在这个时候,一些滑雪爱好者开始探索适合于高山地区滑雪的新技术和方法。最先获得成功的是奥地利的马蒂亚斯·茨达斯基(Matias 2darsky)。1890 年,茨达斯基在维也纳西南部的利林费尔德(Lilienfeld)山中,经过 6 年苦心的钻研和实验,终于发明了适合于阿尔卑斯山区特点的短滑雪板及滑行技术。1896 年,他将自己研究的成果撰写成论文,发表在《阿尔卑斯滑雪技术》上。茨达斯基也由此被誉为高山滑雪技术的先驱和高山滑雪运动的奠基人。

1905 年,茨达斯基在利林费尔德进行了高山滑雪史上第一次回转降下,线路长 2 000 米,高度差 500 米,共设有旗门 85 个。茨达斯基的表演,对促进高山滑雪技术体系的形成和推动高山滑雪运动的发展,起到了重要的作用。1907 年,第一个高山滑雪组织——阿尔卑斯山滑雪者俱乐部在英国创立,该俱乐部提出了"让你的滑雪板尖朝下滑"的具有深远意义的口号。翌年,在奥地利蒂罗尔州东部的基茨比厄尔(Kitzbuhel)举行了首次滑降比赛。1910 年,奥地利的乔治·比尔格里(Georg Bilgeri)上校率先组织了军事高山滑雪学校。他的教案一直被作为高山滑雪的基础课程教材。这位被誉为高山滑雪和军事高山滑雪运动的先驱,第一个采用深蹲姿势双杖快速降下。他同时还发明了制动转弯滑法和滑雪板的钢制安全固定器。

从 20 世纪 20 年代开始,高山滑雪比赛在阿尔卑斯地区纷纷举行,各类高山滑雪学校相继建立。1921 年和 1922 年,被誉为世界高山滑雪运动先驱之一的英国爵士阿诺德·伦恩(Anold Lunn),在瑞士米伦(Murren)组织了高山滑雪史上第一次回转和滑降比赛,并于1924 和 1928 年先后创办了堪达尔滑雪俱乐部和阿尔贝格—坎大哈(Arlberg-Kandahar)滑雪赛。1922 年,奥地利著名高山滑雪运动员汉纳斯·施奈德(Hannas Schenider,1890—1955 年)在奥地利蒂罗尔州西南部的阿尔贝格山(Arberg)的圣安东山岭(Sankt Anton)滑雪场创办了高山滑雪学校,并同阿·伦恩共同拍摄了一部高山滑雪影片,出版了《滑雪板的奇迹》一书,进一步推动了高山滑雪运动的普及,阿尔贝格滑雪学校也由此获得了世界声誉。

1924 年 2 月 3 日,国际滑雪联合会在夏蒙尼创立。高山滑雪作为雪上项目的一个组成部分被纳入了该联合会。20 世纪 20 年代末,高山滑雪比赛进一步增多,特别是大型比赛,如 1928 年在圣安东举行的首届坎大哈滑降和回转滑雪赛、1930 年在格林德举行的首届劳伯霍尔(Lauberhor)赛以及在基茨比厄尔举行的首届汉内卡姆(Hannecam)赛等。这时的高山滑雪,无论从组织上、规则上,均已完善,国际滑雪联合会决定从 1931 年起定期举办世界锦标赛,每年一次(1948 年以后改为每两年一次),冬奥会年不再单独举行,世界冠军由冬奥会产生。1931 年,第一届高山滑雪锦标赛在瑞士米伦(Murren)举行。

第二次世界大战后,随着大批现代化高山滑雪场的建成和设施的改善,高山滑雪运动获得了空前的发展。到 2002 年,高山滑雪已发展到世界五大洲 90 多个国家和地区。全世界共有大小高山滑雪场 1 万余座。从事高山滑雪运动的人数接近 1 亿,成为冬季运动中开展最广泛的项目。从 1931 年以来,已有 70 个国家和地区相继加入到世界滑雪锦标赛高山滑雪比赛的行列。

高山滑雪运动 1936 年被列为冬奥会项目。最初只设男、女全能(1952 年被取消,1988 年恢复),1948 年增加男、女滑降和回转,1952 年又增加男、女大回转,到 1988 年已增加到包括男、女超大回转在内的共 10 个小项。

第二节　高山滑雪的器材装备基本知识

一、高山滑雪器材装备的内容

高山滑雪的器材有四大件,即滑雪板、滑雪鞋、固定器、滑雪杖。

高山滑雪着装也有一大三小共4件,滑雪服为大件,滑雪手套、滑雪帽(或头盔)、滑雪镜为三小件。

高山滑雪的器材装备种类与型号很复杂,五花八门。

二、高山滑雪板

1. 高山滑雪板的结构

高山滑雪板组成的材质及制作工艺都很复杂。滑雪板由前部、中部(腰部)、后部组成,中部安装固定器的部分称为"重量台"。滑雪板两侧镶有硬钢边。高山滑雪板的外形是前部宽、中部窄、后部居中,侧面形成很大的弧线。近年出现的"卡宾"板,俗称"大头板"的外形更是如此,这种外形设计就是为了便于转弯,特别是有利于小转弯。

2. 高山滑雪板的分类

高山滑雪板的种类很多,由于功能及种类的不同,高山板间的档次及价位差别很大。

(1) 按竞技滑雪项目分有:回转板、大回转板、超级大回转板、滑降板。

(2) 按滑雪水平分有初学者板、中级板、高级板、竞赛板、世界杯用板等。

(3) 按雪质分有适于滑硬质雪的板、适于滑粉状雪的板、适于特技的滑雪板等。

(4) 按年龄、性别分有男性雪板、女性雪板、儿童雪板等。

3. 选用滑雪板的注意事项

初学者最好选用弹性好、长度短、雪板头较大些、轻便的滑雪板。

如果经济条件允许,滑雪者应考虑选购一套自己专用的滑雪器材(包括滑雪板、固定器、滑雪鞋、滑雪杖)。选购器材时主要应考虑厂家与商家的诚信度、雪板的质量与性能、售后的维护服务等方面。

三、高山滑雪板的维护

1. 维护滑雪板的滑行面

维护滑雪板滑行面的程序如下:

(1) 先清理滑行面(底面)。

(2) 如果滑行面有划痕,需要用专用补条燃化后补在划痕处。

(3) 凉却后用钢刮板刮平。

(4) 用锉将滑行面和钢边同时整修,将负边毛刺也一起锉去,最后达到光平。在损伤较重或参加竞赛之前,最好请专业人员全面检修维护。

2. 修磨钢边角度

对钢边角度的要求如下：

雪板滑行面经维护达到光平后，要对钢边进行修磨。雪板的两侧钢边不应与滑行面在同一平面上，而应向外形成一个微小的坡度，雪硬或需要立刃大时，角度可小点（如 87°～88°），如果雪软或一般滑行时角度可大点（如 88°～89°）。

3. 钢边角度的修磨程序

（1）最好用专用磨边器修磨钢边角度，或者用一把细锉代用。

（2）将细锉中间缠裹几层软纸，放到雪板滑面上，按压两端，细锉形成弯型，将雪板钢边磨成角度。

（3）如果不是全部钢边都修磨，只修部分"受伤"部位，应将其他部位用软纸护好。

（4）锉的运行方面，应从板尖至板尾。

4. 滑雪板的存放

冬后滑雪板长期存放之前不能"光板"入库。应维护和涂蜡（一般可为温性的红色或黄色）之后，立放在干燥通风处。

四、滑雪板的涂蜡

1. 滑雪蜡的功能

（1）使滑雪板底面不沾雪、不滞雪。

（2）保护雪板滑行面免受"外伤"，实际上滑雪板滑的不应是底面，而应是底面上的雪蜡。

（3）使雪板增加滑行速度。

（4）将不同的雪质起到"中和"作用，使滑行条件尽量趋于一致，便于滑行连贯、流畅。

（5）雪蜡渗浸入雪板滑行面中，有一种"滋补"的作用，保护雪板底面不受潮、不变型，阻隔紫外线辐射及减低氧化程度。

2. 滑雪蜡的种类

滑雪蜡的种类很多，五花八门，越高档的分得越精细，主要是根据雪温、湿度、雪质来划分。高山滑雪蜡有底蜡、低温蜡、高温蜡；有固体蜡、膏状蜡、液体蜡；有普通（通用性）蜡、竞赛用蜡（如果湿度大、雪温又较高时，可用含氟的雪蜡）等。在每种雪蜡上都有详尽的使用说明和提示。

3. 涂滑雪蜡的方法和程序

（1）清除底面残留的脏蜡与涂底蜡方法。首先，用熨斗烫化雪蜡（黑色或红色）滴在滑行面上，之后，用熨斗反复熨平；其次，放置一定时间（几分钟至几小时），让其渗透与凉却；再次，再用刮板刮平，去掉多余"浮蜡"；最后，用刷子及擦布，刷净擦光。

（2）热涂蜡方法。热涂蜡是在清除脏蜡或涂完底蜡后进行。

热涂雪蜡的方法相当精细，包括从实际的气象、气温、雪温、空气湿度、雪质与使用者的情况出发选蜡、配蜡、涂蜡、晾干、修平、抛光等诸多程序。

熨平雪蜡后要进行渗透和晾干,时间尽量长些,如果时间允许,将雪板放于室外,待第二天早晨再刮去浮蜡,再精细修平,最后抛光。

4. 直接冷涂蜡的方法

对大众滑雪者来说,热涂蜡是不现实的,也很不方便。而是采取直接向雪板面上蹭涂的方式,蹭完后晾干1~2分钟,再进行修平、抛光,可随时涂蜡,机动性强。

5. 涂蜡注意事项

(1)雪板滑行面没有水分,并且在不"反霜"的情况下涂蜡。

(2)热涂蜡熨平时,熨斗温度不可过高,不能在一处停滞太长,避免烫伤板面(如果温度达到135℃时就会损坏雪板底面),熨斗应来回移动,尽量使雪蜡浸透。

(3)除去板侧面及铁边的蜡,特别是铁边上的蜡,要全部除净。

(4)由于我国的天然雪湿度低,可用尼龙刷或马尾刷将板面的雪蜡刷平、精修。人工造雪应用铜刷操作,刷子应从前向后运作,不可逆向。

(5)我国的雪质一般湿度低、雪干,如果是参加比赛,可在赛前再用人工涂蹭上一层固体的白色雪蜡,然后用"板擦"擦平,板擦摩擦的温度可达到60°。

6. 维修滑雪板和涂蜡所用工具

维修滑雪板和涂蜡所用的工具很多,配全了也不容易。如果自己购了滑雪板,应配置简单一些的工具是必要的,再选购点滑雪蜡,养成经常涂蜡的习惯,也应学会简易涂蜡的方法。

五、高山滑雪鞋

1. 高山滑雪鞋的功能与结构

高山滑雪鞋也可称为滑雪靴。高山滑雪鞋对脚与踝部有固定、保护及保暖等作用。鞋由内外两层组成,外层壳连同鞋底很坚硬,由塑料或 ABS 材质注塑而成,防水、抗碰撞,上面镶有 1 个或多个夹子及调整鞋的肥瘦、前倾角的装置。内层由化纤织物和松软材料组成,具有对踝脚保暖、裹紧、缓冲等作用。高山滑雪鞋高低档次及价值相差很大,一般大众初学型鞋靿向后开启,而且只有一个在后侧的夹子,便于穿脱。准高级或竞赛型雪鞋表面有鞋舌,滑雪鞋夹子多,依次排列在前面,鞋靿在前部开口,外壳很硬,内靴较紧,穿脱较困难,但是可以将脚踝各部位及小腿下部紧紧裹住,又不会导致血液不畅,只有脚趾有点活动空间。这就使滑雪者的脚与鞋固定成一个整体,将滑雪者的用力动作,精确传导于滑雪板上。

有的滑雪鞋通过调整相应装置,可使其穿着步行更方便和更适合滑雪者的脚型。

2. 选用滑雪鞋的注意事项

选用滑雪鞋与选用滑雪板一样,根据自身的经济条件、技术水平、个人爱好等因素决定。

尽量选用有微调装置及行走功能的滑雪鞋。

3. 滑雪鞋的保养

(1)雪鞋进雪潮湿可以烘干。

（2）脚型特殊者，可到专营店用工具对雪鞋修整。穿起雪鞋应使脚的各部位均有紧裹而又无不适之感。

（3）尽量不要穿滑雪鞋在水泥地及泥地上行走。

（4）雪鞋用完后应放在温暖处存放，便于下次穿用。

六、高山滑雪固定器

1. 高山滑雪固定器的功能及结构

高山滑雪固定器一般由金属材质制成。固定器的主要功能是连结滑雪鞋与滑雪板及保护滑雪者人身安全。固定器由前、中、后三部分组成，前部与后部都有显示与调整其松紧强度的装置。前部是固定雪鞋前端，并能在横向外力过大时自动脱开；后部具有固定雪鞋后端，调整前后长度，锁住或松开雪鞋，在纵向外力过大时自动脱开等功能；中部的止滑器可防止雪板与滑雪鞋分离后滑向山谷，中部的垫板可防止立刃时雪鞋侧面与雪面的摩擦。

2. 固定器强度的确定

初学者的固定器强度在4～5千克便可。

3. 固定器的安装

一般在滑雪板上安装固定器应用模具定位、打孔、固定。滑雪板中部有一条中间线，模具上也会有一个标识，两者对平后，即可打螺丝孔，进行安装。如果没有模具，需要先对前后位置及中心线位置定位，打孔时务必要掌握好，不要偏位。

目前市场新品雪板都带有一个轨槽，出厂前已安装在雪板上，只要将固定器滑动上去便可。

4. 选择固定器的注意事项

（1）尽量选用调节功能操作方便的固定器。

（2）固定器间的档次及压力大小差别很大，而功能的差别不大，远不像滑雪板与滑雪鞋那样。

七、高山滑雪杖

1. 高山滑雪杖的功能

高山滑雪杖的功能是支撑、加速、维持平衡、引导转变（点杖）。

2. 高山滑雪杖的结构

高山滑雪杖的杖杆部分由轻铝合金材料制成，上粗下细，有鞘度；其上端有握柄和握革，便于手握和防止雪杖脱落；其下端有杖尖，防止雪杖在硬雪撑插时脱滑，杖尖以上有圆形或雪花形雪轮，限制雪杖过深插入雪面。

3. 滑雪杖的选用

高山滑雪杖在选用时其高度应大致与肘部同高或略低些，初学者可再高一点，以便限制上体过分前弯。滑雪杖越轻越好，握革环状的大小可根据持杖者手的大小调节。

八、高山滑雪服装

1. 滑雪服的款式

除滑雪专业竞赛服外,滑雪服的概念很广,凡是基本能满足滑雪要求的服装都可称为滑雪服。通常的专用滑雪服有上下分身款式的,由上衣与下裤两件组成,另有滑雪服是连体款式的,即上衣与下裤连在一起。

2. 专用滑雪服的选择条件

(1) 保暖而又穿着不显臃肿。

(2) 外布料应有防风、透气、防水、不沾雪、耐磨、结实而又不坚硬的性能。

(3) 裤角宽大,可套住滑雪靴勒口外围。

(4) 所有能开放的部位及衣兜都能用拉锁和贴扣封闭,袖口呈紧口状,以达到不进雪、不兜风,不致被雪杖、索道把柄等部件勾住。

(5) 滑雪服穿着应轻便、宽松、舒适,不影响滑行动作。

(6) 颜色尽量鲜艳,有很强的视觉效果。

(7) 口袋及挂环多点。

九、高山滑雪的其他器材装备

1. 高山滑雪手套

滑雪手套也是必不可少的,专用滑雪手套五指分开,掌心部加缝耐磨层,达到防水、不沾雪、保暖、不妨碍手部动作的要求,腕口要较长及宽大,可松紧,便于脱戴及套住滑雪服的袖口。

2. 滑雪帽与滑雪头带

滑雪帽或头带属必备的用品,其作用是防止耳部冻伤,使头部热量不会过度流失,同时防止头发在滑行中纷乱遮住视线。滑雪帽及头带是由毛绒线编织而成,轻松、保暖、有弹性,便于汗气挥发。

如果戴用有帽檐的帽子滑雪必须用条带固定在头上,在中、快速滑行时,最好不戴这种款式的帽子。

3. 滑雪头盔

滑雪头盔是硬质材质注塑而成的,款式多种。头盔的作用是当滑雪者失控跌倒后,保护头部不致被雪面或其他物体撞伤。快速滑行及在树林中穿行时必须戴用头盔。

4. 滑雪镜

(1) 滑雪镜的款式。滑雪镜一般有两种:一种是太阳镜;另一种是封闭式防风专用高山滑雪镜。滑雪镜高、低档的价位差别很大,专业及通用滑雪镜的价位相差很悬殊。

(2) 滑雪镜的功能。防止冷风对眼睛的刺激。防止紫外线对眼睛的伤害(直射或雪面反射)。保证滑雪者的视线正常,镜面不会起雾气。跌倒后不会刺伤眼睛和脸部。新型的滑雪镜在光线暗淡条件下,能起到增光的作用。

（3）滑雪镜不能视为可有可无。滑雪时应大力提倡戴用滑雪镜,特别是在中、快速滑行中,不戴滑雪镜是不可思议的。

戴太阳镜时,最好用镜带将镜腿系在颈部,以防脱离。戴隐形眼镜者,一定要佩戴专用高山滑雪镜,以防隐形眼镜脱落无法找回。

十、高山滑雪器材装备的使用程序

1. 穿好滑雪服

根据天气情况决定内衣的多少,气温适中时,不必穿毛衣,只穿贴身内衣和滑雪服便可。滑雪内裤的裤角应是紧口的,将袜勒平整地套在裤口上。

2. 穿滑雪鞋的顺序

滑雪鞋分左右脚,鞋的夹子在脚外侧。

穿滑雪鞋应先坐在椅凳上,然后将雪鞋夹子和系带全部松开,撑大雪鞋腰口,脚尖伸入鞋口,用力向里面踩入,脚后跟下压贴实鞋底,全脚用力踩地,促使脚全部贴融入鞋中,从脚背前端开始依次扣紧夹子和紧好加固带,根据脚的感受,对夹子的松紧和其他装置作适当调整,使其脚踝与小腿下端被雪鞋适度裹紧,只有小腿能向前弯曲稍许,脚趾在鞋中能有点活动空间,将宽大的滑雪裤裤角(包括松紧状的薄质内层)套住雪鞋勒口。

3. 脱掉滑雪鞋的程序

脱掉雪鞋的程序如下:清除鞋面附雪,松开鞋夹子和加固带,用手推压鞋勒后侧及向外拉抻鞋舌,脚从鞋内抽出,将鞋夹子及加固带大致扣好。

4. 滑雪板的固定顺序

滑雪板不分左右。

固定滑雪板时,呈站立姿态,先把两只雪板平行横放在山坡雪面上,然后将双固定器后部的锁固柄压下去(即松开固定器),双雪杖插于侧站稳,清理雪鞋底面,清除沾在鞋底的雪块等杂物,鞋前端对准固定器的前部月牙状开口,鞋后跟对准固定器后部的月牙状卡槽,脚后跟用力下踩,听到"咔嚓"声音,固定器锁固柄弹起,雪鞋锁住。再用同样的程序固定另一只雪板,双雪板轮换在雪面上踩踩,观察双雪板是否固定妥切。

如果在滑行中或跌倒后固定器自动脱开,需要重新固定时,应首先压开锁固柄,再按程序固定雪板。

一般而言,脚、鞋、板应固定成一个整体,没有活动间隙,使滑雪者的重力或用力能精细地确切地传导在雪板上。

5. 卸开滑雪板的顺序

将两只滑雪板平行横在山坡雪面上,使身体稳定站立,用一只滑雪杖的杖尖下压固定器后部跷起的锁固柄,使其向上弹起,松开雪鞋后部,将雪鞋提离雪板。再用同样的方法卸开另一只滑雪板。

如果用滑雪杖松开固定器处于不方便时,也可用手压或脚踩打开锁固柄,卸开雪板。

6. 固定器的现场调整

如果因摔跤等原因使固定器前部与后部间的长度变化,对雪鞋无法固定时,可在现场利用固定器后端或中部的调整装置进行调整,必要时请雪场人员协助。

7. 滑雪杖的握持与脱开程序

(1) 握杖程序。调整握革带的尺寸,手从环状握革带中由下向上穿过,将握革带与雪杖握柄一起握在手掌内。

(2) 脱开程序。将握持滑雪杖的手松开,从环状握革中向下将手抽出。

十一、滑雪板的携带方法

(1) 将两只雪板底面相对并在一起,扛在肩上,板尖朝前,用一只手臂扶压住。

将两只滑雪杖并在一起,由另一只手握住或放到另一肩上,使雪板、雪杖在颈后交叉,雪杖在下,两手在体前分别扶稳雪板与雪杖。

(2) 将雪板扛在肩上,用手扶好,另一只手握住双杖。

(3) 也可用其他方便的方法携带,但不能妨碍他人的安全。

高山滑雪路线及装备如图 12-1 所示。

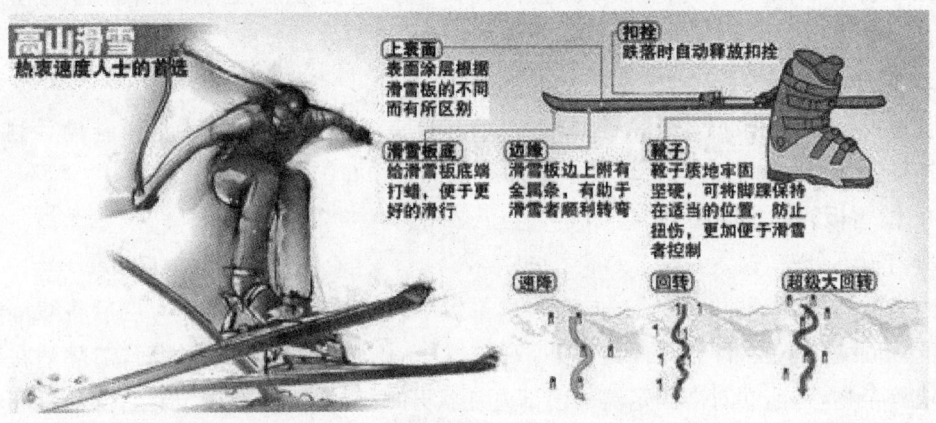

图 12-1　高山滑雪路线及装备(引自搜狐体育)

第三节　高山滑雪的规则要点

高山滑雪运动员参赛资格同越野滑雪一样。冬奥会和世界锦标赛每个国家和地区每项最多可参加 4 人。

高山滑雪的每个项目比赛均采用单人出发,出发顺序根据国际雪联积分,无积分的运动员通过抽签。但有的项目需要滑两次,第二次出发的顺序由第一次比赛的成绩确定,按逆序,排名最后的运动员第一个出发。出发的间隔一般为 60 秒,出发前 10 秒钟发令员要提示运动员,从 5 秒钟开始采用倒计时,用口令或自动音响向运动员发出信号。只有回转项目采用不等时出发。出发时,运动员必须身穿经正式铅封标志的运动服(即经裁判员检查并认可的服装),佩戴出发号码布,头戴护盔,脚穿滑雪板,手持滑雪杖,同时必须使用脱离式固定器。

在高山滑雪比赛中,选手滑行速度可以超过 130 千米/小时,不同的比赛项目对线路的要求也有所不同,不同项目起点与终点的垂直高度差也有不同:滑降男子 800～1 100 米,女子 500～800 米;回转男子 180～220 米,女子 140～200 米;大回转男子 250～450 米,女子 250～400 米;超大回转男子 500～650 米,女子 400～600 米。

这些垂直高度差让比赛更加艰难,因为选手在滑下来的同时需要穿越设置在滑行路线上的一系列的旗门,如果有选手错过了一个旗门,那么他就必须回去重新穿越这个错过的旗门,否则他就丧失比赛资格。

高山滑雪现有比赛项目包括滑降、回转、大回转、超级回转和全能。

一、滑降

滑降场地起点与终点的高度差男子为 800～1 100 米,女子为 500～800 米。是所有项目当中线路最长、滑行速度最快的。规定线路的边界用蓝线标示,起点和终点中间有几个转弯,蓝线标出最理想的滑行路线。在径直的滑落过程中,选手采用像鸡蛋般的滑行姿势,以便将空气阻力减少到最低。选手有时还需要进行长距离的跳跃,这时他们身体会蜷缩成一团,手臂前伸。比赛前选手会得到几次适应性训练的机会,以便熟悉滑行路线。

线路长度的设计在冬奥会和世界锦标赛中应保证男子的最好成绩不少于 2 分钟,女子不少于 1 分 40 秒。为确保比赛安全,除了在线路两侧插足够的红色和绿色指示旗外,还必须在必要的地段(如危险地段、坡度转换和颠簸地带、转变处以及运动员易于滑错方向的地段等)设置旗门。旗门的宽度不得少于 8 米。运动员必须用至少一只滑雪板的前端和双脚都通过旗门线,方为正确通过旗门。假如场地起点与终点的高度差达不到规则要求,可以组织两轮滑行的滑降比赛(但高度差最小不得小于 450 米)。两轮比赛成绩相加,时间少者名次列前。

二、超级大回转

超级大回转的场地要求是呈波浪起伏状的地形。宽度不得少于 30 米。起点与终点高度差男子为 500～650 米,女子为 350～500 米。旗门宽度:开口旗门(两个旗门杆连线与线路方向垂直)最少为 6 米,闭口旗门(两个旗门杆连线路方向平行)为 8～12 米。旗门数不得超过高度差的 10%,但男子最少不得少于 35 个,女子不得少于 30 个。

三、大回转

比赛在坡度 5°～32° 的覆雪山坡上进行。线路长度男子为 1 500～2 000 米,女子在 1 000 米以上。大回转比赛场地通常是多坡并呈波浪形,其宽度至少 30 米。起点与终点的高度差,男子为 350～400 米,女子 260～350 米。旗门数应是高度差的 12%～15%。旗门

宽 4～8 米。线路上设置多种形式的旗门,组成障碍,运动员从山顶沿线路通过旗门下滑,最近两个上下连续门的旗门杆最小距离不得少于 10 米。大回转比赛一般须进行两轮滑行。第二轮滑行可在同一场地进行,但旗门必须重新设置。两轮滑行成绩相加,时间少者名次列前。

其技术公于滑降和回转之间,既要有滑降的速度,又要有回转的快捷转变。滑行时碰倒旗杆不算犯规,漏门或旗杆过门则属犯规,不计成绩。如第一次滑行犯规,则失去第二次滑行机会。门旗分红色和蓝色两种,旗幅均为 75 厘米。

四、回转

回转比赛的场地应建在坡度 20°～27°的山坡上。场地宽不得小于 40 米。起点与终点的高度差,男子为 140 米～220 米,女子为 120～180 米。旗门,男子 55～75 个,女子 45～60 个。每个旗门由两面旗和两根旗杆组成。红、蓝旗门要交替插设。旗帜的规格为 24×22 厘米。两个旗门的最小距离不得少于 0.75 米。旗门宽度为 4～6 米。旗门设置应包括有开口旗门、闭口旗门以及 1～4 个由 3～4 个旗门组成的旗门组,如蛇形门、螺旋门、三角门以及菱形门等。回转比赛的成绩以在两条不同线路各滑行一次的成绩相加,时间少者名次列前。

五、全能

全能包括速降和回转,两项比赛相加,时间少者名次前列。

第四节　高山滑雪国际主要赛事

1966 年国际滑雪联合会创设以高山滑雪项目为主的世界杯滑雪赛。它采用系列比赛形式,从第一年 12 月至第二年 3 月在世界各地连续比赛,按多次比赛的综合成绩评出年度的优胜看。高山滑雪比赛每年一次,自 1967 年起首次举行,1981 年规模扩大,与北欧两项世界杯滑雪赛合并。

第五节　高山滑雪国外著名运动员

一、莫泽尔·普罗尔

奥地利高山滑雪女运动员。她在 1970 年(17 岁)获世界杯速降冠军,1971 年获世界杯大赛总成绩冠军,1971—1975 年完成五连冠,1979 年第六次夺冠。她在世界杯赛中 41 次取胜。1971—1975 年、1978 年、1979 年 7 次获世界杯赛总成绩冠军。1971 年、1972 年连获世界杯赛大回转冠军。1975 年第三次获大回转冠军。在世界锦标赛中,1974 年获速降世界冠军,1978年蝉联世界冠军,并获组合世界冠军、博得"世界杯赛小姐"的美名,被称为"70年代速降滑雪女王",1985年2月瑞士《体育报》评选她为"20年来世界最佳高山滑雪女运动员"。

二、科斯特里奇

克罗地亚女子高山滑雪运动员。科斯特里奇是克罗地亚最著名的高山滑雪选手之一,在2002年和2006年两届冬奥会上,她共赢得了4枚金牌、2枚银牌,成为冬奥会上获得奖牌最多的高山滑雪女选手。科斯特里奇让高山滑雪运动风靡了整个克罗地亚,并且成为克罗地亚唯一一位上了邮票的体育人物。优异的表现还令科斯特里奇荣膺了2006年度的劳伦斯年度最佳女运动员大奖。

三、基利

法国山地滑雪运动员。1968年在第十届冬季奥运会中获速降、回转障碍、大回转障碍三个项目的全部金牌。1966年他在世界滑雪锦标赛中获滑雪及三项冠军。1968年冬季奥会后他转为职业运动员。他曾18次获"世界杯"赛冠军。

第十三章
自由式滑雪

自由式滑雪(Freestyle Skiing)是以滑雪板和滑雪杖为工具在专门的场地上通过完成一系列的规定和自选动作而进行的一种雪上竞赛项目。它由空中技巧、雪上技巧以及雪上芭蕾三个独立的小项组成。

第一节　自由式滑雪的发展历程

一、自由式滑雪的起源与发展

自由式滑雪是以滑雪板和滑雪杖为工具,在专门的场地上通过一系列的规定和自选动作而进行的一种雪上竞技项目。它是雪上项目的一个分支,在国际体育分类学上被列为滑雪运动。

德国的高山滑雪兼登山运动员弗里茨·罗于尔(Fritz Reuel)第一个发现控制滑雪板同控制冰刀的技术有相似之处,滑雪板在雪坡上完全可以像冰刀在冰上那样机动灵活。于是,他得出一个结论:"只有雪上舞蹈才能将千百万追随者吸引到高山滑雪中来。相信,高山滑雪的普及不久将不亚于足球。"1926年,第一本介绍雪上芭蕾的书——《滑雪板的新潜力》在德国出版。作者就是弗里茨·罗于尔博士。他在这书中首次描述了滑雪板的几种复杂的机动动作。直到20世纪40年代以后,这些动作仍然是雪上芭蕾的基础。罗于尔提供的最优美的动作之一,就是沿山坡下滑的同时双足转体360°。他给这个动作冠以"华尔兹舞步"的名称。第二个动作是从山上蛇形下滑,两脚交叉。第三个动作是右足右转,浮足高抬。还有一些其他的练习动作。所有动作几乎都是借鉴于花样滑冰,而当时这些动作对花样滑冰运动员来说难度也是很大的。罗于尔在这本书中并排地放置了两张照片:一张是花样滑冰;另一张是高山滑雪。两名运动员做的都是单足"燕式"旋转动作。后来人们就将这个动作命名为"罗于尔"旋转。但是,由于它的发明者罗于尔的姓氏与英文单词"royal"谐音,所以人们也就往往将这个动作称为"国王式"。

此后,空中技巧的动作也开始萌发。1928年,曾经代表美国参加第一届冬奥会北欧两项比赛的约翰·卡尔顿(John Carleton),第一个穿着滑雪板在观众面前完成了雪上空翻动作。一些热衷于高山滑雪新动作探索的爱好者,纷纷进行实验。

1958 年,年轻的瑞士滑雪教练员阿特·弗尤雷尔(Art Fyurrer)为实现在滑跳中完成空翻和转体,他将全部业余时间用于设计和建造空中技巧跳台,结果取得了巨大的成就。不久他到美国,并通过电视展示了他的滑雪特技表演。弗尤雷尔还组织了一个滑雪技巧团,分赴一些著名的高山滑雪疗养区进行巡回表演。正是这个时候,高山滑雪在世界范围内兴起,高山雪场、高山旅馆以及各种运载装置如雨后春笋般地涌现。于是,自由式滑雪也由此获得了进一步的发展。

　　20 世纪 60 年代初,滑雪板制造工艺出现了一次革新,一种现代高强度的滑雪板开始问世,最初使用塑料,后来改为金属塑料。这种滑雪板既有很高的强度,又有较好的稳定性。与此同时,美国的克利夫·泰勒(Cliff Taylor)、道格·菲费尔(Daug Phifar)和马丁·普奇莱尔(Martin Putchler)和法国的罗伯特·布朗(Robert Blanc)等人,开始着手新的教学法,使用略长于 1 米的短滑雪板培训初学者。穿用短滑雪板,任何一名初学者只要身体素质好,协调性强,并有一定的技巧、体操、跳水或者蹦床素养,第一学年即可掌握较复杂的自由式滑雪动作。而中等熟练程度的滑雪爱好者只要接受几节课,就能学会雪上芭蕾。培训过程中,要求练习者依次改换 3～4 副滑雪板,其长度差为 10～15 厘米。短滑雪板的出现,不仅急剧地改变和丰富了雪上芭蕾的技术动作,而且它的推广也为自由式滑雪的普及开辟了新的途径,雪上芭蕾在一些高山滑雪中心逐渐成为群众性的娱乐活动。

　　到 20 世纪 60 年代中期,自由式滑雪愈加普及。1966 年,第一所专门培训雪上芭蕾的学校在美国科罗拉多创立。其领导人就是著名的高山滑雪运动家和理论家道·菲费尔。菲费尔不仅组建了第一所雪上芭蕾学校,而且还将自由滑的各个不完整的流派统一成完整的运动体系。为表彰他的贡献,被选为国际高山滑雪教练员协会主席团成员。

　　到 20 世纪 60 年代末,类似的学校在欧洲、北美,甚至非洲的一些传统的高山滑雪中心相续诞生,而且作为雪上芭蕾的各种基础练习也趋向了统一,即统一了姿势、步法、转体、旋转、跳跃以及空中翻转。在此期间,许多运动员对雪上芭蕾技术的发展作出了贡献,如美国的罗伯特·戈沃德(Robert Goword)、韦恩·旺格(Wayne Wong)和法国的埃里克·拉布雷(Eric Labre)等。戈沃德是第一位使用长滑雪杖的运动员,滑雪杖几乎达到他的肩部。旺格则最先发明以滑雪板板尖或板跟强力翘起为基础,完成一些高难度动作,后来人们就将这组动作称为"旺格"。而拉布雷则是滑雪杖支撑空翻的发明者。

　　这时,自由式滑雪所有三个项目均已孕育并发展成熟,但人们却没有想到组织比赛,选手中的一部分参加职业或半职业表演,一部分则在各高山滑雪中心从事教练员工作,而众多的一般爱好者只满足于业余活动。

　　一般认为,自由式滑雪作为竞技运动形成的起点是 1966 年在美国新罕布什尔州沃尔谷(Waterville Valley)举行的首次自由式滑雪赛。进入 20 世纪 70 年代以后,美国的道·菲费尔捕捉到自由式滑雪爱好者对表演的共同兴趣,决定组织比赛。在他的倡导下,第一次自由式滑雪比赛于 1971 年在美国新罕布什尔州举行。出席赛会的不仅有各巡回雪上表演团、组的高手,而且有来自各个方面的高山滑雪教练员以及雪上芭蕾专家。通过协商,决定 3 个项目合并在一次滑降中完成,线路的上部为空中技巧、中部为雪上技巧、下部

为雪上芭蕾。比赛十分成功,自由式滑雪由此诞生。但是,直到这个时候,不仅项目的主体没有名称,就连3个子项的叫法也不统一,美国称雪上技巧为"热狗"(Hot Doggin),而欧洲则称雪上芭蕾为"高山花样滑雪"或"风格奇特的滑雪",空中技巧则称为"雪上特技"。最后被统一为现在的名称,即雪上技巧、空中技巧和特技滑雪(最初称雪山芭蕾)。

1972年第二次自由式滑雪比赛在科罗拉多举行。大会考虑到观众的要求,决定3个项目分别在3天进行。从1975年开始,增加了世界杯赛。最初,参加世界杯赛都是职业选手。国际滑雪联合会对自由式滑雪这个新兴项目的出现十分重视,要求理顺规则,消除规则解释中的分歧。规则经修改后于1978年获得了国际滑雪联合会的批准。为验证该规则的可行性,于1979年举行了国际青年自由式滑雪赛。同年,这一新兴项目获得了国际滑雪联合会的承认,并决定从1980年开始举办自由式滑雪世界杯。

1980年3月28~30日,第一届国际滑雪联合会自由式滑雪世界杯在加拿大惠斯勒举行。来自美国、法国、加拿大、奥地利、瑞典、瑞士、英国、比利时、澳大利亚、荷兰、日本、意大利共12个国家的84名运动员(其中女子32人)参加了雪上技巧、空中技巧、特技滑雪及全能4个项目的比赛。比赛结果,冠军分别被美国的希拉里·恩吉什(Hilary Engjsh)、简·布穆(Jan Bucher)、博布·霍瓦德(Bob Howard)和加拿大的克赖格·克洛弗(Craig Clow)、劳拉勒·博威(Lauralee Bowie)以及奥地利的西吉·因诺尔(Sigi Innauer)获得。这次比赛极大地推动了自由式滑雪的发展,国际滑雪联合会决定将自由式滑雪纳入国际雪联世界滑雪锦标赛。

1986年,世界滑雪锦标赛自由式滑雪比赛在法国蒂涅(Tignes)举行。参加这次比赛的国家由1980年的7个增加到18个,运动员由84名增加到了171名(其中女子52名)。同年,经国际奥委会批准,自由式滑雪被纳入第十五届冬奥会表演项目。1988年2月21~25日,澳大利亚、奥地利、比利时、加拿大、芬兰、法国、德国、英国、意大利、日本、西班牙、荷兰、挪威、俄罗斯、瑞士、瑞典、美国共17个国家的40余名运动员参加了第十五届冬奥会自由式滑雪男、女雪上技巧、空中技巧和特技滑雪6个项目的表演。1988年国际奥委会执行委员会决定将自由式滑雪纳入冬奥会。

二、自由式滑雪在我国的发展

我国早在1989年就正式开始了自由式滑雪空中技巧项目,在以体能为主的雪上项目中,空中技巧这种以灵活和技巧见长的体育项目成为我国雪上项目的突破口之一。

当我国的空中技巧开始能够走出世界的时候,它带给人们的是一个又一个的惊喜,可以说我国雪上项目的突破几乎都是从空中技巧这个项目上得到的。1994年我国首次派出了2名女选手参加了利勒哈默尔冬奥会并且分获第17名和第18名,这已经是我国雪上项目参加历次世界大赛的最好成绩。

4年之后1998年长野冬奥会,我国女子空中技巧就已经具备了冲击金牌的实力。当时,夺冠呼声很高的名将郭丹丹在赛前的训练中两个脚踝全部负伤,冬奥会空中技巧的比赛为了郭丹丹史无前例地推迟了10分钟,但最后坚持上场的郭丹丹只拿到第7名。而当时只有 16 岁的小将徐囡囡挺身而出,她令人惊艳的一跳将银牌揽入怀中。同时也创造了我国雪上项目的最好成绩。

2002 年盐湖城冬奥会,我国派出徐囡囡、李妮娜等女选手。徐囡囡在比赛中的 4 次跳跃全部失败,虽然勉强进入了决赛,最终只获得了第 12 名。而 19 岁的李妮娜,名列第五。

在盐湖城,我国男队也派出运动员参加了冬奥会,韩晓鹏成了我国第一位参加冬奥会的男子自由式滑雪选手。不过,韩晓鹏在冬奥会前的一次训练中突然受伤,导致了右膝十字韧带断裂,不得不住院接受治疗。虽然他最终走上了冬奥会的跳台,但是伤痛大大影响了他的发挥,他最终只获得第 24 名。

从 2002 年开始,以李妮娜为首的一批女子选手开始占据了世界比赛的舞台。在都灵冬奥会开始前,李妮娜手里已经握有世界杯 10 站冠军,同时在 2005 年度获得中国首个雪上项目世锦赛冠军。再加上两届冬奥会元老徐囡囡、动作难度系数达到了世界最高的 7.85 的郭心心,还有王姣、张鑫和程爽。这 6 名女孩组成的中国女队在世界杯的比赛中所向披靡,几乎包揽了世界杯各站比赛的金牌。

与此同时我国男子自由式滑雪运动员韩晓鹏也开始崭露头角,从 2002 年开始,在他参加的五站世界杯中,他夺得了三站亚军和二站第三名。2004—2005 赛季他的世界杯积分排名第三位。

在 2006 年都灵冬奥会自由式滑雪女子空中技巧的决赛中,中国队在决赛第一跳后占据了前三名的情况下被对手实现了"超级大逆转"。郭心心在第二跳时没有能够站稳,与中国在冬奥会雪上项目的首枚金牌失之交臂。最后只由李妮娜获得了 1 枚银牌,平了长野冬奥会上的最好成绩。

在冬奥会历史上还从来没有一名运动员在预赛排名第一后,在决赛继续保持状态最终拿到金牌的。韩晓鹏打破了这一怪圈,拿到了都灵奥运会自由式滑雪男子冠军。

第二节　自由式滑雪的场地及设施基本知识

自由式滑雪器材包括滑雪板、滑雪杖、固定器、滑雪靴、运动服、护膝、头盔、护目镜和手套等。特技滑雪滑雪板的长度,男子不得短于 140 厘米,女子不得短于 l30 厘米,男子身高不超过 170 厘米和女子不超过 160 厘米者可缩短 10 厘米。滑雪杖不得超过身高,同时对两手握杖的部位也有严格的要求,运动员手的上部不得超过端顶下部 1 厘米。雪上技巧滑雪板,男子不得短于 190 厘米,女子不得短于 180 厘米,男女身高不足 160 厘米者允许缩短 10 厘米。空中技巧滑雪板长度没有限制。所有滑雪板的固定器都要安全可靠,并具有自动脱落系统。

自由式滑雪雪上技巧场地长 235±35 米,宽 20±5 米。坡度 28±4 度。场地必须坡度恒定,落差持续。斜坡上不能过凹、过凸或者有过于明显的坡度变化以及过深的沟底。雪包铺设要均匀,不得过尖或过硬。场内亦不得有冰块或硬雪块。

空中技巧场地由出发区、助滑坡、过渡区、跳台、过渡区Ⅱ、着陆坡以及终点区组成。所有的区域都要求用雪铺设,而且着陆坡必须松软,以保证运动员安全。空中技巧最重要的部分是跳台。跳台是在事先做好三面模型用雪堆砌,然后经修整而成。跳台根据级别大小有所不同,其类别基本可分为小型台、中型台、大型台和直体用台。具体如图 13-1 所示。

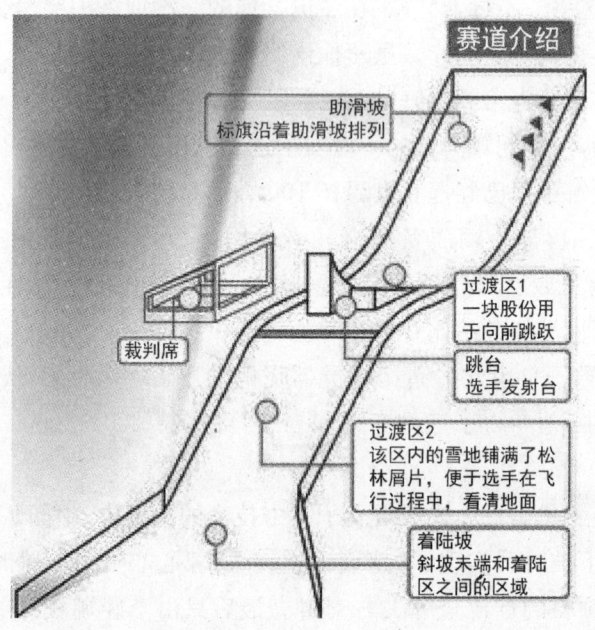

图 13-1 自由式滑雪空中技巧场地(图片引自搜狐体育)

特技滑雪比赛场地长 200～240 米,宽 40±5 米,坡度 12～15 度。整个场地的雪面要压实,以滑雪杖下面圆轮座的下部能插入雪下为宜。

第三节　自由式滑雪的规则要点

自由式滑雪的裁判工作有 7 名裁判员的独立评分方法(称 7 人评分制)和 5 名裁判员的独立评分方法(称 5 人评分制)两种。无论哪种评分制,其中均设有裁判长 1 人。两种评分制的主要区别在于:7 人评分需要减掉 1 个最高分和 1 个最低分,而 5 人评分则所有裁判员的给分均为有效分。冬奥会和世界锦标赛均采用 7 人评分制。2022 年冬奥会比赛项目主要有雪上技巧、空中技巧、障碍追逐赛、U 形场地技巧、雪坡赛。

一、雪上技巧

雪上技巧(Moguls)是在设置一系列雪包的陡坡线路上进行回旋动作、空中动作以及滑降速度的比赛,雪上技巧场地长 200～270 米,宽 15～25 米,坡度为 24～32 度。运动员使用的滑雪板男子不短于 1.90 米,女子不短于 1.80 米。

比赛中选手从四条不同线路当中选择三个作为自己的比赛线路,在信号显示开始之后,选手滑下一个陡峭的斜坡,然后划过一系列的起伏的、高度在 1.2 米的、间距为 3～4 米的雪包。比赛中的雪包分两种:一种是接近线路的顶部;另一种是接近线路的底部,选手必须在比赛中表演两种不同的跳跃,跳跃方式由自己选择。

选手在滑下的过程中要表演两个跳跃,不能出现技术错误或者失去平衡,不同的雪上跳跃包括 360～1 080 度旋转、侧翻、跳跃、前后空翻等各种的动作。

最终以回转动作和空中动作质量分以及计时成绩分相加评定名次,回转动作占得分的 50%,腾空占得分的 25%,速度占得分的 25%,得分多者名次列前。资格赛前 20 名晋级决赛,决赛比赛顺序根据资格赛成绩倒序进行。

雪上技巧的评分由回转、空中技巧以及速度(计时成绩)三部分组成。7 人评分制裁判员的分工为:5 名裁判员负责回转评分,2 名裁判员负责空中技巧评分。回转分每裁判员最高给分限定为 5 分,去掉 1 个最高分和 1 个最低分,然后将剩余的 3 个分相加,即为运动员回转得分。空中技巧分每名裁判员最高给分限定为 7.5 分(2 次跳跃,每次 3.75 分,其中动作形式 2.5 分,动作难度 1.25 分),2 名裁判员的给分相加除以 2,即为空中技巧分。速度分由运动员完成整个线路滑行的时间决定,最高分为 7.5 分。最后将回转分、空中技巧分以及速度分相加,总分多者名次列前。速度分的计算公式是:速度分＝13.625－(8×参赛运动员的计时成绩/标准时间)。

标准时间是由裁判员在比赛当天通过对挑选出的 3 名女运动员和 5 名男运动员进行的速度测定得出。

双人雪上技巧的裁判通过投票,即裁判员根据评判标准通过对每 2 名参赛运动员回转、速度、空中技巧的对比,进行表决。每名裁判员均有 5 种可能的表决票,7 名裁判员评判可产生 35 种表决票,得票最多的运动员胜出,参加下一轮比赛。7 名裁判员的分工为:回转 4 名、速度 1 名、空中技巧 2 名。裁判员表决通过表决牌。表决牌直径 25 厘米,手柄长 50 厘米,牌子的两面分别涂为红色和蓝色,以代表参赛的两名运动员。表决时裁判员要根据裁判长的口令统一出示或者放下。

二、空中技巧

空中技巧(Aerials)始于 20 世纪初。1928 年美国的卡尔顿(Carleton)成为世界上第一个穿着滑雪板完成雪上空翻动作的运动员。1958 年瑞士滑雪教练费尤雷尔(Fyurrer)在滑跳中完成空翻和转体动作。空中技巧运动员使用的滑雪板男子不短于 1.90 米,女子不短于 1.80 米。比赛时每人试跳两次,裁判员根据运动员完成动作的质量评定空中动作分和着陆动作分,两者相加再乘以动作难度系数,即为一次试跳的得分,两次试跳得分相加,得分多者名次列前。资格赛前 12 名获得决赛资格。

空中技巧 7 人评分制裁判员的分工为:5 名裁判员负责腾空和动作质量评分,2 名裁判员负责着陆动作质量评分。腾空和动作质量的评分,每名裁判员最高给分限定为 7 分(其中腾空质量 2 分,占得分 20%;动作质量 5 分,占得分 50%),去掉 1 个最高分和 1 个最

低分,然后将剩余的 3 个分相加,即运动员的腾空和动作分。例如,5 名裁判员的给分分别是 6.4、6.2、6.6、6.8、6.5,去掉 1 个最高分 6.8 和 1 个 6.2 最低分,腾空和动作分= 6.4+6.6+6.5=19.5。着陆动作每名裁判员最高给分限定为 3 分,占得分的 30%,2 名裁判员给分的均值乘以 3,即运动员着陆动作分。例如,2 名裁判员的给分分别是 2.7 和 2.9,着陆动作分=(2.7+2.9)÷2×3=8.4。最后将腾空和动作分与着陆动作分相加再乘以运动员申报的动作难度系数,即为运动员空中技巧的总得分。

三、障碍追逐赛

障碍追逐赛(Ski Cross)很像高山滑雪当中的集体出发,也像单板滑雪比赛中的越野赛,是一项体现速度和激情的运动。参加这个比赛的选手很多都有过高山滑雪的经历。

这个滑雪比赛是为了考验滑雪者的滑雪技巧而设计的,内容包括各种类型和规模,滑道与普通滑雪道一样,有平直滑道、宽滑道,和横滑道,也有弯道。身体的耐性和强壮度是在这项运动中取胜的关键。运动员连续做 4~5 个动作需要 60 秒或更久。

追逐赛比赛分为资格赛、1/8 决赛、1/4 决赛、半决赛和决赛。所有选手分组进行比赛,每一组比赛 4 个人,其中前 2 名晋级下一轮,最后的"大决赛"决定第 1~4 的排名,"小决赛"决定第 5~8 名。

四、U 形场地技巧

U 形场地技巧(ski halfpipe)运动员在一个 U 形场地上用自由式滑雪技巧表演,表演各种技巧:如筋斗、翻转、抓板和转体。比赛包括资格赛轮和决赛轮,每一轮选手都要完成两套动作,最终按照得分高低排名。雪上芭蕾场地长 200~240 米,宽 35~45 米,坡度为 12~15 度。滑雪板不得短于运动员个人身高的 81%。裁判员根据运动员完成动作情况评定技术分和艺术效果分,以技术分和艺术效果分的总和判定名次,得分多者名次列前。

五、雪坡赛

雪坡赛(ski slopestyle)运动员在一个倾斜的雪坡上表演,雪坡上设置有不同的障碍,如钢轨、1/4 的管道、跳跃的障碍,比赛采用淘汰赛制,在半决赛和决赛里,选手每一轮完成两次比赛。

第四节　自由式滑雪国内外著名运动员

一、李妮娜

中国女子自由式滑雪运动员。李妮娜是目前中国女子自由式滑雪空中技巧项目的当家花旦。在 2002 年盐湖城冬奥会上,李妮娜在队友、名将徐囡囡发挥欠佳的情况下,出人意料地为中国队夺得第 5 名。自 2004 年年底以来,她在世界杯系列赛中以稳定的发挥 6

次夺得分站赛冠军,并在赛季结束后以高出第 2 名将近 400 分的绝对优势夺得世界杯总冠军。在 2006 年都灵冬奥会上,她为中国队夺得铜牌。2005 年、2007 年和 2009 年,她实现了世锦赛的三连冠。

二、韩晓鹏

中国男子自由式滑雪运动员。韩晓鹏出生于江苏省沛县,1995 年被沈阳体育学院选入自由式滑雪队,以前是江苏省技巧运动员。韩晓鹏身体素质比较全面,特别是力量和爆发力在同项目队员中最为突出。他多次获得全国冠军,多次获世界杯赛第 3 名。2005 年自由式滑雪世界杯总排名第三,这也是我国男子选手在历史上世界杯总排名的最好成绩。2006 年,韩晓鹏在都灵冬奥会上一鸣惊人,首先在预赛中排名第一,其次又在决赛中以 250.77 分力挫群雄夺得金牌。它是中国选手在冬奥会历史上第一枚雪上项目的金牌,也是第一枚自由式滑雪项目的金牌,还是第一枚中国男选手获得的冬奥会金牌。

三、徐囡囡

中国女子自由式滑雪运动员,辽宁本溪人。徐囡囡在从事这个项目之前曾经是技巧运动员,因此转入空中技巧项目后成绩提高很快。1997—2001 年的 3 次世锦赛,徐囡囡先后夺得第 9、第 8 和第 7 的名次,成绩稳步上升。1998 年长野冬奥会,徐囡囡夺得 1 枚宝贵的银牌,为中国在雪上项目中取得了历史性的突破。徐囡囡以动作质量高和落地稳定性好而闻名世界,动作难度也排进了世界前十。从 1996 年参赛以来,她已经在世界杯、冬奥会、亚运会等大赛中获得 1 个冠军、7 个亚军。在 2002 年世界杯的系列比赛中,徐囡囡连续夺得美国站和加拿大站的亚军,成绩相当喜人。2006 年徐囡囡第 3 次参加冬奥会,取得了第 4 名的优异成绩。

四、耶罗迪亚科诺

澳大利亚女子自由式滑雪运动员。她 17 岁开始自由式滑雪训练,之前练过 9 年体操,2001 年被评为国际滑雪联合会年度最佳新人,2002 年首次参加奥运会获得第 8 名。2003/2004 赛季世界杯普莱西德湖站、鹿谷站亚军,哈尔滨站冠军,捷克站第 3 名;2004/2005 赛季世界杯布勒山两站冠军,特拉姆布兰特站冠军,普莱西德湖两站亚军,鹿谷站、沈阳站第 3 名;2005/2006 赛季世界杯鹿谷站冠军。

第十四章
单板滑雪

单板滑雪源于20世纪60年代中期的美国,其产生与冲浪运动有关。单板滑雪又称冬季的冲浪运动,单板滑雪选手用一个滑雪板而不是一双滑雪板,利用身体和双脚来控制方向。

第一节　单板滑雪的发展历程

一、单板滑雪的起源及发展

单板滑雪(Snow boarding)是以一块滑雪板为工具,在规定的山坡线路上快速回转滑降及在特设的"U"形场地内借助助滑坡起跳在空中完成各种高难动作的一种雪上竞技项目。它是雪上项目的一个独立分支,在国际体育学分类中属滑雪运动。

单板滑雪于20世纪60年代始于美国。1965年,一位叫谢尔曼·波彭(Sherman Poppen)的滑雪爱好者仿照海上冲浪板为自己的孩子制作了一块滑雪板,取名"斯纳菲尔"(Snurfer)。英文"Snurfer"是Snow Surfer的缩写,即雪上冲浪。当时所谓的雪上冲浪,实际上只是让孩子踏在滑雪板上手拉绳索在雪地上滑行。

到20世纪70年代中期,单板滑雪开始兴起。与此同时,单板滑雪雪板的开发者也越来越多,在众多研究者中较有影响的是迪米特列·米洛维奇(Dimitrije Milovich)和杰克·博顿·卡彭特(Jake Burton Carpenter)。

在单板滑雪兴起的初期,由于运动员控制雪板的能力较差,经常出现事故,因此许多滑雪场禁止单板滑雪。1985年,美国只有约7%的滑雪场对单板滑雪开放,而93%的滑雪场则禁止单板滑雪爱好者入内。

对单板滑雪运动的发展和项目的形成具有决定意义的是高山滑雪和自由式滑雪以及陆地滑板爱好者的加入。他们将高山滑雪、自由式滑雪和陆地滑板中的一些技术、技巧和运动形式引进到单板滑雪中来,如高山滑雪的回转、自由式滑雪的雪上技巧和空中技巧以及陆地滑板的"U"形池技巧等,从而使单板滑雪逐渐形成了一个独立的竞技项目。从这时开始,各滑雪场逐渐开始解除对单板滑雪的禁令,纷纷开辟单板滑雪专用斜坡,有的还建造了"U"形场地。这在一定程度上也促进了单板滑雪运动的发展。

一般认为,单板滑雪作为竞技运动的起点是 1983 年。20 世纪 80 年代初,随着单板滑雪的发展和运动技术水平的提高,一些职业高手产生了成立单板滑雪组织和举办单板滑雪比赛的要求。1980 年,在美国滑雪联盟的组织下,制定了第一个单板滑雪竞赛规则,并于 1983 年在美国举行了首届国际单板滑雪赛。1987 年,单板滑雪世界杯开始举行,在欧洲和美国各进行两站。来自美国、加拿大、意大利、法国、德国、荷兰、日本等国家的 100 余名运动员参加了男、女回转、大回转、平行回转、"U"形场地技巧 8 个项目的比赛,极大地推动了世界单板滑雪运动的发展。

为适应这项运动的发展,美国于 1988 年成立了业余单板滑雪协会(USASA),统一了竞赛项目和规则,并于 1990 年 2 月举行了首届全美单板滑雪锦标赛。

1989 年,国际单板滑雪协会(ISA),协同日本、北美和欧洲一些国家单板滑雪爱好者与职业单板滑雪联盟共同组织比赛。1990 年,国际单板滑雪协会更名为国际单板滑雪联合会(ISF),但没有获得国际奥委会承认。因为管理国际滑雪运动唯一的合法组织是国际滑雪联合会。为使单板滑雪能成为冬奥会项目,只有把它作为雪上项目的一个独立分支纳入国际滑雪联合会。于是,从 1993—1994 年赛季始,单板滑雪世界杯改由国际滑雪联合会领导。

1994—1995 年,为进一步推动单板滑雪的开展,国际滑雪联合会在举办世界杯的同时,还在意大利奥朗(Olang)、德国赖特因温克尔(Reit im Winkel)和伦格里斯(Lenggries)、美国森瓦利(Sun Valley)和舒格洛夫(Sugarioaf)、日本的苗田(Naeda)以及奥地利的基茨比厄尔(Kitzbiihel)和米尔巴赫(Muhlbach)等地举行了 13 次国际单板滑雪赛,美国、日本、荷兰、意大利、奥地利、加拿大、德国、芬兰、智利、丹麦共 10 个国家的 1 000 余名运动员参加了男/女平行回转、大回转、回转、"U"形场地技巧等 8 个项目的比赛,其中仅日本参赛的运动员就达 158 名(其中女子 54 名)。1994 年,国际滑雪联合会决定从 1996 年开始举办世界单板滑雪锦标赛,每 2 年举行 1 次。

1995 年,鉴于单板滑雪的发展,国际奥委会决定将单板滑雪纳入奥运会,设男子及女子大回转和"U"形场地技巧 4 个小项,并认定国际滑雪联合会为世界单板滑雪的管理者。美国业余单板滑雪协会虽然作为一个区域性的业余组织依然存在,但国际单板滑雪联合会却因得不到支持而于 2002 年撤销。

1996 年 1 月 24~28 日,第一届世界单板滑雪锦标赛在奥地利利恩茨(Lienz)举行。来自奥地利、巴西、加拿大、丹麦、法国、芬兰、德国、希腊、意大利、日本、荷兰、挪威、波兰、俄罗斯、瑞典、瑞士和美国 17 个国家的 111 名运动员(其中女子 31 人),分别参加了男子和女子回转、大回转、"U"形场地技巧 6 个项目的比赛。

1997 年 1 月 21~26 日,第二届世界单板滑雪锦标赛在意大利茵尼钦(Innichen)和圣坎迪多(San Candido)举行。参赛国家由第一届的 17 个增加到 24 个,运动员由 111 人增加到 276 人(其中女子 106 名),比赛项目也由 6 项增加到 10 项。到 2003 年,世界单板滑雪锦标赛已成功举办了 5 届。参加世界单板滑雪锦标赛的国家和地区由第一届的 17 个,增加到 43 个。

从 20 世纪 90 年代中期开始,为提高单板滑雪的竞争性和观赏性,使比赛更加刺激,又一批新的子项相继诞生,先是平行回转和平行大回转,接着是空中技巧和多人雪道障碍赛。到 20 世纪末,单板滑雪所有子项基本形成。

2022 年北京冬奥会单板滑雪将举行男子/女子坡面障碍技巧、U 形场地技巧、障碍追逐、大跳台、平行大回转等项目的比赛。

二、单板滑雪在中国的发展

中国的单板滑雪队于 2003 年正式立项,主要开展 U 形场地技巧项目。凭借在体操、武术等项目上的突出成绩,中国单板滑雪项目选材得当,在短短 5 年时间内进步迅速:2005 年世界大学生冬季运动会上,中国选手潘蕾为中国队赢得国际比赛的首枚单板滑雪银牌,中国队在该项目上还获得了两个 2006 年都灵冬奥会的参赛资格。

2007—2008 赛季,中国 17 岁小将刘佳宇脱颖而出,两次夺得世界杯金牌,并一度跻身世界排名第一的位置。2009 年 1 月韩国举行的世锦赛上,中国队实现历史性突破夺得 U 形池团体和个人冠军,中国队正逐渐形成集团优势。

第二节　单板滑雪的场地及设施基本知识

滑雪装备主要包括滑板、靴子和固定器,安全护具(头盔、护腕、护臀、护膝),以及滑雪服、内衣、手套和帽子、风镜等(见图 14-1)。更专业的运动人士还需要护肘、全身护甲等。

一、滑雪单板

滑雪单板构造及滑行条件同高山板很相近,但玩法(技巧)和装备不同。滑雪单板一般分为三类:

(1) 回转式板:板尖部分略微向下翘起,板尤其板腰部分比较窄,基本上只在雪道上滑行,适合于回转、比赛。

(2) 便于操纵式板:多功能的大众全能板,不仅可以在雪道上滑,而且可以在深雪中滑。此板前后端都向上翘起,但方向性还是很明确的。

(3) 自由式板:用于跳跃、旋转等方式的技巧滑雪。

滑板长度:合适的滑板长度要与滑雪方式、身高和体重,大多数人需要的滑板长度应该达到他的下巴或嘴唇附近。深雪或比赛滑板要长些;自由式或花样滑板短些;偏胖的滑雪者可以用稍长的、质地更坚硬的滑板;同样,稍瘦的滑雪者可用短些、质地软些的滑板。

滑板度:宽度是挑选单板的另一个非常重要的因素。女性和脚小的男性要用窄滑板,脚大的男性则需宽滑板。基本原则是:当你站在滑板上时,你的靴子应该齐平或稍稍超过边缘。

滑板尺寸:手扶滑板后端,短滑板应该到达滑雪者的领口和下巴之间。因为短些的滑板更易操纵,所以对于初学者和喜欢玩花样、管道滑雪的人更合适;长滑板要控制在眼睛至高出头顶几厘米的长度。长滑板适宜高速切入、深雪和大山地形。

二、单板滑雪鞋

单板的鞋分为软鞋和硬鞋两种。硬鞋同高山滑雪鞋非常相似(硬的外壳及柔软的内鞋套),现在几乎只用在少数竞技比赛中(如大回转)。舒适轻便的软鞋在近年得以推广。

三、固定器

同高山滑雪最大的区别是单板固定器是将鞋和板真正的固定在一起的。软鞋和硬鞋要配不同的固定器,软鞋系列占领着市场。固定器的最新发展趋势是所谓的 STEP IN 固定器,即在鞋的底部加上一块特殊金属,用于固定鞋和板。

四、滑雪服

同高山滑雪服一样,滑单板时的服装也要防水、防风、透气,并能保证身体活动自如。

五、帽子

滑雪帽应以保护耳部、轻便、不影响视野为宜,一般用弹性较好的细绒线织成。如果滑行中感觉冷风对脸部的刺激太厉害,可选择一个只露出双眼的头套,再加一个全封闭型滑雪镜,则可将面部完全罩住,能有效阻止冷风对面部的侵入。

六、头盔

单板滑雪时最好佩戴头盔。在滑雪或玩滑雪板时戴上合规格的头盔能有效防止头部受伤。

七、手套

单板不需要雪杖,因此手套这里的作用主要不是耐磨,而是为了保暖、防寒。滑雪手套一般用天然皮革和合成材料制成,外层面料一定要防水。

八、防晒霜

中国北方的冬季寒冷干燥,皮肤在这种气候条件下水份散失的很多,加上滑雪时形成的相对速度很大的冷风对皮肤的刺激和雪面上强烈紫外线对皮肤的灼伤,因此可选用一些具有抗紫外线效果较好的防晒霜。防晒霜只能在短时间内有效,所以应每隔一段时间(一般 2 个小时)就在暴露的皮肤上涂一次,切不可因为阴天就不涂防晒霜,因为阴天紫外线依然很强烈。

图 14-1　单板滑雪装备(图片引自搜狐体育)

第三节　单板滑雪的规则要点

单板滑雪是由两类性质截然不同的项目组成。一类是雪上技巧;另一类是空中技巧。雪上技巧包括回转、大回转、平行回转、平行大回转以及多人雪道障碍赛。回转和平行回转比赛旗门的距离较近,线路较短,对运动员回转和绕过旗门的技术要求较高。大回转和平行大回转线路较长,旗门的设置相对较远,滑降的速度较快,每小时可达 45 英里。每个旗门是由不同长度的旗门柱和一面旗帜组成。旗门柱应沿斜坡外形水平地成行排列。线路设计要对称,以保证运动员无论采用常规姿势(左脚在前)或特殊姿势(右脚在前),都能获得平均的机会。大回转和平行大回转线路的长度 800~1 000 米,垂直高度差 280~300 米,平均坡度 18±1 度。

平行回转和平行大回转 2 人一组同时出发,滑行 2 次,第 2 次滑行交换线路。比赛采用淘汰法,2 次滑行成绩相加,胜者参加下一轮比赛。资格赛前 16 名参加决赛。决赛同样采用淘汰法,编排的方法是 9~16 名由后向前同 1~8 名相对,2 人一组,蛇行排列。

多人雪道障碍赛为 4~6 人,在规定的设有障碍的线路上同时快速滑降并绕过障碍和完成一系列跳跃动作。比赛采用 50%淘汰,胜者参加下一轮比赛。

空中技巧包括"U"形场地技巧和单板空中技巧。单板空中技巧是由助滑、起跳、空中动作和着陆 4 部分组成,裁判员根据运动员起跳的高度、距离、动作姿势、难度以及着陆的稳定性等评分。"U"形场地技巧是在特设的长 100~120 米、"U"形口宽 13~17 米、"U"形深度 3~4 米、坡度 15~20 度的半圆形场地内进行。比赛中运动员要在场内不停地从一侧滑向另一侧,并在到达"U"形口上方完成各种空翻、转体等高难动作,裁判员根据高度、动作难度及质量进行评分。评分有 5 名裁判员独立评分方法(称 5 人评分制)和 3 名裁判员独立评分方法(称 3 人评分制)。冬奥会和世界锦标赛均采用 5 人评分制,1 名裁判员负责标准技术评分、1 名裁判员负责高度评分、1 名裁判员负责空翻技术评分、2 名裁判员负责整体印象评分。所有裁判员的给分均为有效分,每名裁判员最高给分为 10 分,5 名裁判员评分相加即为该运动员得分。得分多者名次列前。比赛分资格赛和决赛。资格赛每名运动员试滑 2 次,取其中最好成绩,前 12 名参加决赛。决赛每名运动员同样滑 2 次,以其中最好成绩作为最终成绩。决赛出场顺序按资格赛名次,由后向前,最后一名运动员最先出场。

第四节　单板滑雪的运动技术要点

一、自我保护

在单板滑雪运动中,摔倒是不可避免的,因此保护自己是最重要的,可以穿戴护膝、护肘和护臀。站在单板上时,控制重心是核心,一定注意在摔倒的时候尽量将身体放低,在感觉身体倾斜要摔倒时,要尽量下蹲身体向后倾,这样会减少身体和地面的接触冲击。

在单板滑雪中,主要分为两种摔倒状况:

(1)背摔:向后摔倒时,注意不要用手腕撑,应该做到头向前,下巴贴紧胸前,呈抱团状,小臂自然向后缓冲。

(2)前摔:身体向前倾时,双臂要注意弯曲保护胸和面部,利用肘部着地,两小腿弯曲抬起。

二、运动技术要点

(1)领先腿站法的正确站姿:膝盖弯曲,背要直,抬头,两臂自然放腿两侧。

(2)直线下滑:直线下滑训练速度及板上平衡,重心放在前腿,手臂向前指,腰背要直,抬一点下巴,膝盖略弯,保持平衡、稳定。

(3)正面左右滑行:正面面向下坡,重心放前腿,手指指向前进方向,要变向时身体及指向手臂向身后上坡方向转,同时将重心移到后腿,此时后腿变前腿,换另外一条指向臂,重复。

(4)刹车:正向刹车:重心在前腿,刹车时,上体向外侧转,眼睛向外侧看,后腿向前踢板,脚尖抬起,做推板动作,后刃形成刹车。背向刹车:重心在前腿,刹车时,脚跟抬起,脚尖用力,眼睛一定要向上看,后腿做蹬板动作,膝盖往雪里走,前刃刹车。

(5)正向推板:膝盖弯,腰背直,抬头向前看,重心在两腿间,脚尖抬减速,脚尖松前进,脚跟用力,慢慢点刹,柔和些。

(6)背向左右滑行:正面朝向山坡,重心在前腿,手指向前进方向,要转弯时,手臂慢慢指向上坡,身体看上面,同时将重心移到后腿,后腿变前腿,换手臂指向另一个方向。转换重心时,手臂及上体都要向上坡方向指。

(7)反向推板:重心放在前刃上,脚跟抬起放松,脚尖用力控制速度,膝盖弯,重心低,抬头,肩要往后撑一点,胸略向后挺,手自然下垂于身体后侧,抬头看前面,膝盖向外。

(8) 转弯:脚尖转脚跟:利用脚尖滑行时,把板子变平直滑,同时又一个开门的动作,后腿有推板的动作,目的是转肩,重心放低,完成脚尖转脚跟。脚跟转脚尖:脚跟滑行时,重心始终放在前腿,肩向下压,此过程中一定不能低头,膝盖弯,背要直。

(9) 连续转弯(中级):连续转弯,肩膀起到重要作用。在转弯时有一个蹲起的动作。转弯中要注意:①重心一定要放前腿。②眼睛不要看脚和板头,和开车一样看远方。三点一线,手指和板头方向始终一致(一线的),眼睛看手指的方向即可。③转弯不要过早。

第五节　单板滑雪国内外著名运动员

一、潘蕾

我国女子单板滑雪与动员,1988 年 10 月 26 日出生于黑龙江。她曾在 2004 年获得全国单板滑雪冠军赛女子大回转冠军,2005 年获得世界大学生冬季运动会银牌,2005/2006 年国际雪联单板世界杯系列赛智利站第 18 名,2006 年 2 月意大利都灵冬奥会女子 U 形场地技巧进入资格赛第二轮。

二、刘佳宇

女,黑龙江鹤岗人,中国单板滑雪运动员。2007 年 3 月,在加拿大卡尔加里进行的单板滑雪世界杯 U 形场地技巧赛中,刘佳宇勇夺银牌。2008 年 3 月 1 日,她在单板滑雪世界杯赛加拿大卡尔加里站上夺得了 U 形场地技巧赛的冠军。2009 年 1 月 23 日,韩国横城单板滑雪世锦赛,她获得女子 U 形场地技巧赛金牌。2010 年温哥华冬奥会上,她夺得第四名,这是中国单板滑雪运动在冬奥会上的最好成绩。

三、特耶·哈克森(Terje Haakonsen)

1974 年 10 月出生,挪威单板滑雪运动员。哈克森获得两次奥地利因斯布鲁克空中花样滑雪冠军,五次山地障碍滑雪冠军,三次美国公开半管赛冠军,三次世界半管赛冠军,五次欧洲半管赛冠军。

四、肖恩·怀特(Shaun White)

1986 年 9 月出生。他是世界上最好的单板滑雪选手之一。他几乎每场他参加的单板滑雪比赛中获胜,形成了自己的独特风格。他的技巧、风格和个性已经融合在一起,这使他成为最受尊敬、最优秀的单板滑雪选手之一。大赛成绩:2003 年北极斜坡挑战赛第一名(挪威);2003 年美国菲利浦斜坡公开赛第一名(美国佛蒙特州);2003 年半管三重冠前卫赛第一名(美国加州);2003 年斜坡三重冠前卫赛第一名(美国加州);2003 年日本半管公开赛第一名(日本);2003 年半管游戏赛第一名(美国哥伦比亚);2003 年斜坡游戏赛第一名(美国哥伦比亚)。

第十五章
雪　车

　　雪车也称有舵雪橇(Bobsleigh)，为雪橇运动项目之一，是一种集体乘坐雪橇，利用舵和方向盘控制在人工冰道上滑行的运动。1924 年在第一届冬奥会中，雪车被列为正式比赛项目。雪橇用金属制成，形如小舟，橇首覆有流线型罩。橇底前部是一对舵板；上与方向盘相接，橇底后部为一对固定平行滑板。橇尾装有制动器。

第一节　雪车的起源及发展

　　雪车由男子 2 人座、男子 4 人座和女子 2 人座 3 个小项组成。在国际体育分类学上属独立的冬季运动项目。

　　有舵雪橇起源于瑞士，是由无舵雪橇发展而成。最初是圣莫里茨一位叫博布(Bob)的男孩即兴将两只无舵雪橇前后摆放在一起，从山上疾驰而下。这一创举，立即引起了围观者的兴趣。1888 年，圣莫里茨地区一位叫马蒂斯(Mattis)的机械师，经过了 2 个多月的研究和设计，制造出一台安装有操纵舵的木框架结构的长雪橇。于是，人们就将这种雪橇称为有舵雪橇。马蒂斯的雪橇展出后，立即获得了推广。有舵雪橇由此迅速地开展起来，并且成为圣莫里茨接待旅游者的一项重要活动内容。1897 年，第一个有舵雪橇俱乐部在圣莫里茨创立。1903 年，圣莫里茨建成了第一条人工有舵雪橇线路。不久，恩格尔贝格(Engelberg)和蓬特雷西纳(Pontresina)的有舵雪橇场地相继投入使用。当时，在圣莫里茨创立的有舵雪橇俱乐部为这项运动制定了规则。最初的规则规定：雪橇的乘员为 5 人，其中男子 3 人，女子 2 人。到 20 世纪初，规则又规定只允许男子参加，并将乘员的人数由 5人减少为 4 人。

　　1923 年 11 月，国际有舵雪橇和平底雪橇联合会在法国巴黎创立。翌年，有舵雪橇被列为冬奥会项目。最初为 4 人座，1928 年改为 5 人座，到 1932 年冬奥会又恢复为 4 人座，并增加了 2 人座。

　　1928 年，为推进有舵雪橇发展，国际有舵雪橇和平底雪橇联合会决定从 1930 年开始举办世界有舵雪橇锦标赛，并追认 1924 年第一届冬奥会和 1928 年第二届冬奥会有舵雪橇比赛为第一届世界锦标赛和第二届世界锦标赛。

20世纪40年代末,田径、体操、手球等项目的一些运动员开始加入有舵雪橇比赛中来,从而大大推动了有舵雪橇运动的发展,并开始了系统训练。

1952年,国际有舵雪橇和平底雪橇联合会对有舵雪橇竞赛规则进行了一次修改,由单一规定雪橇的重量,改为限制乘员和雪橇的总重量,而不再片面追求大体重。

有舵雪橇赢得速度的第一步是在雪橇的底部安装上铁制滑刀。当时,规则对这种滑刀的规格并没有限制,一般都用3/4英寸宽和1/4英寸圆的铁条制成。20世纪20年代中期,美国开始采用镶嵌在木制底座里的金属滑刀,并在橇体的外部裸露2英寸。初期,这种底盘式滑行器被制成1/4英寸宽和3/8英寸圆,以最大限度地减少滑刀与滑道的摩擦。与此同时,雪橇制造商通过反复的实验,选取了优质的工具钢作为制造滑刀的材料。然而在1936年加米施-帕滕基兴冬奥会上,国际有舵雪橇和平底雪橇联合会却对美国队使用的这种优质工具钢制成的滑刀进行了禁止。第二次世界大战结束后,随着冶金工业的发展,有舵雪橇不仅在制造工艺和材料等方面获得了较大的改进,而且结构设计也发生了很大的变化,木材已全部被合金铝代替,橇体也由过去的敞开式平板雪橇改为流线型半封闭座舱式雪橇。进入20世纪70年代中期,以民主德国为代表的一些国家和地区进一步加强了对雪橇结构的研究和设计,极大地提高了雪橇的性能,滑降的速度不断提高。到1988年,有舵雪橇滑降的速度已由20世纪20年代初期的50千米/小时,提高到143千米/小时。

有舵雪橇以其特有的运动形式和刺激性吸引着越来越多的运动员。从1923年国际有舵雪橇和平底雪橇联合会创立到2002年,有舵雪橇已发展到世界60多个国家和地区,其中已有55个国家和地区的有舵雪橇组织加入了国际有舵雪橇和平底雪橇联合会。

长期以来,有舵雪橇一直是瑞士的优势项目,从1924—2002年,瑞士人先后获得9枚冬奥会金牌,37次夺得世界冠军(其中2人座17次、4人座20次)。德国一直是有舵雪橇运动的积极追随者,特别是从20世纪70年代中期开始,民主德国运动员将重点放在了雪橇结构的研究和设计上,从而使他们一度处于世界领先地位。1990年两德统一后,其优势更加明显,从1991—2002年,世界锦标赛2/3的冠军和冬奥会1/3的金牌被德国运动员获得。在世界杯比赛中,瑞士运动员和德国运动员获得的奖牌也最多,紧随其后的是加拿大。

从发展的趋势看,虽然德国、瑞士、美国、加拿大和意大利仍保持着这个项目的优势,但从1995年温特贝格世界锦标赛开始,已有越来越多的国家跻身前10名。

有舵雪橇发展的一个里程碑是女子有舵雪橇的兴起。20世纪80年代以前,有舵雪橇一直被视为男子的运动,进入20世纪90年代,这一禁区被德国、美国、瑞士、荷兰、意大利等国家的运动员打破,并很快发展起来。1998年,鉴于女子有舵雪橇运动的发展,国际奥委会决定将女子2人座纳入冬奥会。其后已有19个国家的运动员加入欧洲杯、美洲杯和世界锦标赛的行列。

2022年北京冬季奥运会雪车将举行男子双人、男子四人,女子双人项目的比赛。

第二节　雪车的场地及设施基本知识

自 20 世纪初有舵雪橇改为铁制以来,经过不断改进,其结构日臻完善。有舵雪橇是由底盘、座舱、滑行器、防护罩、操纵舵以及制动器等部分组成。所有的部件均为金属制造。滑行器由两对滑刀组成。后部的一对滑刀固定在橇体上,前部的一对同方向盘相连,舵手通过安装在方向盘上的脚踏控制板和两个手控牵引索操纵雪橇滑行的方向。制动器位于雪橇的尾部。有舵雪橇 2 人座最大长度为 270 厘米,最大宽度 67 厘米,滑橇板宽度 8 毫米,最大重量(含 2 名运动员)不得超过 375 千克。4 人座最大长度 380 厘米,最大宽度 67 厘米,最大重量(含 4 名运动员)630 千克。无论 2 人座或 4 人座,重量不足者均可添加重力棒。

比赛时,运动员必须穿戴运动服(空气动力服)、护肩、护肘、头盔及专用靴。专用靴的底部有 3 组横贯靴底的防滑钉,每组 7 排,呈刷状分布,钉的长度 4 毫米。

有舵雪橇比赛是在用混凝土或木材、钢管搭建的具有一定坡度的槽状滑道内进行。滑道的宽度为 140 厘米,两侧为护墙,护墙的内侧高 140 厘米,外侧高 2～7 米。滑驾及两侧的护墙均要浇冰。有舵雪橇线路长 1 300～2 000 米。全程设有 15～20 个弯道。弯道的半径不得小于 20 米。线路的平均坡度 4～8 度。起点与终点的垂直高度差为 100～150 米。

第三节　雪车的规则要点

冬奥会有舵雪橇每个国家和地区每项限报 2 个队。男子 2 人座和 4 人座比赛 4 轮,以 4 轮滑行的累计时间计算成绩,时间少者名次列前。女子 2 人座比赛 2 轮,以 2 轮滑行的累计时间计算成绩。男子 2 人座和 4 人座比赛均为 2 天,女子 2 人座比赛 1 天。赛前每队有 3 天试滑,每个队均有 6 次滑行机会。

有舵雪橇比赛每次出发一个队。出发顺序第一轮通过抽签决定(通常在比赛的前一天晚间进行)。从第二轮开始按照上一轮比赛的排名,前 15 名运动员按逆序,第 15 名第一个出发,从第 16 名开始则按升序。出发前运动员要将雪橇停放在起点线后,距离 15 米。2 人座出发前 2 名运动员分别站在雪橇的两侧,出发信号发出后,迅速推动雪橇跑步前进,然后跃进舱内。前面的运动员负责操舵,称舵手;后面的运动员负责制动,称司闸员。4 人座启动后舵手先跃入舱内,接着是中间的 2 名乘员,最后是司闸员。从起点到所有成员跃入舱内的距离为 50 米。到达终点的所有的成员都必须乘坐在雪橇上,否则不予计算成绩。假如雪橇中途翻倒,可以正过来继续参加比赛。运动员如因故不能参赛(伤、病或精神状态出现异常等),可由替补队员替补,但必须提前报告竞赛委员会,待对替补队员的装备进行检查后,方可进行替补。

雪车比赛赛道及设备如图 15-1 所示。

雪车
冰上"火箭"

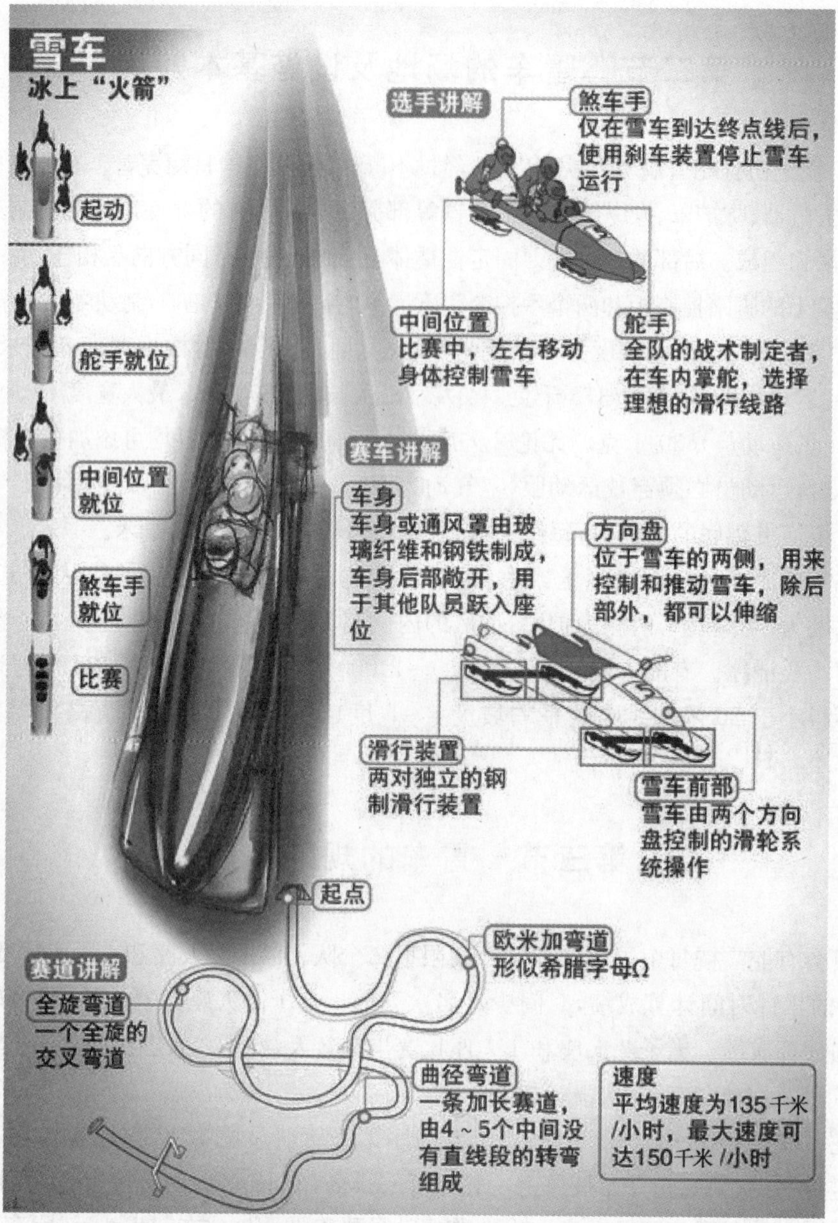

起动

舵手就位

中间位置就位

煞车手就位

比赛

选手讲解

煞车手
仅在雪车到达终点线后，使用刹车装置停止雪车运行

中间位置
比赛中，左右移动身体控制雪车

舵手
全队的战术制定者，在车内掌舵，选择理想的滑行线路

赛车讲解

车身
车身或通风罩由玻璃纤维和钢铁制成，车身后部敞开，用于其他队员跃入座位

方向盘
位于雪车的两侧，用来控制和推动雪车，除后部外，都可以伸缩

滑行装置
两对独立的钢制滑行装置

雪车前部
雪车由两个方向盘控制的滑轮系统操作

起点

欧米加弯道
形似希腊字母Ω

赛道讲解

全旋弯道
一个全旋的交叉弯道

曲径弯道
一条加长赛道，由4~5个中间没有直线段的转弯组成

速度
平均速度为135千米/小时，最大速度可达150千米/小时

图 15-1　雪车比赛赛道及设备(图片引自搜狐体育)

第四节　雪车国外著名运动员

一、乌茨施奈德

联邦德国有舵雪橇运动员,1972 年冬奥会获双人雪橇金牌。1972、1974 年获双人雪橇世界冠军,1969 年获 4 人雪橇世界冠军。

二、邦查克

民主德国雪橇运动员,1968 年获冬奥会男子双座金牌,1964 年冬季奥运会获单座银牌,1971 年获双座世界冠军。

三、蒙蒂

意大利有舵雪橇运动员,3 届奥运会获 6 枚奖牌,其中 1968 年双座和四座获金牌,1957—1961 年、1963 年、1966 年、1968 年共 8 次获双座赛世界冠军。1960 年、1961 年、1968 年共 3 次获 4 座赛世界冠军。

四、恩德里希

瑞士有舵雪橇运动员,1947 年获 4 人雪橇世界冠军,1948 年获冬奥会双人雪橇金牌。1949 年、1953 年两次获双人雪橇世界冠军。

第十六章 雪　　橇

雪橇比赛时,运动员坐在雪橇上,双手借助起点助栏用力向后推,使雪橇向前起动,滑行中仰卧在雪橇上,单手拉住雪橇皮带利用身体起卧,变换肩、腿姿势操纵雪橇,使之沿着冰道快速滑降。

第一节　雪橇的起源及发展

雪橇也称无舵雪橇(Luge),又称平底雪橇、短雪橇或运动雪橇,是运动员通过身体姿势的变换控制雪橇沿专门构筑的具有一定坡度的槽状冰道快速回转滑降的一种冬季运动。它在国际体育分类学中被列为独立的冬季运动项目。

雪橇最早是作为冬季雪上的一种交通运载工具和户外游戏而流传于欧洲、亚洲及北美。其历史可追溯到古代,19世纪发展成为竞技运动。

据编年史记载,早在1480年无舵雪橇比赛已在挪威出现。此外有记载的无舵雪橇比赛还有1552年在奥地利的埃尔茨山(Erzberg)。到18世纪,在俄国圣彼得堡已将雪橇作为冬季的一种户外游戏。而当时在莫斯科则经常有人在人造的冰坡上从事这种活动。就在这个时期,美国新罕布什尔州的柏林在贝尔维宫附近也建造了雪橇滑道。

无舵雪橇真正获得开展则是从19世纪80年代开始。1883年2月12日,由瑞士达沃斯镇温泉附近的旅馆发起,组织了一次无舵雪橇比赛。这次比赛吸引了瑞士、美国、英国、德国、奥地利、荷兰、瑞典7个国家的21名运动员参加。比赛在达沃斯北部沃尔夫冈(Wolfgang)和克洛斯特斯(Klosters)之间的天然滑道上进行。线路总长度4 000米。比赛结果奥地利大学生乔治·罗伯逊(George Robertson)和克洛斯特斯邮递员彼得·明施(Peter Minsch)以9分15秒的成绩同时到达终点,获得冠军。当时所用的雪橇十分简陋,只是一个框架和两根滑木。6年以后,第一个无舵雪橇俱乐部在德国创立。到20世纪初,无舵雪橇已发展到美国、瑞士、波兰、意大利、挪威、法国、英国、德国和比利时等10余个国家。随着无舵雪橇运动的发展,在一些国家的倡议下,从1914年开始举办欧洲锦标赛。

1923年,国际有舵雪橇和平底雪橇联合会在法国巴黎创立,无舵雪橇作为一个组成部分,加入了该组织。1935年,为加强对无舵雪橇运动的领导,国际有舵雪橇和平底雪橇联合会决定设立"无舵雪橇部",并定期举办世界锦标赛。1954年,国际无舵雪橇会议在瑞士达沃斯镇举行。就在这次会议上,一些国家的代表倡议,脱离国际有舵雪橇和平底雪橇联合会,创办独立的国际无舵雪橇组织,并建议从1955年开始单独举办世界无舵雪橇锦标赛。倡议立即获得了通过。经过3年的酝酿和筹备,国际无舵雪橇联合会(ILF)终于在瑞士成立。奥地利无舵雪橇协会主席伊萨贝特·伊泽尔(Isabert Issel)当选为创始主席。1959年,国际无舵雪橇联合会在慕尼黑举行的国际奥委会会议上获得了国际奥委会承认,并决定从1964年开始将无舵雪橇列为冬奥会项目。

　　无舵雪橇纳入冬奥会后,人们就将这项运动称为"冬奥会的烙铁项目"。因为运动员为了提高雪橇滑进的速度,许多人对雪橇的滑铁采用加热的方法,有的用铁制烙铁或电烙铁,有的则将滑铁制成空心状,然后在里面灌注热油。而当时的规则对这些做法没有限制。1964年,国际无舵雪橇联合会对规则进行了一次修改,禁止使用加热装置,并在出发前对雪橇的温度进行检查。

　　1985年,为进一步普及无舵雪橇运动,国际无舵雪橇联合会决定从1987年开始举办世界天然滑道无舵雪橇锦标赛,比赛项目设有男子个人、女子个人、男子双人及团体。到2003年,无舵雪橇已发展到世界五大洲60多个国家和地区,已有47个国家和地区的无舵雪橇组织加入了国际无舵雪橇联合会。

第二节　雪橇的场地及设施基本知识

　　无舵雪橇的线路同有舵雪橇一样,以混凝土或木材为基础,是槽状的滑道。滑道的宽度为130～150厘米,其内侧(包括两侧护墙)都要浇冰,以保证整个路线光滑安全。比赛线路的长度男子单人为1 000～1 300米,女子单人和双人为800～1 050米。平均坡度4～10度。起点与终点的高度差70～130米,整个线路设有11～18个弯道(包括左、右转弯,急转弯及"S"形转弯等)。弯道的半径为8米。无舵雪橇除底部的滑铁之外,其他均为木制。滑铁的上部为支架。两个支架内缘的距离不得超过16英寸。其前翘允许有一定弹性,以有助于转弯和操纵,但不得安装操纵装置或制动器。雪橇的重量男女单人均为21～25千克,双人为25～30千克。

第三节　雪橇的规则要点

　　冬奥会无舵雪橇比赛共设男子单人、双人及女子单人3个项目。男子单人和女子单人每个国家和地区限报3人,双人不得超过2个队。男、女单人比赛为4轮,即每名运动员滑行4次,以4轮滑行累计的时间计算成绩,时间少者名次列前。双人采用2轮。男子单人、女子单人和双人均分别进行,单人2天,双人1天,通常安排在上午。比赛采用单个出发。分组与有舵雪橇(雪车)相同。出发顺序第1轮通过抽签,从第2轮开始按照积分(即将

每轮比赛获得的名次换算成分数),前15名按照排名的逆序出发,其他运动员则按升序。

团体为世界锦标赛项目。每个国家和地区限报1个队。每个队由1个男子单人、1个女子单人和1个双人组成。比赛2天完成,先进行男子单人,然后女子单人,最后是男子双人,三者成绩相加,时间少者名次列前。

出发前,运动员要坐在雪橇上,两腿伸直,两脚置于滑板前翘的两侧,脚尖向内,挟住前翘,以便更好地保持身体平衡和控制雪橇运动的方向。出发时,运动员两手握紧起点线两侧助推栏上的手柄,根据裁判员出发口令,两臂用力向后推撑,接着用戴有防滑手套的两手用力向后拨冰(通常2~3下),以使雪橇最大限度地获得加速度。然后身体迅速仰卧在雪橇上,两臂伸直,置于体侧。通过身体动作,如肩和腿的扭动摆动及姿势变换等,操纵雪橇沿滑道快速回转、滑降。到达终点时,运动员必须是乘坐在雪橇上,否则不予计算成绩。防滑手套上的防滑钉长度为4毫米。

雪橇赛道及装备如图16-1所示。

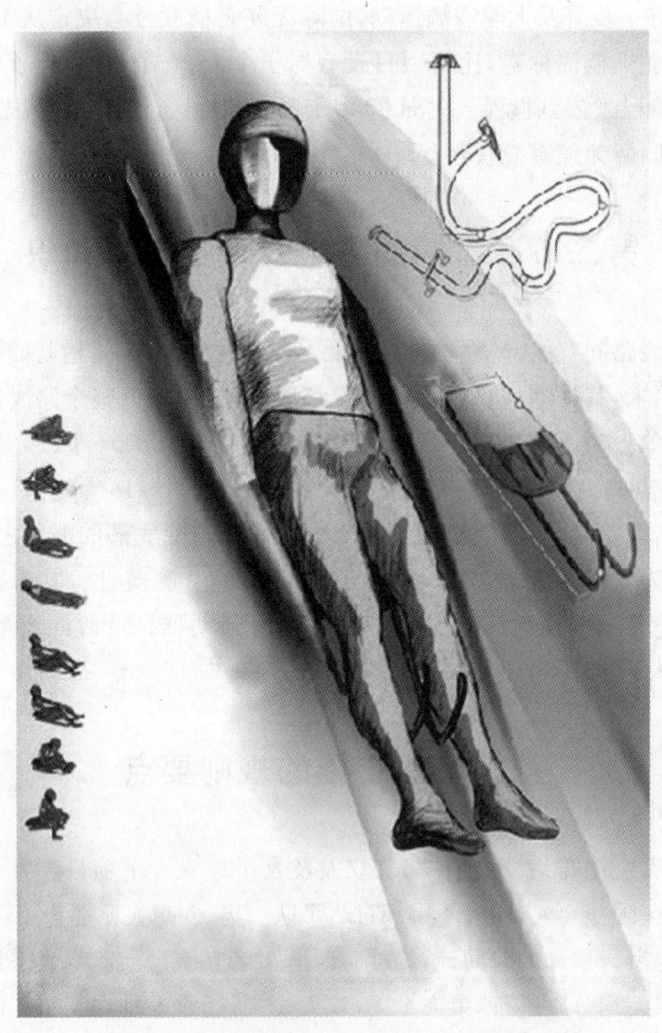

图 16-1 雪橇赛道及装备(图片引自搜狐体育)

第十七章
钢架雪车

第一节　钢架雪车的发展历程

钢架雪车也称卧式雪橇、俯式冰橇,又称冰橇,是以雪橇为工具,借助起滑后的惯性从山坡沿专门构筑的冰道快速滑降的一种冬季运动。它由男子单人和女子单人2个小项组成。在国际体育分类学上,钢架雪车属独立的冬季运动项目。

钢架雪车最早流传于北欧,所以又称北欧雪橇。19世纪在瑞士、奥地利、意大利、德国以及美国等国家兴起。第一个比赛用俯式冰橇是1887年由瑞士圣莫里茨地区的机械专家马蒂斯设计制造的。钢架雪车最初的构造比较简单,由两根滑铁和一个木质结构并用铅块加重的橇架组成。滑铁固定在橇架的底部,没有操舵装置。到20世纪初,橇架开始改用铁制,用直径1.5~2厘米的圆铁弯制焊接而成,故称"钢架雪车"。根据当时规则的要求,整个钢架雪车的重量不得超过50千克,长不得超过70厘米,宽不得超过38厘米。

钢架雪车同无舵雪橇的区别主要在于运动员身体在雪橇上的姿势。无舵雪橇滑降时,运动员仰卧在雪橇上,两脚在前,并通过身体姿势的变换,控制雪橇行驶的方向。而钢架雪车运动员则是俯卧在雪车上,且头部在前,并利用安装在专用皮靴前部的防滑钉,控制雪车运动的方向和制动。比赛时,运动员必须穿戴保护装备,如护肘、护肩以及头盔等。

1928年,第二届冬奥会在瑞士圣莫里茨举行,作为无舵雪橇的故乡,瑞士决定将这一项目纳入冬奥会,获得了国际奥委会的批准。1928年2月16~17日,来自瑞士、英国、美国、意大利、法国、奥地利6个国家的10名运动员来到圣莫里茨。经过2轮比赛,美国运动员詹尼森·希顿(Jennison Heaton)获得金牌,银牌和铜牌分别被美国运动员约翰·希顿(John Heaton)和英国运动员戴维·诺特斯克(David Northesk)获得。1948年,冬奥会第二次在瑞士圣莫里茨举行。俯式冰橇再次被纳入,金牌被意大利选手尼诺·比比亚(Nino Bibbia)获得,成绩是5:23.2。钢架雪车规则对场地要求十分严格,当时的场地只有圣莫里茨一处符合国际规则要求。这个场地线路长1 214米,起点和终点的高度差为157米,整个线路有10个转弯处。1928年和1948年冬奥会钢架雪车比赛就在这种线路上进行。

从 20 世纪 50 年代开始，随着无舵雪橇的兴起，人们对钢架雪车的兴趣逐渐减退。1988 年，为促进钢架雪车的发展，国际有舵雪橇和平底雪橇联合会决定从 1989 年开始举办世界钢架雪车锦标赛。可是，钢架雪车项目因危险性较高，因此 1948 年冬奥会之后，又被取消，从此中断了冬奥会比赛项目的历史。直到 2002 年的盐湖城冬奥会，再度成为冬奥会的比赛项目，设男子和女子 2 个项目。

第二节　钢架雪车的场地及设施基本知识

钢架雪车比赛是在用混凝土或钢管、木材及其他合成材料架设的具有一定坡度的槽状滑道内进行。滑道的长度 1 200～1 300 米，最大坡度 12%（100%＝45 度）。整个线路由起跑区、出发区、滑行区及减速区 4 个区段组成。起跑区长 15 米，并有一段 150 厘米用木板铺设的起跑台。起跑台木板厚 5 厘米，埋设在冰下，上面同冰面保持在一个平面上。出发区 50 米，前 15 米坡度为 2%，此后逐渐增大，直至达到 12%。钢架雪车滑行的速度每小时可达 120～135 公里。

雪车是由 2 个钢管弯制的滑行器、1 个金属橇体和 4 个缓冲器以及 2 个握手组成。缓冲器为半圆状，位于雪车的两侧，主要用于缓冲雪车同滑道内壁接触时的碰撞。握手位于雪车上方，主要用于出发和滑行中对雪车的控制。雪车长 80～120 厘米，高 8～20 厘米，宽 34～38 厘米，最大重量（含运动员和装备）男子不得超过 115 千克，雪车规定重量不得超过 43 千克，雪车和选手加起来重量不得超过 115 千克。如果雪车和选手加起来重量超过 115 千克，雪车重量不得少于 33 千克。女子最大重量不得超过 92 千克，雪车不得超过 35 千克，雪车和选手加起来重量不得超过 92 千克，如果雪车和选手加起来重量超过 92 千克，那么雪车不得少于 29 千克。

如果重量不足，可以在雪车上增加重物，但不得在选手身上放置重物。雪车与地面接触的雪板部分，必须以钢材制成，上面不能有任何涂装。在比赛前选手将雪车送到起点，经检查之后，到比赛时雪和雪板温度与送去时的温差不得超过 4 度。

比赛时运动员要穿戴运动服、护肩、护肘、手套、头盔及专用鞋。头盔的面部保护罩要直达下颚，以维护颈部以上的安全。专用鞋由合成材料制成，鞋底前半部安装有数枚（最多 8 枚）起跑钉，起跑钉长 7 毫米，直径 2 毫米。鞋尖处还有一排用于滑行中转弯和减速时制动的齿状钉。

钢架雪车赛道如图 17-1 所示。

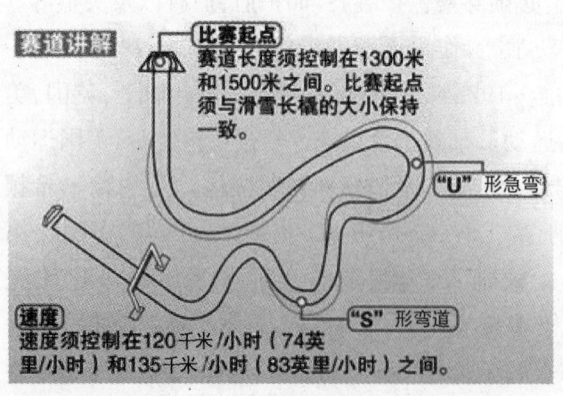

图 17-1　钢架雪车赛道(图片引自搜狐体育)

第三节　钢架雪车的规则要点

冬奥会钢架雪车比赛,男子每个国家和地区限报 3 人,女子限报 2 人。比赛进行 2 轮,连续进行。比赛采用单人出发,在同一天进行两轮,出发顺序第 1 轮通过抽签决定,第一轮成绩最好的 20 名男选手和 12 名女选手晋级第二轮,第二轮则按第一轮比赛的名次逆序排列,最后一名运动员第一个出发。2 轮成绩相加,时间少者名次列前。

出发时,选手排列在起点等候,依照出发顺序出发。出发的信号灯亮起之后,选手必须在 30 秒内完成出发动作。运动员手持雪车,身体前倾,两腿交替快速向前跑动,接着将雪车放到冰上,身体随之俯卧在雪车上面两个握手的中间,头在前,脚在后,两臂伸直,置于体侧两个握手的外面,通过身体和安装在鞋尖处的齿状钉,控制雪车沿滑道快速滑降。

出发动作必须全部由选手自行完成,不得借助他人之力。俯式冰橇规定只能以俯卧式进行,选手的腹部贴在雪车上的姿势才被允许。中途允许掉落雪车,但在通过终点时,选手必须在雪车上才算完成比赛。

参 考 文 献

1. 王仁周,朱志强.冬季奥林匹克运动(1924—2002)[M].北京:人民体育出版社,2005.

2. 王志峰,王笛辉,王笛贝.实用滑雪宝典[M].武汉:武汉理工大学出版社,2015.

3. 盛文林.冰球、冰壶:冰上曲棍球[M].北京:台海出版社,2014.

4. 吴兆祥.体育百科大全[M].合肥:安徽人民出版社,2010.

5. 郭君.体育观赛礼仪[M].北京:中国物资出版社,2008.

6. 中国滑雪协会. http://www. skiing. org. cn/index. html.

7. 北京 2022 年冬奥会和冬残奥会组织委员会[EB/OL]. http://www. beijing2022. cn.

8. 俄罗斯索契奥运旅游网[EB/OL]. http://sochi. russia-online. cn/venue. html.

9. 搜狐体育. http://sports. sohu. com/s2015/2644/s417212387/.

10. 百度百科. http://baike. baidu. com.

11. 中国国家地理网. http://www. dili360. com/nh/index/index. htm.

12. 新浪体育. http://sports. sina. com. cn.

13. 网易体育. http://sports. 163. com.